高等学校应用技术型经济管理系列教材（会计系列）

高等学校应用型经济管理规划教材

总主编／李　雪　主审／徐国君

审计基础与实务学习指导书

Study Guide to Auditing basis and Practice

（第三版）

李　雪◎主　编

立信会计出版社

LIXIN ACCOUNTING PUBLISHING HOUSE

图书在版编目(CIP)数据

审计基础与实务学习指导书 / 李雪主编. —3 版
. —上海：立信会计出版社，2021.4
高等学校应用技术型经济管理系列教材. 会计系列
ISBN 978 - 7 - 5429 - 6817 - 3

Ⅰ. ①审… Ⅱ. ①李… Ⅲ. ①审计学—高等学校—教学参考资料 Ⅳ. ①F239.0

中国版本图书馆 CIP 数据核字(2021)第 070684 号

策划编辑 方士华
责任编辑 方士华
封面设计 南房间

审计基础与实务学习指导书(第三版)
Shenji Jichu yu Shiwu Xuexi Zhidaoshu

出版发行	立信会计出版社		
地　　址	上海市中山西路 2230 号	邮政编码	200235
电　　话	(021)64411389	传　　真	(021)64411325
网　　址	www.lixinaph.com	电子邮箱	lixinaph2019@126.com
网上书店	http://lixin.jd.com		http://lxkjcbs.tmall.com
经　　销	各地新华书店		

印　　刷	上海天地海设计印刷有限公司		
开　　本	787 毫米×1092 毫米	1/16	
印　　张	15.75		
字　　数	318 千字		
版　　次	2021 年 4 月第 3 版		
印　　次	2021 年 4 月第 1 次		
印　　数	1—1 500		
书　　号	ISBN 978 - 7 - 5429 - 6817 - 3/F		
定　　价	45.00 元		

总　序

教材是高校实现人才培养目标的重要载体，教材及教材建设对高校发展具有举足轻重的作用。与培养模式相对应的教材是培养合格人才的基本保证，是实现培养目标的重要工具。由于历史的原因，在财经类教材的出版方面，相关出版社出版研究型本科或者高职高专、中等职业等层次的教材较多，也较成熟，而在应用技术型本科教材出版上比较欠缺，虽然近年来也出版了一些这方面的教材，但总体而言，还是缺乏权威性、普适性、实用性和创新性。造成这种状况的原因主要在于：出版社对财经类应用技术型本科教材的出版还不够重视，没有进行有效的组织；财经类应用技术型本科院校多为新建院校，教材建设相对滞后，主观上也较愿意使用研究型本科教材；教材的使用存在比较严重的混用现象，教材的目标读者群不明确，如不少教材既适用于研究型本科又适用于应用技术型本科，或者既适用于本科院校又适用于高职高专院校。

由于目前应用技术型本科教材种类和数量匮乏或质量欠佳，应用技术型本科不得不沿用传统研究型本科教材，比如，东北财经大学会计系列教材（包括《基础会计》《中级财务会计》《管理会计》《高级财务会计》《审计》等），中国人民大学会计系列教材（如《成本会计》），教育部统编教材（如《财务管理》）等国家级规划教材。这些教材本身的质量很好、级别很高，但是并不适用于应用技术型本科院校的教学，教师和学生普遍反映不好用。即使从全国范围来看，我国也还没有相对成套、成熟的适合应用技术型高校使用的教材，不适应教育教学要求。现有教材存在的主要问题包括：①定位和要求较高；②内容多、难度大；③着重于理论解释，相关案例、实训等内容较少，缺乏普适性、实用性。所以，应用技术型本科教学需要有适应学生水平、便于学生接受的应用技术型教材。

我们组织具有多年应用技术型人才培养经验的优秀教师和实务界专家编写了本套系列教材。本套系列教材由《会计基本技能》《基础会计》《中级财务会计》《成本会计》《管理会计》《财务管理》《会计信息系统》《审计学原理》《审计实务》《税法》《经济法》《金融学》《纳税会计》等构成。为了保证教材的质量，我们聘请了著名高校的专家、教授对本套系列教材的编写进行专门指导和审核。每种教材至少有一名本学科的知名专家或学科带头人提出审核指导意见，有一名高等院校教学一线的高级职称教师参与组织编写，有一名行业协会、实务界专家和教学研究机构人员提出编写建议。

本套系列教材的特色如下。

1. 应用性

应用技术型本科教材应坚持培养应用技术型本科人才的定位，充分吸收和借鉴传统的普通本科教材与高职高专类教材建设的优点和经验，以就业为导向，做到在理论上优于高职高专教材、在动手能力的培养上优于传统的本科教材。

本套系列教材体现了应用技术型本科的定位，体现了素质教育和"以学生发展为本"的教育理念，遵循了高等教育教学基本规律，重视知识、能力和素质的协调发展，根据应用技术型人才培养模式对学生的创新精神、实践能力和适应能力的要求，在内容选材、教学方法、学习方法、实验和实训配套等方面突出了应用性的特征。

2. 针对性

本套系列教材的编写符合会计学、财务管理和审计学等专业的培养目标、培养需求、业务规格（知识结构和能力结构）和教学大纲的基本要求，与各专业的课程结构和课程设置相对应，与课程平台和课程模块相对应。本套系列教材在结构的布局、内容重点的选取、示例习题的设计等方面符合教改目标和教学大纲的要求，把教师的备课、试讲、授课、辅导答疑等教学环节有机地结合起来。

3. 先进性

本套系列教材反映了应用技术型会计人才教育教学改革的内容，能够反映学科领域的新发展。本套系列教材的整体规划、每种教材的构造等均体现了实用性和创新性。本套系列教材还强调了系列配套，包括教材、学习指导书、教学课件等。

4. 基础性

本套系列教材打破传统教材自身知识框架的封闭性，尝试多方面知识的融会贯通，注重知识层次的递进，体现每一门科目的基本内容；同时，在具体内容上突出实际的运用知识的能力，达到"教师易教，学生乐学，技能实用"的教学目的。

5. 易于自学性

自学能力的培养是高等教育应该教授给学生的一项基本能力。学生只有具备了自主学习的能力，才能最终建立起终身学习的保障体系，这也是应用技术型本科人才培养的客观要求。应用技术型本科院校的生源素质与其他高校相比存在较大差距，除一部分高考发挥失误的学生外，有相当一部分学生在学习习惯、基础知识等方面存在一定的欠缺，这就要求本套系列教材要能调动这部分学生的学习积极性，在理论方面尽量做到通俗易懂，在实践方面尽量采用案例式教学。为了有利于学生课后自主学习，本套系列教材配套了学习指导书和教学课件。

因此，本套系列教材的定位把握准确，教材的特色明显，适用于应用技术型本科院校教学，容易得到学生和市场的认可，便于学生的自学和教师的教学。

高等学校应用技术型经济管理系列教材（会计系列）凝聚了众多领导、教授和专家多年来的经验和心血。当然，由于我们的经验和人力有限，教材中难免存在不足，我们期待着各位同行、专家和读者的批评指正。我们将随着经济发展和会计环境的变迁不断地修订教材，以便及时反映学科的最新发展和人才培养的最新变化。

本套系列教材出版后，得到学生和市场的认可，深受广大读者欢迎。为了更好地回馈读者，本套系列教材从 2017 年起启动第二版的修订工作，2019 年起启动第三版的修改工作，各种教材的第二、第三版将陆续出版。我们会一如既往地做好教材修订和相关服务工作，希望广大读者对本套系列教材继续给予支持。

李 雪

2021 年 4 月

第三版前言

审计基础与实务是一门理论性与实践性较强的课程，要求学生在理解审计学基本理论的基础上，更熟练地掌握审计的基本程序和方法。为帮助学生达到这一学习要求，提高学生的学习效率和学习质量，同时帮助读者更好地学习审计的基本理论、方法和程序，深入地理解和掌握审计基础与实务课程的重点与难点内容，我们根据高等学校应用技术型经济管理系列教材（会计系列）《审计基础与实务》（李雪主编），并结合最新发布的会计准则体系、审计准则体系和内部控制规范，组织编写了这本《审计基础与实务学习指导书》，作为《审计基础与实务》一书的配套教材。

为了加强学生对审计基础与实务的理解，使学生更快地掌握审计的基本理论、方法和程序，满足培养应用技术型会计专业人才的教学需要，本书在《审计基础与实务》习题的基础上，不仅增加了习题的数量和题型，也相应地增加了习题的深度和难度，以使学生能够从不同的角度，全面、及时地掌握所学内容。

本书完全按照《审计基础与实务》教材的章节顺序进行编排。各章主要内容包括：本章要点、课后思考与练习题答案、自测题（包括单项选择题、多项选择题、判断题等题型）、自测题答案、综合案例分析题、模拟考试题等。

本书由李雪担任主编。各章的编写分工为：李雪、吴镇启编写第一章、第二章、第三章、第四章，李雪、王安娜编写第五章、第六章、第七章，李雪、阮宁编写第八章，李雪、泥丽丽编写第九章，李雪、王安娜编写第十章、第十一章、第十二章，李雪、吴镇启编写第十三章，李雪、泥丽丽编写第十四章，李雪、阮宁编写第十五章。综合案例分析题和模拟考试题由作者共同编写。全书由李雪负责整体规划、审核和修订初稿、总纂并定稿。

本书的第二版由李雪、吕安琪、岳明慧、樊沙沙、秦悦、朱会敏负责修订。其中，李雪、吕安琪负责修订第一章至第五章，李雪、岳明慧负责修订第六章至第十章，李雪、樊沙沙负责修订第十一章至第十四章，李雪、秦悦、朱会敏负责修订第十五章，李雪负责修订综合案例分析题和模拟考试题。

本书的第三版由李雪、洪宇负责修订。

由于审计学的内容处于较大的变动状态，有一些问题仍需要作深入的探讨；加上时间有限，作者的水平有待进一步提高，本书难免存在个别的缺点和错误，也会存在一些有争议的问题。我们希望听到读者对本书的意见和建议，欢迎对本书的不足之处批评指正，以便日后修订。

编　者

2021 年 4 月

目 录

第一章　绪　　论

本章要点

本章主要讲述了审计的产生和发展、审计的概念和特征以及审计的职能和分类。

1. 审计活动具有悠久的历史，在古埃及、古罗马、古希腊和古代中国都有审计活动存在。随着社会生产力和社会经济的发展，政府审计、内部审计和注册会计师审计都得到了很大的发展。审计是因授权管理经济活动的需要而产生的，受托经济责任关系的确立才是审计产生的基础。审计随着受托经济责任关系内涵的丰富和范围的扩大不断得到发展。

2. 在不同的国家，审计体制有很大不同，英国、美国、加拿大等国家属于立法型审计体制，审计机关代表议会进行审计监督。法国则属于司法型审计体制，审计法院是独立于立法系统(议会)与行政部门(内阁政府)的一个司法机构。日本则是另外一种类型，它的最高审计机关是会计检查院，既不属于立法系统，也不属于行政系统，而是直接对日本天皇负责的特殊类型，具有很强的独立性和权威性。而我国则在国务院设立了审计署，县以上的各级人民政府也相继成立了审计厅(局)，独立行使审计监督权。审计机关独立行使审计监督权，不受其他行政机关、社会团体和个人的干涉。

3. 注册会计师审计起源于企业所有权和经营权的分离，是市场经济发展到一定阶段的产物。从国外注册会计师审计发展的历程看，它最早起源于意大利合伙企业，在英国股份公司出现后得以形成，伴随着美国资本主义市场的发展而逐步完善起来。

4. 中国审计学会对审计的定义:审计是由专职机构和人员，依法对被审计单位的财政、财务收支及其有关经济活动的真实性、合法性、效益性进行审查，评价其经济责任，用以维护财经法纪，改善经营管理，提高经济效益，促进宏观调控的独立性的经济监督活动。

5. 会计与审计不能混为一谈，会计是对财务信息进行确认、计量、记录和报告，具有反映和监督职能。而审计则是为了对会计所提供的信息进行鉴证，具有监督、评价和鉴证的职能。具体区别见表 1-1。

表 1-1　　　　　　　　会计与审计的区别

项　目	会　计	审　计
产生前提	加强经济管理	加强经济监督
性质	经营管理的组成部分	经济监督的组成部分
对象	资金运动过程	经济活动
方法程序	核算、分析、检查	规划方法、实施方法、管理方法
职能	记录、计算、反映、监督	监督、评价、鉴证

6. 审计职能包括:经济监督、经济评价和经济鉴证。

7. 对审计的分类:

(1) 按审计主体分类:政府审计、民间审计和内部审计。政府审计、民间审计和内部审计的区别见表 1-2。

表 1-2　　　　政府审计、民间审计与内部审计的区别

类别 项目	政府审计	民间审计	内部审计
审计主体	政府审计机关	会计师事务所	内部审计组织
审计目标	财政收支情况	财务报表合法性、公允性	内部控制运行情况
审计独立性	单向独立	双向独立	单向独立
审计方式	强制审计	受托审计	自行安排
审计报告对象	政府机关	社会公众	单位负责人
审计标准	国家审计准则	注册会计师审计准则	内部审计准则

(2) 按审计内容和目的分类:财务报表审计、经营审计、合规性审计。

(3) 按审计范围分类:全面审计、局部审计、专项审计。

(4) 按审计时间分类:事前审计、事中审计、事后审计。

(5) 按审计执行的地点分类:报送审计、实地审计。

(6) 按审计动机分类:强制审计、任意审计。

(7) 按是否通知被审计单位分类:预告审计、突击审计。

(8) 按审计方法分类:账项基础审计、制度基础审计、风险导向审计。

课后思考与练习题答案

一、思考题

1. 首先,注册会计师审计的产生是由于所有权和经营权的分离。随着我国市

场经济的发展，资本市场日益完善，股份制公司出现并迅速扩张。其次，由于经济全球化进程的不断深入，跨国公司大量涌现，企业所有者(股东)要想更好地了解企业的真实经营状况，必须通过审计来加强对企业经营者的监督，而企业经营者同样也需要通过对财务报表审计来向外界传递公司经营状况良好的信息，可以说双方都需要审计。最后，经济全球化进程越来越快，导致审计在社会中的经济监督、经济评价和经济鉴证职能越来越重要。可以说，经济越发展，审计越重要。

2. 独立性是审计的灵魂。审计可以提高财务报表等信息的可信任程度。如果审计人员与被审计单位在经济上或其他方面存在紧密联系，丧失了独立性，那么，审计人员就不可能对被审计单位的经济事项发表公正的意见。所以，独立性是审计的最本质特征。为了充分体现这一本质特征，在审计机构的设置和审计工作过程中必须遵循独立性原则，做到实质上的独立和形式上的独立。主要体现在三个方面。

(1) 组织机构的独立。这是保证审计工作独立性的关键。其主要内容为审计机构不能受制于其他部门和单位，尤其是不能成为国家财政部门和各机构财务部门的下属机构，否则，对财政、财务收支进行审计就会失去意义。组织机构的独立性还表现为审计应独立于被审计单位之外，与被审计单位没有任何组织上的行政隶属关系。

(2) 业务工作的独立。这里首先指审计工作不能受任何部门、单位和个人的干涉，应独立地对被审查的事项作出评价和鉴定。其次又指注册会计师要保持精神上的独立，自觉抵制各种干扰，对被审计事项作出客观公正的结论。

(3) 经济来源的独立。这是保证审计组织独立和业务工作独立的物质基础。如果审计机构没有一定的经费或收入，其业务活动就无法展开，但若其经费或收入受制于被审计单位或与其相关的其他单位，审计的独立性就难以保证。这一方面要求各级审计机构的经费要有一定的标准，不得随意变更；另一方面要求会计师事务所的收入要受国家法律的保护，使其公正、合理。

3. 审计与会计的区别见表 1-1。

二、选择题

1	2	3	4
D	AC	BCD	ABC

自测题

一、单项选择题

1. 根据美国会计学会(AAA)1973 年对审计的定义，下列对审计概念的理解中，不恰当的是(　　)。

A. 审计是一个系统化过程

B. 在财务报表审计中,“既定标准”具体体现为企业会计准则和相关会计制度

C. 审计应当保证被审计单位财务报表与“既定标准”相同

D. 审计的价值需要通过把审计结果传递给各相关利害关系人来实现

2. 回顾注册会计师审计产生与发展的历程,代表了注册会计师审计具有法律地位的标志是(　　)。

A. 英国股份公司的兴起使所有权和经营权分离

B. 意大利合伙企业制度的产生

C. 美国资产负债表审计的出现

D. 英国1862年《公司法》确定注册会计师为法定的破产清算人

3. 注册会计师审计产生的直接原因是(　　)。

A. 合伙企业制度的产生　　B. 股份制企业制度的形成

C. 资本市场的发展　　D. 所有权和经营权的分离

4. 从审计的性质和地位上看,较之于其他经济监督的主要区别在于(　　)。

A. 独立性　　B. 广泛性　　C. 权威性　　D. 公正性

5. 审计的基本职能是(　　)。

A. 经济司法　　B. 经济监督　　C. 经济鉴证　　D. 经济评价

6. 从历史上看,民间审计起源于(　　)。

A. 美国　　B. 中国　　C. 法国　　D. 英国

7. 下列事项中,最能导致注册会计师审计方法发展变化的是(　　)。

A. 审计目标　　B. 审计环境

C. 审计责任　　D. 审计对象

8. 目前中国注册会计师的财务报表审计方法是(　　)。

A. 账项基础审计方法　　B. 制度基础审计方法

C. 财务基础审计方法　　D. 风险导向审计方法

9. 在注册会计师审计发展过程中,将“差错防弊”作为次要审计目标的阶段是(　　)。

A. 1844年至20世纪初的英式详细审计

B. 20世纪初开始的美式资产负债表审计

C. 1933年美国《证券法》实施后

D. 2002年美国《萨班斯-奥克斯利法案》实施后

10. 在注册会计师审计发展过程中,标志着注册会计师职业诞生的是(　　)。

A. 1844年英国《公司法》规定了股份公司必须设监察人

B. 1845 年英国《公司法》修订后规定了股份公司的账目必须经董事以外的人员审计
C. 1853 年苏格兰爱丁堡创立了爱丁堡会计师协会
D. 1862 年英国《公司法》规定了注册会计师为法定的破产清算人

二、多项选择题

1. 下列各项有关注册会计师审计的说法中,正确的有(　　)。
A. 注册会计师产生的直接原因是财产所有权和经营权的分离
B. 注册会计师审计要适应商品经济的发展
C. 注册会计师审计具有独立、客观、公正的特性
D. 注册会计师审计随企业管理的发展而发展
2. 审计目的的确定,主要受审计对象的制约,同时也与(　　)密切相关。
A. 审计的本质属性　　B. 委托人的具体要求
C. 审计职能　　D. 审计报告的格式与内容
3. 以下对审计分类的理解的表述中,恰当的有(　　)。
A. 如果按审计目的划分,审计可分为财务报表审计、经营审计和合规性审计
B. 如果按审计目的划分,审计可分为合理保证业务和有限保证业务
C. 如果按审计内容划分,审计可分为财务报表审计、经营审计和合规性审计
D. 如果按照执行审计的主体和被审计单位的关系划分,审计可分为内部审计和外部审计
4. 以下关于注册会计师审计方法发展阶段的理解中,恰当的有(　　)。
A. 以会计凭证和账簿的详细检查为特征的账项基础审计
B. 以被审计单位是否遵守了特定的程序规定或条例为特征的合规性审计
C. 以内部控制测试为基础的抽样审计为特征的制度基础审计
D. 以财务报表重大错报风险的识别、评估、应对为审计工作主线的现代风险导向审计
5. 关于注册会计师审计的起源与发展,以下陈述中,恰当的有(　　)。
A. 16 世纪意大利合伙经营方式的出现,导致企业所有权与经营权的初步分离,导致了注册会计师审计的萌芽
B. 18 世纪初英国股份公司发展导致企业所有权和经营权的进一步分离,注册会计师审计形成
C. 20 世纪初,美国金融资本对产业资本渗透,银行对债权人信用证明的需要,促进了注册会计师审计的发展
D. 1929—1933 年世界性经济危机爆发,投资者开始更加关注企业的盈利能力

三、判断题

1. 审计产生的前提是差错防弊。 （ ）
2. 审计是在所有权和经营权分离后所形成的受托经济责任关系下，基于经济监督的客观需要而产生的。 （ ）
3. 权威性是审计的最本质特征。 （ ）
4. 20世纪前后，托拉斯式的大型企业大量出现，导致了大型企业内部要设立专门的机构和人员进行独立的内部审计监督，近代内部审计也就应运而生。 （ ）
5. 1853年，苏格兰爱丁堡创立了第一个注册会计师的专业团体——爱丁堡会计师协会，标志着注册会计师职业的诞生。 （ ）

四、案例分析题

资料：A会计师事务所接受了华兴股份有限公司的委托，对华兴公司2016年的财务报表进行审计。华兴股份有限公司是国有大型上市公司，目前承担了兴建大型水电站的项目。A会计师事务所接受委托后，即刻派注册会计师前往华兴公司开展2016年度的财务报表审计业务。注册会计师到达公司后，了解到如下一些情况：华兴公司审计委员会安排内部审计人员对公司的主要业务进行专项审计；审计署委派的某特派办对华兴公司正在兴建的大电站工程资金运用情况进行审计。

要求：

(1) 以上三种审计活动是否可以相互替代？

(2) 对比分析以上三种审计业务，论述其相同及其不同的地方。

(3) 注册会计师能否利用内部审计工作的成果？如果可以的话，如何利用？

自测题答案

一、单项选择题

1	2	3	4	5	6	7	8	9	10
C	D	D	A	B	D	B	D	C	C

二、多项选择题

1	2	3	4	5
ABC	ABC	ACD	ACD	ABCD

三、判断题

1	2	3	4	5
×	√	×	√	√

四、案例分析题

（1）以上三种审计活动不可以相互替代，因为政府审计、内部审计和注册会计师审计三者的审计主体、审计目标、审计方式、审计标准、报告对象存在很大区别。

（2）审计署特派办的审计属于政府审计，目的是保证财政资金的依法合理使用，防止国有资产的损失浪费，维护国家财经法纪，提高财政资金使用效益，促进廉政建设，保障国民经济的健康发展。民间审计是由经政府有关主管部门审核批准的由注册会计师组成的会计师事务所进行的独立审计。内部审计是组织内部专职审计机构或人员实施的审计，是组织内部的一种独立客观的监督和评价活动，它通过审查和评价经营活动及内部控制的适当性、合法性和有效性来促进组织目标实现，审计目的是监督和评价本单位及所属单位财政收支、财务收支及经济活动的真实性、合法性和效益性，内部控制及风险管理的有效性。

（3）注册会计师可以利用内部审计的工作成果，因为内部审计是被审计单位内部控制的重要组成部分，内部审计和注册会计师审计在工作上具有一定程度的一致性，利用内部审计工作成果可以提高注册会计师的工作效率。

第二章　审计职业

本章要点

本章主要讲述了注册会计师审计的业务范围、在执行审计业务时应遵守的执业准则和职业道德守则，注册会计师的资格取得和注册，会计师事务所的组织形式和设立条件，我国注册会计师协会的职责、专门(业)委员会的职责、我国审计准则的国际趋同、内部审计和政府审计等内容。

1. 根据《中华人民共和国注册会计师法》的规定，注册会计师依法承办审计业务和会计咨询、会计服务业务。此外，注册会计师还根据委托人的委托，从事审阅业务、其他鉴证业务和相关服务业务。

2. 按照保证程度的不同，鉴证业务又可以分为审计、审阅以及其他鉴证业务。

3. 中国注册会计师执业准则体系受注册会计师职业道德守则统驭，包括注册会计师业务准则和会计师事务所质量管理准则。注册会计师业务准则又包括鉴证业务准则和相关服务准则两个部分。

4. 鉴证业务准则由鉴证业务基本准则统领，按照鉴证业务提供的保证程度和鉴证对象的不同，分为审计准则、审阅准则和其他鉴证业务准则。其中，审计准则是整个执业准则体系的核心。

5. 职业道德基本原则：诚信、独立、客观和公正、专业胜任能力和勤勉尽责、保密、良好职业行为。

6. 职业道德概念框架旨在为注册会计师提供解决职业道德问题的思路和方法，要求注册会计师识别对职业道德基本原则的不利影响；评价不利影响的严重程度；必要时采取防范措施消除不利影响或将其降低至可接受的水平。

7. 会计师事务所主要有独资、普通合伙、有限责任、有限责任合伙或特殊普通合伙四种组织形式。

8. 中国注册会计师协会的会员分为个人会员和团体会员。个人会员分为执业会员和非执业会员。其中，依法取得中国注册会计师执业证书的，为执业会员。

9. 内部审计。

10. 政府审计。

课后思考与练习题答案

一、思考题

1.（1）管理咨询服务。管理咨询服务范围很广，主要包括与企业日常经营管理相关的管理咨询服务、涉及企业并购重组中的管理咨询服务、涉及企业的争端分析与调查的管理咨询服务、企业的风险管理咨询服务、其他代理咨询服务以及其他及其特定领域的管理咨询服务。

（2）会计服务业务。注册会计师提供的会计咨询和会计服务业务，包括开业时、日常的、结业时以及特定领域或其他形式的会计服务业务。注册会计师执行的会计咨询、会计服务业务属于服务性质，是所有具备条件的中介机构甚至个人都能够从事的非法定业务。

（3）税务服务业务。税务服务业务包括日常税务咨询业务和特定领域或其他事项税务咨询。

（4）执行商定程序业务。执行商定程序业务是指注册会计师利用专业知识及其累积的经验和声誉对财务信息执行与委托人或其相关利益人商定的程序，并报告其结果。要求注册会计师精通企业内部控制及其业务流程与控制；熟悉与执行商定程序的事项相关的法律、法规和政策规定。

2. 按照保证程度的不同，鉴证业务又可以分为审计、审阅以及其他鉴证业务。其中审计业务包括了审查财务报表，出具审计报告；专项审计业务，出具相关审计报告；办理法律、行政法规规定的其他审计业务，出具相应的审计报告。审阅业务的目标，是注册会计师在实施审阅程序的基础上，说明是否注意到某些事项，使其相信财务报表没有按照适用的会计准则的规定编制，未能在所有重大方面公允反映被审阅单位的财务状况、经营成果和现金流量。相对审计而言，审阅程序简单，保证程度有限，审阅成本也较低。除了审计和审阅业务外，注册会计师还承办其他鉴证业务，如企业 X 效率审计、企业碳排放审计、系统鉴证等，这些鉴证业务可以增强使用者的信任程度。

3. 职业道德基本原则：诚信、独立、客观和公正、专业胜任能力和勤勉尽责、保密、良好职业行为。

4. 根据《注册会计师注册办法》（财政部令第 25 号）的规定，具备下列条件之一，并在中国境内从事审计业务工作 2 年以上者，可以向省级注册会计师协会申请注册：

（1）参加注册会计师全国统一考试成绩合格。

(2) 经依法认定或者考核具有注册会计师资格。

注册申请人有下列情形之一的，不予注册：

(1) 不具有完全民事行为能力的。

(2) 因受刑事处罚，自刑罚执行完毕之日起至申请注册之日止不满5年的。

(3) 因在财务、会计、审计、企业管理或者其他经济管理工作中犯有严重错误受行政处罚、撤职以上处分，自处罚、处分决定生效之日起至申请注册之日止不满2年的。

(4) 受吊销注册会计师证书的处罚，自处罚决定生效之日起至申请注册之日止不满5年的。

(5) 因以欺骗、贿赂等不正当手段取得注册会计师证书而被撤销注册，自撤销注册决定生效之日起至申请注册之日止不满3年的。

(6) 不在会计师事务所专职执业的。

(7) 年龄超过70周岁的。

5. 会计师事务所转制为特殊普通合伙组织形式，其具备注册会计师执业资格的合伙人应当符合下列条件：①在会计师事务所专职执业。②成为合伙人前3年内没有因为执业行为受到行政处罚。③有取得注册会计师证书后最近连续5年在会计师事务所从事法定审计业务的经历，其中在境内会计师事务所的经历不少于3年。④成为合伙人前1年内没有因采取隐瞒或提供虚假材料、欺骗、贿赂等不正当手段申请设立会计师事务所而被省级财政部门作出不予受理、不予批准或者撤销会计师事务所的决定。⑤年龄不超过65周岁。

会计师事务所转制为特殊普通合伙组织形式，应当有25名以上符合上述规定的合伙人、50名以上的注册会计师，以及人民币1 000万元以上的资本。

6. 中国注册会计师协会依法履行以下职责：审批和管理本会会员，指导地方注册会计师协会办理注册会计师注册；拟订注册会计师执业准则、规则，监督、检查实施情况；组织对注册会计师的任职资格、注册会计师和会计师事务所的执业情况进行年度检查；制订行业自律管理规范，对违反行业自律管理规范的行为予以惩戒；组织实施注册会计师全国统一考试；组织和推动会员培训工作；组织业务交流，开展理论研究，提供技术支持；开展注册会计师行业宣传；协调行业内、外部关系，支持会员依法执业，维护会员合法权益；代表中国注册会计师行业开展国际交往活动；指导地方注册会计师协会工作；办理法律、行政法规规定和国家机关委托或授权的其他有关工作。

7. 随着审计环境的巨大变化和公司财务舞弊重大事件的发展，以及国际审计准则的规模修改，迫切要求我国大力改进审计准则，增加审计的有效性，防范和化解审计风险，维护市场经济的稳定有序运行。在此背景下，财政部于2005年年初提出了我国会计审计准则国际趋同的主张和中国会计审计准则体系建设目标。根据这一目标，遵循科学、民主、透明和公开的准则制订程序，2006 年 2 月 15 日，包括 48 项审计准则的新审计准则体系正式发布，审计准则体系实现了国际趋同的历史性突破。

2010 年 10 月 31 日，中国注册会计师协会修订后的 38 项审计准则，通过了中国审计准则委员会审核，经进一步修改完善后由财政部正式发布。国际审计准则近年来最大的变化是完成了明晰项目，涉及 37 项准则，与我国现行 33 项审计准则相对应。此次修订中，这 33 个项目全部被纳入修订范围，并调整为 37 个，从而实现了与国际审计准则的一一对应。此外，此次修订还包括我国特有的前后任注册会计师的沟通准则。因此，此次修订后公布的审计准则共 38 项。此次修订主要有两方面变化，一方面是对 16 项准则的内容进行实质性修订，并制订 1 项新的准则，另一方面是对全部准则按照新体例进行改写。这次修订的审计准则体系，吸收借鉴了国际审计准则的最新成果，并充分考虑了我国审计实务中面临的一些新的需要解决的问题。修订后的新审计准则体系，结构更加科学，内容更加全面，语言更加明晰，更加注重风险识别和应对，适用范围更加广泛，实现了与国际审计准则的持续全面趋同。

2016 年 12 月 23 日，财政部印发了《在审计报告中沟通关键审计事项》等 12 项中国注册会计师审计准则(新审计报告准则)。本次发布的 12 项审计准则，最为核心的 1 项是新制订的《中国注册会计师审计准则第 1504 号——在审计报告中沟通关键审计事项》，该准则要求在上市公司的审计报告中增设关键审计事项部分，披露审计工作中的重点难点等审计项目的个性化信息。新审计报告准则的发布实施，将带来三个方面的积极变化：一是提高审计报告的信息含量，增强其决策相关性；二是提高审计报告的沟通价值，增强审计工作的透明度；三是强化注册会计师的责任，提高审计质量，回应财务报表使用者对持续经营、其他信息、注册会计师独立性的关注。

2020 年 12 月 17 日，中国注册会计师协会发布《中国注册会计师职业道德守则(2020)》和《中国注册会计师协会非执业会员职业道德守则(2020)》(以下统称守则)。

为了顺应经济社会发展对注册会计师诚信和职业道德水平提出的更高要求，进一步提升审计质量，吸收并借鉴国际职业会计师道德守则(以下简称国际守则)的最新成果，保持与国际守则的持续动态趋同，中国注册会计师协会对守则进行了全面修订。

二、选择题

1	2	3	4	5	6	7
C	B	C	CD	D	AD	C

三、(略)

自测题

一、单项选择题

1. 上市公司财务报表使用者最为关心财务报表的(　　)。
   A. 是否按照适用的会计准则编制
   B. 是否公允地反映了上市公司的财务状况、经营成果和现金流量
   C. 公允性
   D. 合法性和公允性
2. 注册会计师提供的相关服务不包括(　　)。
   A. 管理咨询　　B. 税务服务
   C. 会计咨询与会计服务　　D. 验资
3. 注册会计师所从事的下列业务中,不属于注册会计师"相关服务业务"的是(　　)。
   A. 担任某企业的常年会计顾问
   B. 对企业的财务报表实施审阅
   C. 帮助企业选择适当的会计政策
   D. 为企业代编财务报表
4. 甲虽然参加注册会计师全国统一考试成绩合格,但在其取得注册会计师证书之前,可以独立从事的业务只有(　　)。
   A. 对按特殊编制基础编制的财务报表进行审计
   B. 从事代理记账、代编财务报表
   C. 审核拟发行股票的 X 公司的预测性财务信息
   D. 验证企业资本,出具验资报告
5. 注册会计师可以根据具体情况设置不同组织形式的会计师事务所。下列(　　)会计师事务所不仅克服了其他两类组织形式会计师事务所的缺点,而且融入了其他两类会计师事务所的优点。
   A. 合伙会计师事务所
   B. 独资会计师事务所
   C. 有限责任会计师事务所
   D. 有限责任合伙会计师事务所
6. 中国注册会计师协会会员拥有的权利包括(　　)。
   A. 执行协会决议　　B. 申请退出协会
   C. 遵守协会纪律　　D. 接受后续教育

7. 下列各项中，能够成为中国注册会计师协会团体会员的是（　　）。
A. 会计师事务所
B. 5名以上注册会计师组成的科研团体
C. 企业集团
D. 注册会计师理事会
8. 不以财务报表为直接审计对象的审计业务是（　　）。
A. 办理企业合并事宜中的审计业务
B. 验证企业注册资本
C. 审计企业财务报表
D. 办理清算事宜中的审计业务
9. 下列各项业务中，属于其他鉴证业务的是（　　）。
A. 预测性财务信息审核
B. 年度财务报表审计
C. 财务报表审阅
D. 对财务信息执行商定程序

二、多项选择题

1. 根据《证券法》和《企业财务报告条例》，下列企业的年度财务报表需要注册会计师审计的有（　　）。
A. 所有在中国境内上市的公司
B. 国有控股的企业
C. 国有集团公司
D. 国有股占主导地位的企业
2. 根据《注册会计师法》的规定，注册会计师依法承办审计业务和会计咨询、会计服务业务。下列业务中，必须由注册会计师承办的是（　　）。
A. 审查上市公司的财务报表，出具审计报告
B. 验证拟设立及已设立企业资本，出具验资报告
C. 根据公司提供的财务资料，代编年度财务报表
D. 审核拟上市公司的预测性财务信息并出具审核报告
3. 在以下所列的各种业务中，属于注册会计师的“其他鉴证业务”的是（　　）。
A. 对特定财务信息执行商定程序
B. 内部控制审核
C. 注册资本实收情况的审验
D. 预测性财务信息审核

4. 下列业务中不属于注册会计师鉴证业务的审计业务有(　　)。
   A. 对同时在境内外上市的公司的境内外会计准则差异调节表的审阅
   B. 办理法律、行政法规规定的其他审计业务,出具相应的审计报告
   C. 内部控制审核
   D. 网域认证
5. 中国注册会计师协会作为注册会计师行业的自律性组织,具有多方面的职责。具体来说,其职责包括(　　)。
   A. 制订与考试有关的方针政策,全面领导和组织考试工作
   B. 拟订注册会计师执业准则、规则并监督、检查实施情况
   C. 组织实施注册会计师全国统一考试
   D. 制订行业自律管理规范,对违反规范的行为进行惩戒

三、判断题

1. 根据《注册会计师业务指导目录》(2010)的规定,注册会计师依法承办鉴证业务(104 项)和相关咨询服务业务(158 项)。(　　)
2. 鉴证业务基本准则是鉴证业务准则的概念框架,旨在规范注册会计师执行鉴证业务,明确鉴证业务的目标和要素,确定审计准则、审阅准则、其他鉴证业务准则适用的鉴证业务类型。(　　)
3. 审阅准则是整个执业准则体系的核心。(　　)
4. 通过注册会计师全国统一考试,考试科目全科成绩合格的,可以申请办理注册会计师考试全科合格证书,并可以申请加入注册会计师协会,成为注册会计师协会的非执业会员。(　　)
5. 会计师事务所转制为特殊普通合伙组织形式,应当有 25 名以上符合规定的合伙人、50 名以上的注册会计师,以及人民币 1 000 万元以上的资本。(　　)

四、案例分析题

安然公司审计案例

2001 年 12 月 2 日,世界上最大的天然气和能源批发交易商、资产规模达 498 亿美元的美国安然公司(Enron Corp.)突然向美国纽约破产法院申请破产保护。该案成为美国历史上最大的一宗破产案,在美国朝野引起极大震动,其原因及影响更为令人深思。

(一) 安然事件始末

1997 年 11 月:安然公司购买了其合伙公司 JEDI 的股票,随之将股票又卖给了它自己创建的 Chewco 公司,并由安然公司人员经营。由此,安然公司开始了一

系列复杂的秘密交易，意图隐瞒公司巨额到期债务。

2001 年 2 月 20 日：《财富》杂志称安然公司为“巨大的密不透风”的公司，其公司债务在堆积，而华尔街仍被蒙在鼓里。当日安然公司股票收盘价为每股 75.09 美元。

8 月 14 日：安然公司首席执行官员斯基林(Jeffrey Skilling)辞职，安然公司仍坚持对公司财务状况秘不外宣。当日该公司股票收盘时降至每股 39.55 美元。

10 月 12 日：美国五大会计师事务所之一的安达信公司法律顾问指使员工销毁了安然公司的审计档案。

10 月 16 日：安然公司宣布第三季度亏损 6.18 亿美元，穆迪公司考虑降低安然债券等级。当日安然公司股票降至每股 33.84 美元。

10 月 22 日：美国证券交易委员会开始对安然公司展开调查。

11 月 8 日：安然公司承认自 1997 年以来虚报盈利约 6 亿美元。

11 月 29 日：美国证券交易委员会将对安然公司的调查扩大至其审计的会计师事务所——安达信公司。

12 月 2 日：安然公司申请破产，公司股票降至每股 26 美分。

2002 年 1 月 9 日，美国司法部开始对“安然事件”展开刑事调查。

2002 年 6 月 15 日上午，美国休斯敦城一个联邦大陪审团裁定，曾是美国五大会计师事务所之一的安达信公司因妨碍对安然破产案的司法调查而“有罪”。这一裁决虽然并没有出乎人们的预料，但仍然引起了美国各家媒体的极大关注。

（二）安然事件中的一些审计问题

根据已披露的资料，安达信在安然事件中，至少存在以下一些问题：

(1) 安达信出具了严重失实的审计报告和内部控制评价报告。安然公司自 1985 年成立以来，其财务报表一直由安达信审计。2000 年度，安达信为安然公司出具了两份报告，一份是无保留意见加解释性说明段（对会计政策变更的说明）的审计报告，另一份是对安然公司管理当局声称其内部控制能够合理保证其财务报表可靠性予以认可的评价报告。这两份报告与安然公司存在的前述重大会计问题形成鲜明的反差，已成为笑柄。

(2) 安达信对安然公司的审计缺乏独立性。独立性是社会审计的灵魂，离开了独立性，审计质量只能是一种奢谈。安达信在审计安然公司时，是否保持独立性，受到美国各界的广泛质疑。从美国国会等部门调查所披露的资料和新闻媒体的报道看，安达信对安然公司的审计至少缺乏形式上的独立性，主要表现为：①安达信不仅为安然公司提供审计鉴证服务，而且提供收入不菲的咨询业务。安然公司是安达信的第二大客户，2000 年度，安达信向安然公司收取了高达 5 200 万美元的费用，其中一半以上为咨询服务收入。社会各界纷纷质疑，既然安达信从安然公司获取回报丰厚的咨询收入，它能保持独立吗？它能够以超然独立的立场对安然公司的财务报表发不偏不倚的意见吗？面对诸如此类的质疑，即使安达信能够从专业的角度辩解自己并没有违反职业道德，但社会大众至少认为安达信缺少形式上的独立性。②安然公司的许多高层管理人员为安达信的前雇员，他们之间的密切关系至少有损安达信形式上的独立性。

（3）安达信在已觉察安然公司会计问题的情况下，未采取必要的纠正措施。美国国会调查组披露的证据显示，安达信在安然黑幕曝光前就已觉察到安然公司存在的会计问题，但未及时向有关部门报告或采取其他措施。国会调查组获得的一份安达信电子邮件表明，安达信的资深合伙人早在 2001 年 2 月就已经在讨论是否解除与安然公司的业务关系，理由是安然公司的会计政策过于激进。

（4）销毁审计工作底稿，妨碍司法调查。在沸沸扬扬的安然事件中，最让会计职业界意想不到的是安达信居然销毁数以千计的审计档案。我们知道，审计最重视证据。以客观、真实的证据为依据的审计，被 Paton 和 Littleton（1940/1970）称为英国对审计行业最重要的贡献。客观、真实的证据也是他们提出的会计基本假设之一。安达信销毁审计档案，是对会计职业道德的公然挑衅，也暴露出其缺乏守法意识。事发后，美国司法部、联邦调查局和美国证券交易委员会（SEC）等部门正就此丑闻对安达信展开刑事调查。销毁审计档案不仅使安达信的信誉丧失殆尽，而且使这一事件升级为刑事案件。最后，安达信被裁决有罪并“寿终正寝”可以说与这一事件直接有关。

（三）安然事件爆发后美国采取的加强监管措施

2002 年 7 月 30 日美国通过了《萨班斯-奥克斯利法案》（SOX 法案），加强对上市公司和注册会计师行业的监管，一个显著的变化是会计师行业由从自律改为加强监管。

以往，美国注册会计师行业的监管与服务职能都集中在美国注册会计师协会（AICPA）。然而，证券市场的系列会计丑闻，已使注册会计师行业自律的有效性遭到空前质疑。

实际上，美国注册会计师协会是依靠会员会费的资助在维持运作，所以少数大型会计师事务所对协会的影响很大，使协会不可避免地会自发维护注册会计师的利益。因此，仅依靠协会自律，很难杜绝丑闻再度发生。

SOX 法案规定：

（1）要求美国证券交易委员会成立上市公司会计监督委员会（PCAOB），而原来由美国注册会计师协会行使的对注册会计师行业的监管职能，则交给更具公共职能的 PCAOB。

(2) PCAOB 由五人组成,直接归美国证监会管辖,但不属于其内部雇员。为消除注册会计师事务所对其的影响,该委员会的运行经费不再由会计师事务所承担,而是改为由上市公司分担。

(3) 美国证监会授权该委员会制订审计准则、会计师事务所注册权、日常监督权、调查和处罚权;检查和处理上市公司与会计师之间的会计处理分歧。

可以说,安然事件和安达信倒闭对美国资本市场和会计界产生的影响将是非常深远的,其中暴露出来的诸多问题也有待进一步研究和解决。

要求:

(1) 通过阅读案例,你认为导致安然公司审计失败的因素有哪些?

(2) 你认为注册会计师行业可以采取哪些措施来保证审计质量?

(3) 会计师事务所在国外和国内可以采取哪些不同的组织形式?结合安达信公司,请你谈谈不同组织形式的优缺点以及其对审计质量会有什么样的影响?阐述你的理由。

(4) 安然公司和安达信公司的倒闭事件以及美国会计监管措施方面的变化对我国注册会计师行业的管理有哪些启示?谈谈你的看法。

自测题答案

一、单项选择题

1	2	3	4	5	6	7	8	9
D	D	B	B	D	B	A	B	A

二、多项选择题

1	2	3	4	5
ABCD	ABD	BD	ACD	BCD

三、判断题

1	2	3	4	5
×	√	×	√	√

四、案例分析题

(1) 第一,注册会计师或会计师事务所丧失独立性。独立性是注册会计师审计的灵魂。安然事件中,安达信对安然公司的审计缺乏独立性。安达信对安然公的前提，离开独立性，审计质量几乎是不可期望的。注册会计师必须拥有的独立性，实际上有两种，实质上的独立性和形式上的独立性。所谓形式上的独立性又可进一步分为组织上的独立性、经济上的独立性与人员上的独立性三种。所谓实质上的独立性，又称为精神状态、一种自信心以及在判断时不依赖和屈从于外界的压力和影响。它要求注册会计师在执业过程中严格保持超然性，不能主观袒护任何一方当事人，尤其不应使自己的结论依附或屈从于持反对意见利益集团或人士的影响和压力。

第二，注册会计师行业应该遵循职业道德和保持职业谨慎。在执行审计业务过程中未严格遵守审计准则，不执行适当的审计程序，对被审计单位的问题未能保持应有的职业谨慎，或为了节约时间、成本而缩小审计范围或简化审计程序，都将导致注册会计师的过失行为。

第三，注册会计师行业应该强化执业监督，加强行业自律监管工作，对行业具有重大影响的违规违纪行为进行惩戒。

第四，不断改进审计准则的制订工作。审计准则的制订与修改应当与不断变化的审计需求以及不断更新的审计新技术相适应。

第五，大力推广有限责任合伙制会计师事务所，解决会计师事务所组织形式的缺陷问题。有限责任合伙制会计师事务所结合了有限制和合伙制的优点，一方面，降低了成本和风险；另一方面，有利于提高注册会计师的风险意识，保证审计质量，避免审计失败。

第三章　执业准则和职业道德

本章要点

本章主要讲述了注册会计师的执业准则和职业道德准则，包括执业准则概述、鉴证业务基本准则、质量管理准则、职业道德基本原则和概念框架、审计和审阅业务对独立性的要求。

1. 审计准则是执行审计工作时应该遵循的规范。它既是审计理论的重要组成部分，又是直接用来指导审计实践的作业规范。

2. 中国注册会计师执业准则体系受注册会计师职业道德守则统驭，包括注册会计师业务准则和会计师事务所质量管理准则。注册会计师业务准则包括鉴证业务准则和相关服务准则。鉴证业务准则由鉴证业务基本准则统领，按照鉴证业务提供的保证程度和鉴证对象的不同，分为中国注册会计师审计准则、中国注册会计师审阅准则和中国注册会计师其他鉴证业务准则。其中审计准则是整个执业准则体系的核心。

3. 审计准则用以规范注册会计师执行历史财务信息的审计业务。在提供审计服务时，注册会计师对所审计信息是否不存在重大错报提供合理保证，并以积极方式提出结论。审阅准则用以规范注册会计师执行历史财务信息的审阅业务。在提供审阅服务时，注册会计师对所审阅信息是否不存在重大错报提供有限保证，并以消极方式提出结论。其他鉴证业务准则用以规范注册会计师执行历史财务信息审计或审阅以外的其他鉴证业务，根据鉴证业务的性质和业务约定的要求，提供有限保证或合理保证。

4. 按照审计过程、业务性质和规范的内容，又将审计准则划分为一般原则与责任、风险评估与风险应对、审计证据、利用其他主体的工作、审计结论与报告，以及特殊目的、特殊业务、特殊领域六小类。

5. 鉴证业务是指注册会计师对鉴证对象信息提出结论，以增强除责任方之外的预期使用者对鉴证对象信息信任程度的业务。鉴证对象信息是按照标准对鉴证对象进行评价和计量的结果。

6. 鉴证业务分为基于责任方认定的业务和直接报告业务。

7. 鉴证业务的保证程度分为合理保证和有限保证。合理保证的保证水平要高于有限保证的保证水平。

8. 鉴证业务要素，是指鉴证业务的三方关系、鉴证对象、标准、证据和鉴证报告。鉴证业务涉及的三方关系人包括注册会计师、责任方和预期使用者。标准是指用于评价或计量鉴证对象的基准，当涉及列报时，还包括列报的基准。

9. 会计师事务所的风险评估程序；治理和领导层；相关职业道德要求；客户关系和具体业务的接受与保持；业务执行；资源；信息与沟通；监控和整改程序。

10. 职业道德是某一个职业组织以公约、守则等形式公布的，其会员自愿接受的职业行为标准。

制定审计职业道德守则必然性表现在以下几个方面：①审计职业道德守则是由审计职业的特殊性所决定的，社会公众是唯一的委托人。②制订审计职业道德守则能够使公众对审计工作产生信任感。③审计职业道德守则是对注册会计师的自我约束。④社会竞争日益激烈，激烈的竞争会迫使注册会计师更关注于拉拢客户或谋求客观利润，而忽视了对审计服务质量的保证。

11. 注册会计师职业道德基本原则：诚信、独立、客观和公正、专业胜任能力和勤勉尽责、保密、良好职业行为。

12. 诚信，是指诚实、守信。当注册会计师在执行业务时认为报告、申报资料或其他信息存在下列情形时，不应在明知的情况下与其发生牵连：

(1) 含有严重虚假或误导性陈述。

(2) 含有缺少充分依据的陈述或信息。

(3) 存在遗漏或含糊其辞的信息。

如果注册会计师注意到其已经与上述信息发生牵连，则应当采取措施消除与该信息的牵连。

13. 独立是指不受外来力量控制、支配，按照一定之规行事。独立性包括实质上的独立性和形式上的独立性。

14. 客观和公正是指注册会计师应当公正处事、实事求是，不得由于偏见、利益冲突或他人的不当影响而损害自己的职业判断。

15. 专业胜任能力是指会员具有专业知识、技能和经验，能够经济、有效地完成客户委托的业务。勤勉尽责要求会员按照有关工作要求，认真、全面、及时地完成工作任务。

16. 或有收费是指收费与否或收费多少取决于交易的结果或所执行工作的结果。如果一项收费是由法院或政府有关部门规定的，则该项收费不被视为或有收费。会计师事务所在提供审计业务时，以直接或间接形式取得或有收费，将因自身利益产生非常严重的不利影响，导致没有防范措施能够将其降低至可接受的水平。会计师事务所不得采用这种收费安排。

课后思考与练习题答案

一、思考题

1. 鉴证业务是指注册会计师对鉴证对象信息提出结论，以增强除责任方之外的预期使用者对鉴证对象信息信任程度的业务。鉴证对象信息是按照标准对鉴证对象进行评价和计量的结果。

合理保证的鉴证业务的目标是注册会计师将鉴证业务风险降至该业务环境下可接受的低水平，以此作为以积极方式提出结论的基础。如在历史财务信息审计中，要求注册会计师将审计风险降至该业务环境下可接受的低水平，对审计后的历史财务信息提供高水平保证（合理保证），在审计报告中对历史财务信息采用积极方式提出结论。这种业务属于合理保证的鉴证业务。

有限保证的鉴证业务的目标是注册会计师将鉴证业务风险降至该业务环境下可接受的水平，以此作为以消极方式提出结论的基础。如在历史财务信息审阅中，要求注册会计师将审阅风险降至该业务环境下可接受的水平（高于历史财务信息审计中可接受的低水平），对审阅后的历史财务信息提供低于高水平的保证（有限保证），在审阅报告中对历史财务信息采用消极方式提出结论。这种业务属于有限保证的鉴证业务。

2. 鉴证业务的承接条件包括：①鉴证对象适当。②使用的标准适当且预期使用者能够获取该标准。③注册会计师能够获取充分、适当的审计证据以支持其结论。④注册会计师的结论以书面报告形式表述，且表述形式与所提供的保证程度相适应。⑤该业务具有合理的目的。

3. 鉴证业务风险是指在鉴证对象信息存在重大错报的情况下，注册会计师提出不恰当结论的可能性。在直接报告业务中，鉴证对象信息仅体现在注册会计师的结论中。

鉴证业务风险包括注册会计师不恰当地提出鉴证对象在所有重大方面遵守标准的结论的可能性。在合理保证的鉴证业务中，注册会计师应当将鉴证业务风险降至具体业务环境下可接受的低水平，以获取合理保证，作为以积极方式提出结论的基础。在有限保证的鉴证业务中，由于证据收集程序的性质、时间和范围与合理保证的鉴证业务不同，其风险水平高于合理保证的鉴证业务；但注册会计师实施的证据收集程序至少应当足以获取有意义的保证水平，作为以消极方式提出结论的基础。当注册会计师获取的保证水平很有可能在一定程度上增强预期使用者对鉴证对象信息的信任时，这种保证水平是有意义的保证水平。鉴证业务风险通常体现为重大错报风险和检查风险。重大错报风险是指鉴证对象信息在鉴证前存在重大错报的可能性。检查风险是指某一鉴证对象信息存在错报，该错报单独或连同其他错报是重大的，但注册会计师未能发现这种错报的可能性。注册会计师对重大错报风险和检查风险的考虑受具体业务环境的影响，特别受鉴证对象性质，以及所执行的是合理保证鉴证业务还是有限保证鉴证业务的影响。

4. 会计师事务所的风险评估程序；治理和领导层；相关职业道德要求；客户关系和具体业务的接受与保持；业务执行；资源；信息与沟通；监控和整改程序。

5. 主要有如下情况：①已考虑客户的诚信，没有信息表明客户缺乏诚信。②具有执行业务必要的素质、专业胜任能力、时间和资源。③能够遵守职业道德规范。

二、选择题

1	2	3	4	5	6
A	ABCD	A	A	CD	ABCD

三、案例分析题

(1) 会计师事务所合伙人认为这些业务如果没有第三方的帮助，几乎不具备按照销售类租赁进行处理的条件，但事实上 Merrill Lynch 公司卖给 IBM 公司“7D 保险”——该保险保证在租赁期末的价值能够满足 IBM 公司达到 90%的标准，确实符合销售类租赁处理的条件，虽然不太合情理，但是从法理上说是没问题的。

(2) 没有公允体现第三方使用者的利益，因为这种政策变更之后执行官得到了很大的提升和丰厚的奖金，其中一部分就是与所报告的盈利挂钩的。而至 1989 年，IBM 公司的股东权益回报率已经从 1984 年的 26.5%降至 9.6%，会计政策的变更使财务分析师不能及时发现 IBM 公司的“利润下滑”。

自测题

一、单项选择题

1. 下列关于鉴证业务要素的说法中，正确的是(　　)。

A. 鉴证对象信息是鉴证业务的要素

B. 鉴证对象是指鉴证对象信息所反映的内容

C. 鉴证报告是被审计单位按照标准对鉴证对象进行评价和计量的结果
D. 三方关系人分别是注册会计师、责任方和股东

2. 注册会计师执行的下列业务中，属于基于责任方认定的业务的是（ ）。
A. 对某公司年度财务报表的审阅业务 B. 对某公司的 IT 系统进行鉴证
C. 对某公司的验资业务 D. 对某公司的财务系统进行鉴证

3. 鉴证标准不适当时，注册会计师的下列做法中，不正确的是（ ）。
A. 如果拟承接的业务鉴证标准不适当时，一般拒绝承接该业务
B. 委托人能够确认鉴证对象的某个方面适用于所采用的标准，可以针对该方面执行鉴证业务，但在鉴证报告中应当说明该报告中的内容并非针对鉴证对象整体
C. 能够选择或设计适用于鉴证对象的其他标准的，可以考虑将其作为一项新的鉴证业务
D. 继续按照原来的标准承接该业务，并在鉴证报告中说明鉴标准对鉴证对象不适当

4. 下列关于三方关系人的说法中，不正确的是（ ）。
A. 在直接报告业务中，责任方是对鉴证对象信息负责的组织或人员
B. 在基于责任方认定的业务中，责任方是对鉴证对象信息负责并可能同时对鉴证对象负责的组织或人员
C. 责任方可能是鉴证业务的委托人，也可能不是委托人
D. 责任方可能是预期使用者，但不是唯一的预期使用者

5. 下列关于鉴证标准的说法中，正确的是（ ）。
A. 对同一鉴证对象进行评价或计量一定要选择同一个标准
B. 鉴证标准只能是正式的规定
C. 对于公开发布的标准，注册会计师也需要对标准的“适当性”进行评价
D. 预期使用者获取标准的方式有：公开发布、在陈述鉴证对象信息时以明确的方式表述、在鉴证报告中以明确的方式表述

6. 适当的鉴证对象应当具备的条件中，不包括（ ）。
A. 鉴证对象可以识别
B. 不同的组织或人员对鉴证对象按照既定标准进行评价或计量的结果合理一致
C. 注册会计师能够收集与鉴证对象有关的信息，获取充分、适当的证据，已支持其提出适当的鉴证结论
D. 鉴证对象的特征表现为定量、客观、历史或时点的

7. 下列关于鉴证业务风险的说法中，正确的是（ ）。

A. 鉴证业务风险在各种鉴证业务中都是存在的，并且是相等的

B. 财务报表审计业务的风险高于财务报表审阅业务

C. 鉴证业务风险是指在鉴证对象信息存在重大错报的情况下，注册会计师提出不恰当结论的可能性

D. 财务报表审计业务的保证程度低于财务报表审阅的保证程度

8. 下列有关会计师事务所业务质量管理准则的说法中，正确的是（　　）。

A. 会计师事务所应当培育以业绩为导向的内部文化

B. 会计师事务所的项目合伙人对质量管理体系承担最终责任

C. 会计师事务所应当制订政策和程序，以合理保证会计师事务所及其人员，不包含雇佣的专家和其他人员，保持职业道德规范要求的独立性

D. 会计师事务所应当每年至少一次向所有受独立性要求约束的人员获取其遵守独立性政策和程序的书面确认函

9. 会计师事务所承接业务后发现审计项目组出现下列情形，则应当终止该项审计业务的是（　　）。

A. 管理层严重不诚信

B. 审计项目组不能在审计业务书约定条款要求的时间内完成业务，必须推迟出具审计报告

C. 审计项目组关键成员出现个人贷款无力偿还而遭受诉讼纠纷

D. 审计项目组对于确定存货资产的存在认定缺乏胜任能力，必须利用专家的工作

10. 会计师事务所指导、监督与复核的总体要求是为了（　　）。

A. 使审计项目组了解审计工作目标

B. 通过质量管理体系的政策和程序，保持业务执行质量的一致性

C. 审计项目合伙人检查各成员是否能够顺利完成审计工作

D. 考虑审计项目组是否有足够的时间执行审计工作

二、多项选择题

1. 鉴证业务基本准则包括（　　）。

A. 审计准则　　B. 其他鉴证业务准则

C. 审阅准则　　D. 相关服务准则

2. 鉴证业务要素包括（　　）。

A. 三方关系　　B. 鉴证对象　　C. 标准　　D. 证据

3. 关于基于责任方认定的业务和直接报告业务，下列说法中，正确的有（　　）。

A. 预期使用者获取鉴证对象信息的方式都是通过阅读鉴证报告

B. 注册会计师提出结论的对象都是鉴证对象

C. 在基于责任方认定的业务中，责任方既要对鉴证对象信息负责，也可能对鉴证对象负责；在直接报告业务中，责任方只需对鉴证对象负责

D. 在基于责任方认定的业务中，以书面形式对财务报表出具审计报告，在引言段通常会明确提及责任方认定；在直接报告业务中，以书面形式提供鉴证报告，直接提及鉴证对象和标准，无需提及责任方认定

4. 通常情况下，下列属于公众利益实体的有（　　）。

A. 上市公司　　B. 银行　　C. 保险公司　　D. 电信公司

5. 经济利益威胁存在与否及其重要程度取决于（　　）。

A. 会计师事务所的类型以及客户的行业

B. 拥有经济利益人员的角色

C. 经济利益是否直接拥有或控制

D. 经济利益金额的大小

6. 项目组成员甲注册会计师的叔叔持有审计客户股票 10 000 股，价值 100 000 元，项目组负责人乙注册会计师应当采取（　　）的防范措施以消除威胁或将其降至可接受水平。

A. 由甲注册会计师的叔叔尽快处置全部经济利益

B. 由乙注册会计师复核甲注册会计师的工作

C. 由项目组之外的其他注册会计师复核甲注册会计师所执行的工作

D. 将甲注册会计师调离审计项目组

三、判断题

1. 鉴证业务要素，是指鉴证业务的三方关系、鉴证对象、证据和鉴证报告。（　　）

2. 在鉴证业务中，注册会计师应当将鉴证业务风险降至具体业务环境下可接受的低水平。（　　）

3. 对遵循职业道德基本原则产生不利影响的因素包括自身利益、自我评价、过度推介、密切关系和外在压力。（　　）

4. 只要注册会计师未查处被审计单位会计报表中的错报，则必须承担法律责任。（　　）

5. 关键审计合伙人对审计客户提供服务不得超过 3 年。（　　）

四、案例分析题

1. ABC 会计师事务所负责审计甲公司 20×8 年度财务报表，并委派 A 注册会计师担任审计项目组负责人。在审计过程中，审计项目组遇到下列与职业道德

有关的事项：

（1）A注册会计师与甲公司副总经理H同为京剧社票友，经H介绍，A注册会计师从其他企业筹得款项，成功举办个人专场演出。

（2）审计项目组成员B与甲公司基建处处长I是战友，I将甲公司职工集资建房的指标转让给B，B按照甲公司职工的付款标准交付了集资款。

（3）审计项目组成员C与甲公司财务经理J毕业于同一所财经院校。

（4）审计项目组成员D的朋友于20×7年2月购买了甲公司发行的公司债券20万元。

（5）ABC会计师事务所原行政部经理E于20×5年10月离开事务所，担任甲公司办公室主任。

要求：

针对上述事项(1)～(5)，分别指出是否对审计项目组的独立性构成威胁，并简要说明理由。

自测题答案

一、单项选择题

1	2	3	4	5	6	7	8	9	10
B	A	D	A	D	D	C	D	A	B

二、多项选择题

1	2	3	4	5	6
ABC	ABCD	CD	BCD	ACD	ABCD

三、判断题

1	2	3	4	5
×	×	√	×	×

四、案例分析题

1.（1）对独立性产生威胁。项目组负责人A注册会计师与审计客户的高级管理人员副总经理H之间存在长期交往，产生密切关系对独立性的威胁。

（2）对独立性产生威胁。项目组成员B与审计客户的基建处处长I关系密切，而且因为I是基建处处长，所以很可能会对财务报表中的在建工程等产生重大影响。同时项目组成员B是按照甲公司职工的付款标准付款的，并不是市场上的公允价，所以构成对独立性的威胁。

(3) 对独立性不产生威胁。项目组成员C与审计客户甲公司的财务经理是校友关系，但不构成密切关系，所以不构成对独立性的影响。

(4) 对独立性不产生威胁。项目组成员D的朋友拥有甲公司的债券，并不能够视同是D拥有审计客户的经济利益关系，也没有说是密切的朋友，所以不构成对独立性的影响。

(5) 对独立性不产生威胁。原会计师事务所行政部经理E进入审计客户担任办公室主任的职务。由于E在会计师事务所没有具体从事过对甲公司的审计业务，同时在审计客户担任的职务对财务报表审计业务也没有影响，而且时间已经相隔3年，所以不构成对独立性的影响。

第四章　审计目标与审计流程

本章要点

本章主要讲述了注册会计师的审计目标与审计责任、审计的具体目标、审计过程与审计目标的实现。

1. 注册会计师审计的总目标是：

(1) 对财务报表整体是否不存在由于舞弊或错误导致的重大错报获取合理保证，使得注册会计师能够对财务报表是否在所有重大方面按照适用的财务报告框架编制发表审计意见。

(2) 按照审计准则的规定，根据审计结果对财务报表出具审计报告，并与管理层和治理层沟通。

2. 治理层是指对被审计单位战略方向以及管理层履行经营管理责任负有监督责任的人员或组织。治理层的责任包括对财务报告过程的监督。在治理层的监督下，管理层作为会计工作的行为人，对编制财务报表负有直接责任。因此，在被审计单位治理层的监督下，按照适用的会计准则和相关会计制度的规定编制财务报表是被审计单位管理层的责任。

3. 管理层对编制财务报表的责任具体包括：①选择适用的会计准则和相关会计制度。②选择和运用恰当的会计政策。③根据企业的具体情况，作出合理的会计估计。管理层作为会计工作的行为人，对编制财务报表负有直接责任。

4. 按照中国注册会计师审计准则的规定，对财务报表发表审计意见是注册会计师的责任。但是财务报表审计不能减轻管理层和治理层对财务报表的责任。

5. 如果财务报表中尚未更正的错误或舞弊事项合并起来会改变或影响一个正常报告使用者的决策，这样的错报通常就被认为是重要的。

6. 合理保证是指注册会计师在财务报表审计中，提供的一种高水平但并非绝对的保证。

7. 错误是指财务报表中存在的无意错报或漏报。舞弊则是指财务报表中存在不实反映的故意行为。

8. 被审计单位管理层的认定是指被审计单位管理层对其财务报表组成要素

的确认、计量、列报作出的明确或隐含的表达。

9. 关于所审计期间各类交易、事项及相关披露的认定通常分为下列类别：①发生。②完整性。③准确性。④截止。⑤分类。⑥列报。

10. 关于期末账户余额及相关披露的认定通常分为下列类别：①存在。②权利和义务。③完整性。④准确性、计价和分摊。⑤分类。⑥列报。

11. 审计目标的实现过程包括以下五大环节：①接受业务委托。②计划审计工作。③评估重大错报风险。④应对重大错报风险。⑤编制审计报告。

12. 风险评估程序，是指注册会计师为了解被审计单位及其环境（包括内部控制），以识别和评估财务报表层次和认定层次的重大错报风险（无论该风险是由于舞弊或错误导致的）而实施的审计程序。

13. 实质性程序是指注册会计师针对评估的重大错报风险实施的直接用以发现认定层次重大错报的审计程序。

14. 细节测试是对各类交易、账户余额、列报的具体细节进行测试，目的在于直接识别财务报表认定是否存在错报。

课后思考与练习题答案

一、思考题

1. 注册会计师的总目标是：

(1) 对财务报表整体是否存在由于舞弊或错误导致的重大错报获取合理保证，使得注册会计师能够对财务报表是否在所有重大方面按照适用的财务报告框架编制发表审计意见。

(2) 按照审计准则的规定，根据审计结果对财务报表出具审计报告，并与管理层和治理层沟通。

关于所审计期间各类交易、事项及相关披露的认定通常分为下列类别：

(1) 发生：记录或披露的交易和事项已发生，且这些交易和事项与被审计单位有关。

(2) 完整性：所有应当记录的交易和事项均已记录，所有应当包括在财务报表中的相关披露均已包括。

(3) 准确性：与交易和事项有关的金额及其他数据已恰当记录，相关披露已得到恰当计量和描述。

(4) 截止：交易和事项已记录于正确的会计期间。

(5) 分类：交易和事项已记录于恰当的账户。

(6) 列报:交易和事项已被恰当地汇总或分解且表述清楚,相关披露在适用的财务报告编制基础下是相关的、可理解的。

关于期末账户余额及相关披露的认定通常分为下列类别:

(1) 存在:记录的资产、负债和所有者权益是存在的。

(2) 权利和义务:记录的资产由被审计单位拥有或控制,记录的负债是被审计单位应当履行的偿还义务。

(3) 完整性:所有应当记录的资产、负债和所有者权益均已记录,所有应当包括在财务报表中的相关披露均已包括。

(4) 准确性、计价和分摊:资产、负债和所有者权益以恰当的金额包括在财务报表中,与之相关的计价或分摊调整已恰当记录,相关披露已得到恰当计量和描述。

(5) 分类:资产、负债和所有者权益已记录于恰当的账户。

(6) 列报:资产、负债和所有者权益已被恰当地汇总或分解且表述清楚,相关披露在适用的财务报告编制基础下是相关的、可理解的。

审计的具体目标是审计总目标的进一步具体化,具体审计目标的确定,有助于注册会计师按照注册会计师审计准则的要求收集充分、适当的审计证据,并根据项目的实际情况确定应收集的证据。一般地说,审计具体目标必须根据被审计单位管理层的认定和审计总目标来确定。

2. 一般认为,审计总目标的演进大致可以分为以下 3 个阶段:

(1) 以查错防弊为主的审计目标阶段(审计产生之初至 20 世纪 30 年代)

(2) 以验证财务报表的真实公允为主的审计目标阶段(20 世纪 30 年代至 20 世纪 80 年代)

(3) 验证财务报表的真实公允与查错防弊并重的审计目标阶段(20 世纪 80 年代至现在)

3. 被审计单位治理层责任,包括对财务报告过程的监督。在治理层的监督下,管理层作为会计工作的行为人,对编制财务报表负有直接责任。在被审计单位治理层的监督下,按照适用的会计准则和相关会计制度的规定编制财务报表是被审计单位管理层的责任。

按照中国注册会计师审计准则的规定,对财务报表发表审计意见是注册会计师的责任。管理层和治理层认可与财务报表相关的责任是注册会计师执行审计工作的前提,构成注册会计师按照审计准则的规定执行审计工作的基础。

4. 关于所审计期间各类交易、事项及相关披露的认定通常分为下列类别:

① 发生:记录或披露的交易和事项已发生,且这些交易和事项与被审计单位有关。

② 完整性:所有应当记录的交易和事项均已记录,所有应当包括在财务报表中的相关披露均已包括。

③ 准确性:与交易和事项有关的金额及其他数据已恰当记录,相关披露已得到恰当计量和描述。

④ 截止:交易和事项已记录于正确的会计期间。

⑤ 分类:交易和事项已记录于恰当的账户。

⑥ 列报:交易和事项已被恰当地汇总或分解且表述清楚,相关披露在适用的财务报告编制基础下是相关的、可理解的。

关于期末账户余额及相关披露的认定通常分为下列类别:

① 存在:记录的资产、负债和所有者权益是存在的。

② 权利和义务:记录的资产由被审计单位拥有或控制,记录的负债是被审计单位应当履行的偿还义务。

③ 完整性:所有应当记录的资产、负债和所有者权益均已记录,所有应当包括在财务报表中的相关披露均已包括。

④ 准确性、计价和分摊:资产、负债和所有者权益以恰当的金额包括在财务报表中,与之相关的计价或分摊调整已恰当记录,相关披露已得到恰当计量和描述。

⑤ 分类:资产、负债和所有者权益已记录于恰当的账户。

⑥ 列报:资产、负债和所有者权益已被恰当地汇总或分解且表述清楚,相关披露在适用的财务报告编制基础下是相关的、可理解的。

5. 发生认定是指记录的交易或事项已发生,且与被审计单位有关,相对应的具体审计目标是确认已记录的交易是真实的。存在认定是指记录的资产、负债和所有者权益是存在的,相对应的具体审计目标是确认记录的金额确实存在。而完整性认定是指所有应当记录的交易和事项均已记录,相对应的具体审计目标是确认已发生的交易确实已经记录。

6. 审计目标的实现过程包括以下五大环节:①接受业务委托。②计划审计工作。③评估重大错报风险。④应对重大错报风险。⑤编制审计报告。

二、选择题

1	2	3	4	5	6	7	8	9
D	D	B	AD	B	B	A	AB	ABCD

三、案例分析题

(1)营业外收入/发生,递延收益/完整性。

(2)无形资产/准确性、计价与分摊,管理费用/完整性。

(3)资产减值损失/完整性,存货/准确性、计价与分摊。

(4)销售费用/完整性,存货/存在。

(5)属于财务报表层次风险,无法确定于某些认定。

自测题

一、单项选择题

1. 在财务报表审计中,有关管理层对财务报表责任的陈述中,不恰当的是(　　)。
   A. 选择和运用恰当的会计政策
   B. 保证财务报表不存在重大错报以减轻注册会计师的责任
   C. 根据企业的具体情况,作出合理的会计估计
   D. 选择适用的会计准则和相关会计制度

2. 以下说法中,不正确的是(　　)。
   A. 职业怀疑态度并不要求注册会计师假设管理层是不诚信的,但也不能假设管理层的诚信毫无疑问
   B. 如果从不同来源获取的审计证据或获取的不同性质的审计证据不一致,可能表明其中某项或某几项审计证据不可靠,因此,注册会计师应当追加必要的审计程序
   C. 注册会计师通过不断修正的、系统的执业过程,获取充分、适当的审计证据,对财务报表整体发表审计意见,它提供的是一种高水平的绝对保证
   D. 注册会计师不应将审计中发现的舞弊视为孤立发生的事项

3. 对于下列存货认定,通过向生产和销售人员询问是否存在过时或周转缓慢的存货,A 注册会计师认为最可能证实的是(　　)。
   A. 计价和分摊　　B. 权利和义务
   C. 完整性　　D. 存在

4. 在注册会计师所关心的下列各种问题中,能够实现截止目标的是(　　)。
   A. 应收账款是否已经按照规定计提坏账准备
   B. 年后开出的支票是否未计入报告期报表中
   C. 存货的跌价损失是否已抵减
   D. 固定资产是否有用作抵押的

5. 在注册会计师针对下列各项目分别提出的具体目标中,属于完整性目标的是(　　)。
   A. 实现的销售是否均已登记入账
   B. 关联交易类型、金额是否在附注中恰当披露
   C. 是否将下期交易提前到本期入账

D. 有价证券的金额是否予以适当列示

6. 注册会计师在审计“应付账款”余额时，下列属于管理层明示性认定的是(　　)。

A. 存在　　B. 完整性

C. 权利和义务　　D. 列报

7. 注册会计师在审查销售部门的销货合同时，发现与 A 公司有一笔 100 万元销售未入账，通过函证 A 公司，检查该笔销货记录，证实 A 公司实际已购货且欠款 100 万元。那么，注册会计师首先认为管理层对“主营业务收入”账户的(　　)认定存在问题。

A. 发生　　B. 完整性

C. 准确性　　D. 计价和分摊

8. 对于下列应收账款认定，通过实施函证程序，A 注册会计师认为最可能证实的是(　　)。

A. 计价和分摊　　B. 分类

C. 存在　　D. 完整性

9. 甲公司将 2008 年度的主营业务收入列入 2009 年度的财务报表，则针对 2008 年度财务报表错误的认定是(　　)。

A. 存在　　B. 发生

C. 准确性　　D. 完整性

10. 在对资产存在认定获取审计证据时，正确的测试方向是(　　)。

A. 从财务报表到尚未记录的项目

B. 从尚未记录的项目到财务报表

C. 从会计记录到支持性证据

D. 从支持性证据到会计记录

二、多项选择题

1. 以下说法中，正确的有(　　)。

A. 审计目标包括财务报表审计目标以及与各类交易、账户余额、列报相关的审计目标两个层次

B. 财务报表审计能够提高财务报表的可信赖程度

C. 在财务报表审计中，被审计单位管理层和治理层与注册会计师承担着不同的责任，不能相互混淆和替代

D. 审计目标界定了注册会计师的责任范围，决定了注册会计师如何发表审计意见

2. 以下对注册会计师执行财务报表审计的总体目标的理解中，恰当的有（　　）。
   A. 合理保证财务报表整体是否不存在由于舞弊或错误导致的重大错报
   B. 合理保证财务报表是否在所有重大方面按照使用的财务报告编制基础编制
   C. 根据审计结果与管理层和治理层沟通，包括沟通审计意见的类型、内部控制重大缺陷等
   D. 根据审计结果对财务报表出具恰当的审计报告
3. 下列各项认定中，与交易、事项及相关披露，期末账户余额及相关披露均相关的是（　　）。
   A. 计价和分摊　　　　B. 完整性
   C. 分类　　　　　　　D. 列报
4. 注册会计师准备执行商业银行财务报表审计，在审计资产负债表表外业务时，注册会计师应当检查相应收入的来源，并实施相关审计程序，以证实（　　）。
   A. 相关会计记录是否完整
   B. 金额是否正确
   C. 计提的减值准备是否充分
   D. 披露是否充分
5. E注册会计师负责对戊公司2018年度财务报表进行审计，计划测试戊公司2018年度主营业务收入的真实性。以下各项审计程序中，通常能够实现上述审计目标的有（　　）。
   A. 抽取2019年1月1日开具的销售发票，检查相应的发运单和账簿记录
   B. 抽取2018年12月31日的发运单，检查相应的销售发票追查到账簿记录以确定其是否已入账
   C. 从主营业务收入明细账中抽取2018年12月31日的明细记录，检查相应的记账凭证、发运单和销售发票
   D. 函证2018年度发生的应收账款

三、判断题

1. 20世纪30年代到80年代审计目标以验证财务报表的真实公允为主。（　　）
2. 具体审计计划包括注册会计师计划进一步实施的总体审计方案和拟实施的具体审计程序。（　　）
3. 会计师事务所承接业务首先应考虑客户的诚信。（　　）
4. 计划审计工作包括制定总体审计策略和具体审计计划。（　　）
5. 注册会计师仅需要在实施风险评估程序前了解被审计单位及其环境。（　　）

四、案例分析题

注册会计师通常依据各类交易、账户余额和列报的相关认定确定审计目标，根据审计目标设计审计程序。下表给出了应收账款的相关认定：

应收账款相关的认定	审 计 目 标	审 计 程 序
存在		(1) (2)
权利		(1) (2)
完整性		(1) (2)
计价		(1) (2)

要求：请根据表中给出的应收账款的相关认定确定审计目标，并针对每一目标简要设计两项审计程序。

自测题答案

一、单项选择题

1	2	3	4	5	6	7	8	9	10
B	C	A	B	A	A	B	C	D	C

二、多项选择题

1	2	3	4	5
ABCD	ABCD	BCD	ACD	ACD

三、判断题

1	2	3	4	5
√	×	√	×	×

四、案例分析题

应收账款相关的认定	审计目标	审计程序
存在	应收账款是否存在	(1) 向被审计单位的债务人发函询证 (2) 检查销售合同、销售发票副本和发运凭证
权利与义务	应收账款是否归被审计单位所有	(1) 检查销售合同、销售发票副本和发运凭证 (2) 以应收账款明细账为起点,检查合同,确定是否已贴现、出售或质押
完整性	所有应收账款是否均已记录	(1) 选取发运凭证,追查至发票和银行日记账、应收账款明细账 (2) 选取发票,追查至发运凭证和银行日记账、应收账款明细账
计价和分摊	应收账款是否可收回,坏账准备的计提是否适当	(1) 检查期后已收回应收账款的情况 (2) 分析应收账款账龄,确定坏账准备计提是否适当

第五章　审 计 计 划

本章要点

本章主要介绍了初步业务活动、总体审计策略和具体审计计划。

1. 审计计划是指注册会计师为了完成各项审计业务，达到预期的审计目标，在具体执行审计程序之前编制的工作计划，包括制定总体审计策略和具体审计计划。

2. 初步业务活动一般应包括以下几个主要步骤：

(1) 前期准备工作。

(2) 执行审计程序以了解客户及其环境。

(3) 取得有关客户法律义务的信息。

(4) 执行初步的分析程序。

(5) 确定重要性水平，评价可接受的审计风险。

(6) 调查被审计单位内部控制，评价控制风险。

3. 制定总体审计策略时考虑的事项包括：

(1) 审计范围。

(2) 报告目标、时间安排及所需沟通。

(3) 审计方向。

(4) 审计资源。

4. 注册会计师应当制定总体审计策略，用以确定审计工作的范围、时间安排和方向，以及指导具体审计计划的制订。总体审计策略的具体内容为：

(1) 确定审计业务的特征，以界定审计范围。

(2) 明确审计业务的报告目标，以计划审计的时间安排和所需沟通的性质。

(3) 根据职业判断，考虑用以指导项目组工作方向的重要因素。

(4) 考虑初步业务活动的结果，并考虑项目合伙人对被审计单位执行其他业务时获得的经验是否与审计业务相关(如适用)。

(5) 确定执行业务所需资源的性质、时间安排和范围。

5. 注册会计师通常通过填制总体审计策略表格的形式来记录总体审计策略。

总体审计策略表格的格式参见《审计基础与实务》表 5-1。

6. 具体审计计划的内容：

(1) 风险评估程序。

(2) 计划实施的进一步审计程序。

(3) 计划其他审计程序。

7. 具体审计计划的编制除了要考虑被审计单位及其环境外，还应当考虑如下几个因素：

(1) 总体审计策略中确定的重要会计问题及重点审计领域。

(2) 重要性水平。

(3) 时间安排和人员安排。

课后思考与练习题答案

一、思考题

1. 审计计划是指注册会计师为了完成各项审计业务，达到预期的审计目标，在具体执行审计程序之前编制的工作计划，包括制定总体审计策略和具体审计计划。

通过制定和实施审计计划，可以实现以下几方面的作用：

第一，有助于注册会计师适当关注重要的审计领域。

第二，有助于注册会计师及时发现和解决潜在的问题。

第三，有助于注册会计师恰当地组织和管理审计业务，以有效率和效果的方式执行审计业务。

第四，有助于选择具备必要的专业素质和胜任能力的项目组成员应对预期的风险，并有助于向项目组成员分派适当的工作。

第五，有助于指导和监督项目组成员并复核其工作。

第六，在适用的情况下，有助于协调组成部分注册会计师和专家的工作。

2. 在计划审计工作时，注册会计师需要进行初步业务活动、制定总体审计策略和具体审计计划。在此过程中，需要作出很多关键决策，包括确定可接受的审计风险水平和重要性、配置项目人员等。

3. 审计业务约定书是指会计师事务所和客户之间就审计和相关服务达成的协议。签订审计业务约定书的目的是保护会计师事务所及委托人双方的利益，明确审计的性质，促进双方共同遵守商定事项和加强协作。在注册会计师审计实际工作中，审计业务约定书具有十分重要的作用，主要体现在以下三个方面：

(1) 审计业务约定书可以增进会计师事务所与委托人之间的了解，尤其是使委托人了解被审计单位的会计责任及需要提供的合作。

(2) 审计业务约定书可以作为两方面的鉴定依据。其一，委托人可以据此鉴定注册会计师、会计师事务所审计业务的完成情况；其二，会计师事务所可以据此鉴定委托人约定义务的履行情况。

(3) 审计业务约定书是判定约定双方责任承负的重要依据。当会计师事务所承接的审计业务出现法律诉讼时，可以据此确定注册会计师及其所在会计师事务所审计责任的承负、减轻以至免除。

4. 总体审计策略用以确定审计范围、时间安排和方向，并指导制订具体审计计划。在制定总体审计策略时，注册会计师应当考虑以下主要事项：

(1) 审计范围。

(2) 报告目标、时间安排及所需沟通。

(3) 审计方向。

(4) 审计资源。

5. 注册会计师在确定审计范围时，需要考虑下列具体事项：

(1) 编制财务报表适用的会计准则和相关会计制度。

(2) 特定行业的报告要求，如某些行业监管部门要求提交的报告。

(3) 预期的审计工作涵盖范围，包括审计的集团内部组成部分的数量及所在地点。

(4) 母公司和集团内其他组成部分之间存在的控制关系的性质，以确定如何编制合并会计报表。

(5) 其他注册会计师参与审计集团内组成部分的范围。

(6) 需审计的业务分部性质，包括是否需要具有专门知识。

(7) 外币业务的核算方法及外币财务报表折算和合并方法。

(8) 除对合并财务报表审计之外，是否需要对组成部分的财务报表单独进行法定审计。

(9) 内部审计工作的可利用性及对内部审计工作的拟依赖程度。

(10) 被审计单位使用服务机构的情况，及注册会计师如何取得有关服务机构内部控制设计、执行和运行有效性的证据。

(11) 预期利用在以前期间审计工作中获取的审计证据的程度，如获得的与风险评估程序和控制测试相关的审计证据。

(12) 信息技术对审计程序的影响，包括数据的可获得性和预期使用计算机辅助审计技术的情况。

(13) 根据中期财务信息审阅及在审阅中所获信息对审计的影响，相应调整审计涵盖的范围和时间安排。

(14) 与为被审计单位提供其他服务的会计师事务所人员讨论可能影响审计的事项。

(15) 被审计单位的人员和相关数据的可利用性。

6. 在制定审计总体策略时,应考虑重要性的以下方面:

(1) 为计划目的确定重要性。

(2) 为组成部分确定重要性且与组成部分的注册会计师沟通。

(3) 在审计过程中重新考虑重要性。

(4) 识别重要的组成部分和账户余额。

7. 注册会计师应当在总体审计策略中清楚地说明审计资源的规划和调配,包括确定执行审计业务所必需的审计资源的性质、时间和范围。

(1) 向具体审计领域调配的资源,包括向高风险领域分派有适当经验的项目组成员,就复杂的问题利用专家工作等。

(2) 向具体审计领域分配资源的数量,包括安排到重要存货存放地观察存货盘点的项目组成员的数量,对其他注册会计师工作的复核范围,对高风险领域安排的审计时间预算。

(3) 何时调配这些资源,包括是在期中审计阶段还是在关键的截止日期调配资源等。

(4) 如何管理、指导、监督这些资源的利用,包括预期何时召开项目组预备会和总结会,预期项目负责人和经理如何进行复核,是否需要实施项目质量控制复核等。

8. 注册会计师应当制定总体审计策略,用以确定审计工作的范围、时间安排和方向,以及指导具体审计计划的制订。根据《中国注册会计师审计准则第 1201 号——计划审计工作》规定,在制定总体审计策略时,注册会计师应当:

(1) 确定审计业务的特征,以界定审计范围。

(2) 明确审计业务的报告目标,以计划审计的时间安排和所需沟通的性质。

(3) 根据职业判断,考虑用以指导项目组工作方向的重要因素。

(4) 考虑初步业务活动的结果,并考虑项目合伙人对被审计单位执行其他业务时获得的经验是否与审计业务相关(如适用)。

(5) 确定执行业务所需资源的性质、时间安排和范围。

9. 制定总体审计策略和具体审计计划的过程紧密联系,并且两者的内容也紧密相关。注册会计师应当针对总体审计策略中所识别的不同事项,制订具体审计计划,并考虑通过有效利用审计资源以实现审计目标。值得注意的是,虽然制定总体审计策略的过程通常在具体审计计划之前,但是两项计划活动并不是孤立、不连续的过程,而是内在紧密联系的,对其中一项的决定可能会影响甚至改变对另一项的决定。例如,注册会计师在了解被审计单位及其环境的过程中,注意到被审计单位对主要业务的处理依赖复杂的自动化信息系统,因此计算机信息系统的可靠性及有效性对其经营、管理、决策以及编制可靠的财务报告具有重大影响。对此,注册会计师可能会在具体审计计划中制定相应的审计程序,并相应调整总体审计策略的内容,作出利用信息风险管理专家的工作的决定。

因此,注册会计师应当根据实施风险评估程序的结果,对总体审计策略的内容予以调整。在实务中,注册会计师将制定总体审计策略和具体审计计划相结合,可能会使计划审计工作更有效率及效果,并且注册会计师也可以采用将总体审计策略和具体审计计划合并为一份审计计划文件的方式,以提高编制及复核工作的效率,增强其效果。

10. 要点:具体审计计划应当包括风险评估程序、计划实施的进一步审计程序和其他审计程序。

二、选择题

1	2	3	4	5
C	D	C	A	C

三、案例分析题

事项(1)不恰当,注册会计师必须了解被审计单位及其环境,同时必须了解被审计单位对诚信道德和价值观念的沟通和落实。

事项(2)恰当。

事项(3)不恰当,注册会计师应当通过修改计划实施的实质性程序的性质、时间和范围,降低检查风险,注册会计师无法降低重大错报风险。

事项(4)不恰当,了解被审计单位相关控制的设计的合理性并确定是否已得到执行是必须要做的程序。

事项(5)不恰当,注册会计师应当向被审计单位在本期存过款的银行发函,包括零余额账户和账款已结清的账户。

事项(6)不恰当,除非有充分证据表明应收账款对财务报表不重要或注册会计师认为函证很可能无效的情况,否则注册会计师应当对应收账款实施函证。

事项(7)恰当。

自测题

一、单项选择题

1. ABC会计师事务所承接了乙上市公司的2016年度财务报表审计工作，A注册会计师作为项目合伙人正在和乙上市公司的管理层就审计业务约定书沟通。A注册会计师的下列说法，正确的是（　　）。
   A. 审计准则是注册会计师审计财务报表的标准
   B. 管理层已认可并理解其承担的责任是注册会计师进行审计的目标
   C. 注册会计师对财务报表的编制和被审计单位的内部控制承担责任
   D. 注册会计师应当要求管理层就其对财务报告责任提供书面声明
2. 如果是连续审计业务，在下列情况下，可能需要注册会计师提醒被审计单位管理层关注或修改现有业务约定条款的是（　　）。
   A. 注册会计师对上期财务报表出具了非标准审计报告
   B. 会计师事务所内部作了重大调整
   C. 被审计单位对上期财务报表作出重述
   D. 被审计单位所有权发生重大变动
3. 在完成审计业务前，如果被审计单位将审计业务变更为保证程度较低的鉴证业务，注册会计师认为合理的理由是（　　）。
   A. 被审计单位限制注册会计师接触审计所需资料
   B. 被审计单位限制注册会计师接触相关人员
   C. 被审计单位提出大幅度削减审计费用
   D. 被审计单位对原来要求的审计业务的性质存在误解，要求变更为财务报表审阅业务
4. 在制订具体审计计划时，注册会计师应当考虑包括的内容是（　　）。
   A. 计划实施的进一步审计程序的性质、时间安排和范围
   B. 为审计目的确定重要性
   C. 计划向高风险领域分派的项目组成员
   D. 计划召开项目组会议的时间
5. 审计计划通常是由（　　）于被审计单位现场审计工作开始之前起草的。
   A. 会计师事务所主要负责人
   B. 审计项目参与人
   C. 审计项目负责人
   D. 会计师事务所的法人代表

二、多项选择题

1. 注册会计师在审计业务开始时应当开展的初步业务活动有(　　)。
   A. 针对保持客户关系和具体审计业务实施相应的质量控制程序
   B. 评价项目组成员的独立性
   C. 就审计业务约定条款达成一致意见
   D. 评价项目组成员的专业胜任能力
2. 具体审计计划包括的内容有(　　)。
   A. 风险评估程序
   B. 确定审计范围、时间安排和方向
   C. 计划实施的进一步审计程序
   D. 计划其他审计程序
3. 制定总体审计策略时考虑的事项包括(　　)。
   A. 审计范围
   B. 报告目标、时间安排及所需沟通
   C. 审计方向
   D. 审计资源

三、判断题

1. 注册会计师制定总体审计策略的目的是用以确定审计范围、时间安排和审计方向,并指导具体审计计划的制订。(　　)
2. 注册会计师在制订具体审计计划时不必考虑识别、评估与应对舞弊嫌疑或舞弊指控。(　　)
3. 在审计业务开始时,注册会计师应当开展的初步业务活动包含评价项目组成员的独立性。(　　)
4. 在制定总体审计策略时,注册会计师应当考虑的主要因素是潜在的重大错报风险。(　　)
5. 初步业务活动的目的是具备执行业务所需的独立性和能力、与被审计单位之间不存在对业务约定条款的误解、不存在因管理层诚信问题而可能影响注册会计师保持该项业务的意愿的事项。(　　)

四、案例分析题

ABC 会计师事务所承接甲公司 2016 年度财务报表审计业务,其业务的性质和经营规模与其常年审计客户乙公司相类似,ABC 会计师事务所在制定总体审计策略和具体审计计划时,作出下列判断:

(1) 由于甲公司与常年审计客户乙公司业务性质和规模相似，因此确定的重要性水平与乙公司相同。

(2) 制订完成审计计划后，应按照计划执行审计程序，不能够改变计划。

(3) 因对甲公司内部控制存在疑虑，拟不执行控制测试，而直接执行实质性程序。

(4) 因甲公司存货存放于外省市，监盘成本较高，拟不进行监盘，直接实施替代审计程序。

(5) 注册会计师应当合理设计审计程序的性质、时间安排和范围，并有效执行审计程序，以控制检查风险。

要求：请简要回答上述事项是否存在不当之处，如存在，请简要说明理由。

自测题答案

一、单项选择题

1	2	3	4	5
D	D	D	A	C

二、多项选择题

1	2	3
ABCD	ACD	ABCD

三、判断题

1	2	3	4	5
√	×	√	√	√

四、案例分析题

第(1)项存在不当之处。重要性的确定是根据具体环境作出的，不能仅根据两个公司的业务性质和规模相似，而使用相同的重要性水平。

第(2)项存在不当之处。计划审计工作不是一个孤立的阶段，而是一个持续不断修正的过程，贯穿于审计业务的始终。

第(3)项无不当之处。

第(4)项存在不当之处。除非监盘程序是不可行的，否则注册会计师应对存货实施监盘程序。注册会计师不能由于时间、成本等原因，减少必要的审计程序。

第(5)项无不当之处。

第六章　审计证据和审计工作底稿

本章要点

本章主要介绍了审计证据决策、审计证据的获取及整理与评价以及审计工作底稿。

1. 审计证据是注册会计师为了得出审计结论和形成审计意见而使用的信息。审计证据包括构成财务报表基础的会计记录所含有的信息和从其他来源获取的信息。

2. 审计证据的分类：

(1) 按照外形特征分类：实物证据、书面证据、口头证据、环境证据。

(2) 按照来源分类：内部证据、外部证据、亲历证据。

3. 审计证据决策是注册会计师为发表审计意见，而确定应收集的审计证据的数量和类型的决策过程。会计师收集审计证据的决策过程包括以下四项内容：

(1) 审计程序。

(2) 样本规模。

(3) 样本项目。

(4) 时间安排。

4. 审计证据证明力的因素有四个，即充分性、相关性、可靠性和及时性。

5. 证据决策与证明力之间的关系如表 6-1 所示。

表 6-1　**证据决策与证明力之间的关系**

审计证据决策	审计证据证明力的质量因素
审计程序和时间安排	适当性 　相关性 　可靠性 　　提供者的独立性 　　内部控制的有效性 　　注册会计师的直接了解 　　提供者的资格 　　证据的客观性、及时性 　　程序执行的时机 　　执行审计期间占整个期间的比例
抽样规模和样本项目	充分性 　足够的样本规模 　选择恰当的样本项目

6. 注册会计师可以采用下列审计程序获取审计证据：检查记录或文件；检查有形资产；观察；询问；函证；重新计算；重新执行；分析程序。在实务中通常使用的审计程序还包括穿行测试。

7. 审计准则、审计程序和审计证据决策之间的关系，如图 6-1 所示。

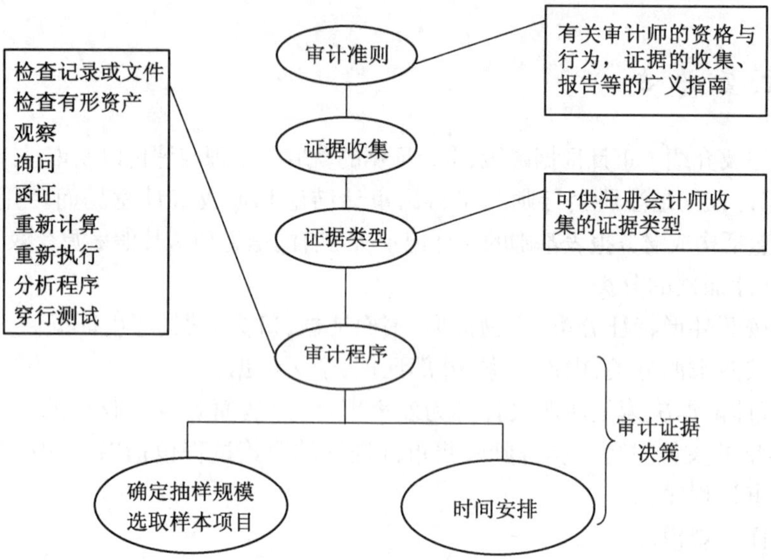

图 6-1　审计准则、审计程序和审计证据决策之间的关系

8. 各类审计证据的可靠性程度如表 6-2 所示。

表 6-2　**各类审计证据的可靠性**

证据获取方法	决定可靠性的原则					
	证据提供者的独立性	内部控制有效性	注册会计师的直接认识	证据的存在形式	证据提供者的资格	证据客观性
检查记录或文件	多样化	多样化	低	高	多样化	高
检查有形资产	高(注册会计师实施)	多样化	高	高	通常较高(注册会计师实施)	高
观察	高(注册会计师实施)	多样化	高	中	通常较高(注册会计师实施)	中
询问	低	不适用	低	低	多样化	多样化
函证	高	不适用	低	高	多样化	高
重新计算	高(注册会计师实施)	不适用	高	不适用	高(注册会计师实施)	高

（续表）

证据获取方法	决定可靠性的原则					
	证据提供者的独立性	内部控制有效性	注册会计师的直接认识	证据的存在形式	证据提供者的资格	证据客观性
重新执行	高（注册会计师实施）	多样化	高	不适用	高（注册会计师实施）	高
分析程序	高（注册会计师实施）	多样化	低	高	高（注册会计师实施）	一般较低
穿行测试	高（注册会计师实施）	多样化	高	不适用	高（注册会计师实施）	高

9. 审计证据整理和评价的方法有：分类和排序、计算、比较、小结和综合。

10. 整理和评价审计证据应注意审计证据的取舍、分清事实的现象与本质以及排除伪证。

11. 审计工作底稿通常按照其性质和用途，分为综合类工作底稿、业务类工作底稿和备查类工作底稿。业务类工作底稿按其性质和内容不同，又可分为审计日记、调查类、查账类、盘点类和专项审计工作底稿。

12. 审计工作底稿复核的要点：

（1）所引用的资料是否翔实、可靠。

（2）所获取的审计证据是否充分、适当。

（3）审计判断是否有理有据。

（4）审计结论是否恰当。

13. 审计工作底稿的三级复核制度如表 6-3 所示。

表 6-3　　**审计工作底稿三级复核制度**

复核级次	复核主体	复核性质	复核目标
第一级复核	项目经理（或项目负责人）	详细复核	要求项目经理对下属审计助理人员形成的审计工作底稿逐张复核，发现问题，及时指出，并督促注册会计师及时修改完善
第二级复核	部门经理（或签字注册会计师）	一般复核	在项目经理完成了详细复核之后，再对审计工作底稿中重要会计账项的审计、重要审计程序的执行，以及审计调整事项等进行复核。这既是对项目经理复核的一种再监督，也是对重要审计事项的重点把关
第三级复核	主任会计师	重点复核	对审计过程中的重大会计审计问题、重大审计调整事项及重要的审计工作底稿所进行的复核。主任会计师复核既是对前面两级复核的再监督，也是对整个审计工作的计划、进度和质量的重点把关

课后思考与练习题答案

一、思考题

1. 审计证据是注册会计师为了得出审计结论和形成审计意见而使用的信息。审计证据包括构成财务报表基础的会计记录所含有的信息和从其他来源获取的信息。

法律证据用于判决被指控有抢劫等罪行的人是否有罪的法律案件中。在法律案件中,法官要实施明确的证据规则,以保护无罪之人。例如,在法庭上,法官可以某项证据不相关、存有偏见或纯属道听途说为由而判定该项证据无效。同样,在科学实验中,科学家也要取得证据来形成对某一项理论的结论。例如,假设医学家要鉴定某种新型药物是否可以缓解哮喘病患者的症状,那么他就要从一定期间内在大量受控条件下的实验中去取得证据,以确定这种药物的效用。相似地,收集证据也是审计师的大部分工作。虽然这些职业都依赖不同类型的证据,运用证据的环境和方式也是不同的,但是律师、科学家和审计师都要使用证据来帮助他们得出结论。

2. 审计证据的几种分类:

(1) 按照外形特征分类:①实物证据是指注册会计师通过观察、实地盘点等方法获取的确定实物资产存在性的证据。②书面证据是指以书面形式存在的,并以其记载内容证明审计事项的证据。③口头证据是指注册会计师从被审计单位员工或其他有关人员那里得到的口头答复所形成的证据。④环境证据是指对审计事项产生影响的各种环境事实。

(2) 按照来源分类:①内部证据是指被审计单位的相关部门和人员编制的审计证据。②外部证据是指被审计单位以外的机构或人员编制的审计证据。③亲历证据是指注册会计师根据相关资料自行编制的审计证据。

3. 以存货余额审计目标为例,说明将各类证据应用于四项证据决策的过程。存货项目余额的审计总目标是以最低的成本取得具有充分证明力(相关性、可靠性、充分性和及时性)的证据,证明存货项目在重要方面是正确的。因此,注册会计师必须决定采用何种审计程序来满足每一个余额审计目标;对每一项审计程序应选取多大的样本规模;选取总体中的哪些项目作为样本;以及何时实施各项审计程序。以存货账存数量是否与实物结存数量相符这一具体审计目标为例,可以使用一些方法获取审计证据来满足这一目标。表 6-4 列示了其中三种证据获取方法,并为每种方法获取的证据的四项证据决策给出了范例。

表 6-4 **存货项目余额审计目标的各类证据和四项证据决策**

证据决策 / 获取方法	具体审计程序	抽样规模	样本项目	时间安排
观察	观察被审计单位雇员盘点存货以确定其是否正确地遵守了盘点指令	所有盘点小组	不适用	结账日
检查有形资产	盘点存货样本，将盘点数量与客户盘点的数量和说明相核对	120 个项目	金额较大的 40 个项目，随机选取 80 个项目	结账日
检查记录或文件	将客户永续盘存记录中的数量与客户盘点的数量相核对	70 个项目	金额较大的 30 个项目，随机选取 40 个项目	结账日

4. 审计证据证明财务报表是否按公认会计原则反映的证明力有很大不同。有些证据具有较强的证明力，如注册会计师亲自盘点有价证券的结果；也有些证据的证明力较弱，如客户对注册会计师的提问所作的答复。《中国注册会计师审计准则第 1301 号——审计证据》第九条规定：注册会计师的目标是，通过恰当的方式设计和实施审计程序，获取充分、适当的审计证据，以得出合理的结论，作为形成审计意见的基础。受审计证据的性质和审计成本因素的影响，注册会计师不可能肯定其审计结论是完全正确的。但是，注册会计师又必须确定其审计意见的正确性具有较高的保证水平。因此，注册会计师应当综合考虑在执行审计程序中所获得的所有证据，并判断这些证据是否有足够的证明力以得出恰当的审计意见。一般情况下，充分、相关、可靠的审计证据还必须满足及时性的要求，因此决定审计证据证明力的因素有四个，即充分性、相关性、可靠性和及时性。

5. 审计证据获取方法同审计证据的可靠程度之间的关系见表 6-2。

6. 审计准则、审计程序和审计证据决策之间的关系见图 6-1。

7. 注册会计师可以采用下列审计程序获取审计证据：检查记录或文件；检查有形资产；观察；询问；函证；重新计算；重新执行；分析程序。在实务中通常使用的审计程序还包括穿行测试。

检查有形资产和函证获取的审计证据成本最高；检查记录或文件和分析程序获取审计证据成本适中；观察、询问、重新计算和重新执行获取审计证据成本最低；穿行测试的成本需要根据具体情况来确定，因为它是上述若干审计程序的组合。

8. 注册会计师为了使所收集到的分散的、个别的审计证据，变成充分的、适当的、具有充分证明力的证据，以正确评价被审计单位财务报表等有关会计资料是否恰当地反映了其财务状况、经营成果及现金流量，就必须按照一定的方法对审计证据进行分类整理与评价，使之条理化、系统化。只有这样，注册会计师才能对各种审计证据合理地进行审计小结，并在此基础上恰当地形成整体的审计意见。

一般而言，审计证据整理和评价的方法有：分类和排序、计算、比较、小结、综合。

审计证据整理和评价应注意：审计证据的取舍、分清事实的现象与本质、排除伪证。

9. 被审计单位名称用以明确审计客体，防止混淆；审计项目时点或期间用以明确审计范围；每张审计工作底稿都应该有经过注册会计师审计的轨迹或者专业判断的记录；为了便于整理和查阅，在每张审计工作底稿上都要注明索引号；编制日期可证明编写工作底稿的时间，便于追查审计步骤与顺序，为以后类似审计工作安排时间。

10. 一张审计工作底稿往往由一名专业人员独立完成，编制者对有关资料的引用、对有关事项的判断、对会计数据的计算等都有可能出现误差，因此在审计工作底稿编制完成后，通过一定的程序，经过多层次的复核显得很有必要。审计工作底稿复核的作用主要表现在以下三个方面：

(1) 减少或消除人为的审计误差，以降低审计风险，提高审计质量。

(2) 及时发现和解决问题，保证审计计划顺利执行，并能够不断地协调审计工作进度，节约审计时间，提高审计效率。

(3) 便于上级管理人员对注册会计师进行审计质量监控和工作业绩考评。

11. 审计工作底稿是注册会计师对其执行的审计工作所做的完整记录。从一般意义上讲，审计档案的所有权应属于执行该项业务的注册会计师。但是，我国注册会计师不能独立于会计师事务所之外承揽审计业务，审计业务必须以会计师事务所的名义承接。因此，审计档案的所有权属于承接该项业务的会计师事务所。

不同会计师事务所的注册会计师，因审计工作的需要，并经委托人同意，在下列情况下，办理了有关手续后，可以要求查阅审计档案：

第一，被审计单位更换了会计师事务所，后任注册会计师可以调阅前任注册会计师的审计档案。

第二，基于合并财务报表审计业务的需要，母公司所聘的注册会计师可以调阅子公司所聘注册会计师的审计档案。

第三，联合审计。

第四，会计师事务所认为合理的其他情况。

12. 审计工作底稿在归档期间的变动有以下几种情况：

(1) 删除或废弃被取代的审计工作底稿。

(2) 对审计工作底稿进行分类，整理和交叉索引。

(3) 对审计档案归整工作的完成核对表签字认可。

(4) 记录在审计报告日前获取的、与项目组相关成员进行讨论并达成一致意见的审计证据。

二、选择题

1	2	3	4	5	6	7	8	9	10
A	A	A	B	B	D	C	D	C	B

三、案例分析题

1. 首先，注册会计师可以采用下列审计程序获取审计证据：检查记录或文件；检查有形资产；观察；询问；函证；重新计算；重新执行；分析程序。在实务中通常使用的审计程序还包括穿行测试。

其次，审计证据有以下几种分类：

(1) 按照外形特征分类。①实物证据是指注册会计师通过观察、实地盘点等方法获取的确定实物资产存在性的证据。②书面证据是指以书面形式存在的，并以其记载内容证明审计事项的证据。③口头证据是指注册会计师从被审计单位员工或其他有关人员那里得到的口头答复所形成的证据。④环境证据是指对审计事项产生影响的各种环境事实。

(2) 按照来源分类。①内部证据是指被审计单位的相关部门和人员编制的审计证据。②外部证据是指被审计单位以外的机构或人员编制的审计证据。③亲历证据是指注册会计师根据相关资料自行编制的审计证据。

2. 分析性复核是指审计人员分析被审计单位重要的比率或者趋势，包括调查这些比率或者趋势的异常变动及其与预期数额和相关信息的差异。用比较和联系的方法来判断会计项目是否平衡、会计数据是否合理，是否存在异常的项目。例如，审计人员将当年的销售毛利率和以前年份的相比较，就属于分析性复核。对于一些不太重要的项目，有时仅用分析性复核的取证方法即可。对于其他的会计项目，如果分析性复核的结果表明是合理的，那么可以适当减少其他审计证据的收集；如果表明存在异常变动，就要分析存在异常变动的可能原因，必要时要追加适当的审计程序，以获取相应的审计证据。

此外，分析性复核获取审计证据的性质为：只能提供具有说服性的，影响审计方向的间接证据；获取的间接证据需要细节测试提供进一步的证据支持。

3. (略)

自测题

一、单项选择题

1. 注册会计师执行财务报表审计业务获取的下列审计证据中，可靠性最强的是(　　)。

A. 会议的同步书面记录　　B. 应收账款函证回函

C. 采购订货单副本　　D. 销售发票

2. 充分性和适当性是审计证据的两个重要特征，下列关于审计证据的充分性和适当性的表述中，不正确的是(　　)。

A. 审计证据质量越高，需要审计证据的数量可能越少

B. 充分性和适当性两者缺一不可，只有充分且适当的审计证据才是有证明力的

C. 如果审计证据的质量存在缺陷，仅靠获取更多的审计证据可能无法弥补其质量上的缺陷

D. 审计证据的充分性与适当性密切相关，审计证据的充分性一定会影响其适当性

3. 当实施实质性程序不足以提供有关认定层次充分、适当的审计证据，注册会计师应当实施控制测试，以获取内部控制运行有效性的审计证据。下列属于在控制测试中注册会计师所实施的审计程序的是(　　)。

A. 分析程序　　B. 函证　　C. 重新执行　　D. 重新计算

4. 关于审计证据的充分性和适当性，以下表述正确的是(　　)。

A. 如果审计证据数量足够，就可以弥补审计证据的质量缺陷

B. 审计工作通常不涉及鉴定文件的真伪，对用作审计证据的文件记录，只需考虑相关内部控制的有效性

C. 不应考虑获取审计证据的成本与获取信息有用性之间的关系

D. 会计记录中含有的信息本身不足以提供充分的审计证据作为对财务报表发表审计意见的基础

5. 下列各项中，不属于注册会计师实施分析程序的主要目的的是(　　)。

A. 了解内部控制

B. 在审计结束或临近结束时对财务报表进行总体复核

C. 用作实质性程序将检查风险降至可接受水平

D. 用作风险评估程序，以了解被审计单位及其环境

6. 以下关于分析程序的说法中，不正确的是(　　)。

A. 在风险评估过程中使用的分析程序所进行比较的性质、预期值的精确程度，以及所进行的分析和调查的范围都并不足以提供很高的保证水平
B. 当重大错报风险较低且数据之间具有稳定的预期关系，注册会计师单独使用实质性分析程序也能获取充分、适当的证据
C. 实质性分析程序所提供的证据的证明力相对较弱
D. 实质性分析程序必须与细节测试结合运用

7. 如果注册会计师将财务报表日前适当日期作为函证的截止日，则说明注册会计师评估的认定层次重大错报风险是(　　)。
A. 高水平　　B. 低水平
C. 特别风险　　D. 无法应对风险

8. 审计工作底稿归整形成审计档案，以下关于审计档案的表述不恰当的是(　　)。
A. 对每项具体审计业务，注册会计师应当将审计工作底稿归整为审计档案
B. 永久性档案是指那些记录内容相对稳定，具有长期使用价值，并对以后审计工作具有重要影响和直接作用的审计档案
C. 当期档案是指那些记录内容经常变化，主要供当期审计使用的审计档案
D. 永久性档案需要永久保存，当期档案至少保存 10 年

9. 审计工作底稿的归档期限是(　　)。
A. 审计报告日或审计业务中止后 60 天内
B. 审计报告日后 30 天
C. 审计业务中止后 90 天
D. 审计业务约定书签订后 60 天

10. 关于审计工作底稿的存在形式，以下陈述中，恰当的是(　　)。
A. 仅以纸质形式存在
B. 应当以纸质或电子形式存在
C. 可以以纸质、电子或其他介质形式存在
D. 不能以纸质和电子形式以外的形式存在

二、多项选择题

1. 下列关于审计证据的充分性和适当性的说法中，正确的有(　　)。
A. 审计证据的适当性是对审计证据质量的衡量
B. 审计证据的充分性是对审计证据数量的衡量
C. 注册会计师可以依靠获取更多的审计证据来弥补其质量上的缺陷
D. 错报风险越大，需要的审计证据可能越多；审计证据质量越高，需要的审计证据可能越少

2. 针对财务报表的特定项目实施函证，以下对象中，应当实施函证的有（　　）。

A. 重大交易　　B. 可能存在舞弊的交易

C. 重大关联方交易　　D. 金额大且账龄长的项目

3. 在确定实质性分析程序使用的数据是否可靠时，注册会计师应当考虑（　　）。

A. 可获得信息的来源　　B. 可获得信息的可比性

C. 可获得信息的性质和相关性　　D. 与信息编制相关的控制

4. 下列审计工作底稿归档后属于当期档案的有（　）。

A. 审计调整分录汇总表　　B. 企业营业执照

C. 公司章程　　D. 审计报告

5. 审计工作底稿通常包括（　　）。

A. 总体审计策略和具体审计计划

B. 分析表、问题备忘录、重大事项概要

C. 询证函回函、管理层声明书、核对表

D. 有关重大事项的往来信件

三、判断题

1. 审计证据的适当性是对审计证据质量的衡量，即审计证据在支持各类交易、账户余额、列报的相关认定，或发现其中存在错报方面具有相关性和可靠性。（　　）

2. 审计档案的所有权属于承接该项业务的会计师事务所。（　　）

3. 当仅实施实质性程序不足以提供认定层次充分、适当的审计证据时，注册会计师应当实施控制测试，以获取内部控制运行有效的审计证据。（　　）

4. 对于审计工作底稿，通常按照审计工作底稿的性质和用途，将其分为综合类工作底稿、业务类工作底稿和备查类工作底稿。（　　）

5. 对当期档案，会计师事务所应当自审计报告日起，至少保存 10 年。如果注册会计师未能完成审计业务，会计师事务所应当自审计业务中止日起，对审计工作底稿至少保存 10 年。（　　）

四、案例分析题

1. A 注册会计师在对 D 公司 2016 年度财务报表进行审计时，收集到以下六组审计证据：

（1）收料单与购货发票。

（2）销货发票副本与产品出库单。

（3）领料单与材料成本计算表。

(4) 工资计算表与工资发放单。
(5) 存货盘点表与存货监盘记录。
(6) 银行询证函回函与银行对账单。
要求:请分析说明每组审计证据中哪项审计证据较为可靠,并简要说明理由。

2. 审计人员在对A公司2016年度的财务报表进行审计,进行了下列审计程序:
(1) 抽样重新计算2016年度甲材料的计价是否正确。
(2) 财务报表日后对大额应收账款进行函证。
(3) 按照A公司内部控制规定的赊销审批手续独立执行该流程。
(4) 对A公司库存现金进行监盘。
要求:完成下表。

审计程序	获取审计证据的方法	实现的主要审计目标
(1)		
(2)		
(3)		
(4)		

自测题答案

一、单项选择题

1	2	3	4	5	6	7	8	9	10
B	D	C	D	A	D	B	D	A	C

二、多项选择题

1	2	3	4	5
ABD	ABCD	ABCD	AD	ABCD

三、判断题

1	2	3	4	5
√	√	√	√	√

四、案例分析题

1.（1）购货发票较为可靠。购货发票是注册会计师从被审计单位以外的单位获取的审计证据，比被审计单位提供的收料单更可靠。

（2）销货发票副本较为可靠。销货发票副本属于在被审计单位外部流传的证据，比仅在被审计单位内部流传的产品出库单更可靠。

（3）领料单较为可靠。材料成本计算表所依据的原始凭证是领料单，因此，领料单比材料成本计算表更可靠。

（4）工资发放单较为可靠。工资发放单上有受领人的签字。所以，工资发放单较工资计算单更可靠。

（5）存货监盘记录较为可靠。存货盘点表是被审计单位对存货盘点的记录，而存货监盘记录是注册会计师实施存货监盘程序的记录，所以，存货监盘记录较存货盘点表更可靠。

（6）银行询证函回函较为可靠。注册会计师直接获取的银行存款函证回函较被审计单位提供的银行对账单更可靠。

2.

审 计 程 序	获取审计证据的方法	实现的主要审计目标
（1）	重新计算	计价和分摊
（2）	函证	存在
（3）	重新执行	测试内部控制是否得到有效执行
（4）	监盘	存在、权利和义务

第七章　审计重要性与审计风险

本章要点

本章主要介绍了审计重要性和审计风险的内容。

1. 重要性概念可从下列方面进行理解：

(1) 对重要性的判断是根据具体环境作出的。

(2) 对重要性的判断受错报的金额或性质的影响，或受两者共同作用的影响。

(3) 判断某事项对财务报表使用者是否重大，是在考虑财务报表使用者整体共同的财务信息需求的基础上作出的。

2. 对重要性水平作出初步判断时应考虑的因素：

(1) 以往的审计经验。

(2) 审计的目标，包括特定报告要求。

(3) 有关法规对财务会计的要求。

(4) 被审计单位的经营规模及业务性质。

(5) 内部控制与审计风险的评估结果。

(6) 财务报表各项目的金额及其波动幅度。

(7) 财务报表各项目的性质及其相互关系。

3. 确定实际执行的重要性水平需要注册会计师运用职业判断，并考虑下列因素的影响：

(1) 对被审计单位的了解。

(2) 前期审计工作中识别出的错报的性质和范围。

(3) 根据前期识别出的错报对本期错报作出的预期。

4. 重要性的运用：

(1) 计划和执行审计工作时。在编制审计计划时，注册会计师应当对重要性水平作出初步判断。重要性水平的初步判断是审计师认为报表中可能存在错报，而又不至于影响理性使用者决策的最大金额。作出的判断为确定风险评估程序的性质、时间安排和范围，识别和评估重大错报风险，确定进一步审计程序的性质、时间安排和范围等提供了基础。

(2) 评价审计结果时。注册会计师在评价审计结果时，应当汇总已发现但尚未更正的错报或漏报，以考虑尚未更正错报的汇总数是否对财务报表的反映产生重大影响。在作出这种判断时，就需要利用重要性水平。但是需要注意的是，注册会计师在确定重要性水平时是根据对被审计单位财务结果的估计，因此可能尚不知道实际的财务结果。因此，在评价未更正错报的影响前，注册会计师可能有必要依据实际的财务结果对重要性作出修改。①累计识别出的错报：分为事实错报、判断错报和推断错报。②评价未更正错报的影响：尚未更正错报与财务报表层次重要性水平相比，可能出现三种情况：尚未更正错报的汇总数低于重要性水平；尚未更正错报的汇总数超过重要性水平；尚未更正错报的汇总数接近重要性水平。

5. 审计风险取决于重大错报风险和检查风险。具体来说：

(1) 重大错报风险。考虑财务报表层次的重大错报风险和认定层次的重大错报风险。

(2) 检查风险。

6. 重大错报风险和检查风险两者之间的关系用数学模型表示为：

审计风险＝重大错报风险×检查风险

由于认定层次的重大错报风险由固有风险和控制风险构成，所以该模型可以进一步表示为：

审计风险＝重大错报风险×检查风险＝固有风险×控制风险×检查风险

7. 审计风险与重要性水平之间存在反向关系。此外应注意，注册会计师不能通过不合理地人为调高重要性水平，降低审计风险。因为重要性水平是依据重要性概念中所述的判断标准确定的，而不是由主观期望的审计风险水平决定的。

课后思考与练习题答案

一、思考题

1. 重要性含义可以从下列三个方面理解：

(1) 如果合理预期错报（包括漏报）单独或汇总起来可能影响财务报表使用者依据财务报表作出的经济决策，则通常认为错报是重大的。

(2) 对重要性的判断是根据具体环境作出的，并受错报的金额或性质的影响，或受两者共同作用的影响。

(3) 判断某事项对财务报表使用者是否重大，是在考虑财务报表使用者整体共同的财务信息需求的基础上作出的。

2. 实际执行的重要性，是指注册会计师确定的低于财务报表整体的重要性的一个或多个金额，旨在将未更正和未发现错报的汇总数超过财务报表整体的重要性的可能性降至适当的低水平。如果适用，实际执行的重要性还指注册会计师确定的低于特定类别的交易、账户余额或披露的重要性水平的一个或多个金额。

确定实际执行的重要性需要注册会计师运用职业判断，并考虑下列因素的影响：①对被审计单位的了解。②前期审计工作中识别出的错报的性质和范围。③根据前期识别出的错报对本期错报作出的预期。

3. 注册会计师在评价审计结果时，应当汇总已发现但尚未更正的错报或漏报，以考虑尚未更正错报的汇总数是否对财务报表的反映产生重大影响。在作出这种判断时，就需要利用重要性水平。但是需要注意的是，注册会计师在确定重要性水平时是根据对被审计单位财务结果的估计，因此可能尚不知道实际的财务结果。因此，在评价未更正错报的影响前，注册会计师可能有必要依据实际的财务结果对重要性水平作出修改。

（1）累计识别出的错报。注册会计师应当累积审计过程中识别出的错报，除非错报明显微小。为了帮助注册会计师评价审计过程中累积的错报的影响以及与管理层和治理层沟通错报事项，将错报区分为事实错报、判断错报和推断错报（三种错报的具体运用见课本）。

（2）评价未更正错报的影响。未更正错报是指注册会计师在审计过程中累积的且被审计单位未更正的错报。尚未更正错报与财务报表层次重要性水平相比，可能出现三种情况：尚未更正错报的汇总数低于重要性水平；尚未更正错报的汇总数超过重要性水平；尚未更正错报的汇总数接近重要性水平（三种情况的具体运用见课本）。

4. 审计风险是指财务报表存在重大错报而注册会计师发表不恰当审计意见的可能性。

审计风险取决于重大错报风险和检查风险。具体来说：

（1）重大错报风险是指财务报表在审计前存在重大错报的可能性。在设计审计程序以确定财务报表整体是否存在重大错报时，注册会计师应当从财务报表层次和各类交易、账户余额、披露认定层次考虑重大错报风险。

（2）检查风险是指某一认定存在错报，该错报单独或连同其他错报是重大的，但注册会计师未能发现这种错报的可能性。检查风险是由现代审计方法本身的性质造成的，同时也受审计程序的性质、时间和范围的影响，取决于审计程序设计的合理性和执行的有效性。审计人员应该合理设计程序的性质、时间和范围，并有效执行审计程序，以控制检查风险。但是由于注册会计师通常并不对所有的交易、账户余额和列报进行检查，以及存在其他原因，检查风险不可能降低为零。

5. 审计风险与重要性之间的关系是：

（1）重要性与审计风险呈反向关系。审计风险与重要性之间存在反向关系。重要性水平越高，审计风险越低；重要性水平越低，审计风险越高。这种反向关系对注册会计师将要执行的审计程序的性质、时间和范围有直接影响，应当引起注册会计师的注意。

值得注意的是，注册会计师不能通过不合理地人为调高重要性水平，以降低审计风险。因为重要性水平是依据重要性概念中所述的判断标准确定的，而不是由主观期望的审计风险水平决定的。

（2）考虑重要性与审计风险的关系对审计程序的影响。注册会计师对重要性及其与审计风险的关系的考虑贯穿于注册会计师审计工作的全过程。在不同的审计阶段，即在审计计划阶段、审计执行阶段和评价审计程序结果阶段，重要性与审计风险的关系都会对审计程序产生影响。

二、选择题

1	2	3	4	5
C	C	D	A	B

三、案例分析题

（1）资产总额标准：180 000×0.5%＝900（万元）

净资产标准：88 000×1%＝880（万元）

主营业务收入标准：240 000×0.5%＝1 200（万元）

净利润标准：24 120×5%＝1 206（万元）

基于谨慎性考虑，财务报表层次重要性水平应为 880 万元。

（2）重要性水平与审计风险成反比，即重要性水平越低，审计风险越高；重要性水平越高，审计风险越低。

自测题

一、单项选择题

1. 如果注册会计师认为被审计单位资产负债表的错报漏报加总数为 10 万元时是重要的，利润表的错报漏报加总数为 20 万元是重要的，在制订审计计划时，会计报表层次的重要性水平应定为（　　）万元。

A. 10　　　　B. 20

C. 15　　　　　D. 30

2. 注册会计师在采用分配方法分配账户层次重要性水平时，会计报表层次的重要性水平和账户层次的重要性水平之和必须是(　　)。

A. 相接近　　　　　B. 前者大于后者

C. 后者大于前者　　　　　D. 相等

3. 注册会计师执行年度会计报表审计时，下列各项中最有可能帮助其对重要性水平作出初步判断的是(　　)。

A. 计划实施实质性测试时确定的预期样本量

B. 被审计单位的中期会计报表

C. 内部控制调查问卷

D. 与管理当局的沟通函

4. 在特定审计风险水平下，检查风险同评估的重大错报风险的关系是(　　)。

A. 同向变动关系

B. 反向变动关系

C. 同比例变动关系

D. 不明显的

5. 如果在终结审计之前对控制风险的最终评估水平高于其初步评估水平，注册会计师应当(　　)。

A. 重新了解内部控制

B. 重新执行符合性测试

C. 重新确定重要性水平和可接受审计风险水平

D. 考虑是否追加相应的审计程序

6. 在审计计划阶段，若注册会计师期望的审计风险确定为 4.5%，并评估被审计单位固有风险为 60%，控制风险为 60%，则注册会计师应承担的检查风险为(　　)。

A. 3.6%　　　　　B. 1.62%

C. 2.7%　　　　　D. 12.5%

7. 在理解重要性概念时，下列表述错误的是(　　)。

A. 重要性取决于在具体环境下对错报金额和性质的判断

B. 如果一项错报单独或连同其他错报可能影响财务报表使用者依据财务报表作出的经济决策，则该错报是重大的

C. 判断一项错报对财务报表是否重大，应当考虑对个别特定财务报表使用者产生的影响

D. 较小金额错报的累计结果，可能对财务报表产生重大影响

8. 在确定重要性水平时，下列各项中通常不宜作为计算重要性水平基准的是（ ）。

A. 持续经营产生的利润

B. 非经常性收益

C. 费用总额

D. 营业收入

9. 使用重要性水平，可能无助于实现下列（ ）目的。

A. 确定风险评估程序的性质、时间安排和范围

B. 识别和评估重大错报风险

C. 确定进一步审计程序的性质、时间安排和范围

D. 确定重大不确定事项发生的可能性

10. 在审计风险模型中，"重大错报风险"是指（ ）。

A. 评估的财务报表层次的重大错报风险

B. 评估的认定层次的重大错报风险

C. 评估的与控制环境相关的重大错报风险

D. 评估的与财务报表存在广泛联系的重大错报风险

二、多项选择题

1. 注册会计师可能需要修改财务报表整体的重要性和特定类别的交易、账户余额或披露的重要性水平，以下原因恰当的有（ ）。

A. 审计过程中情况发生重大变化

B. 获取新信息

C. 通过实施进一步审计程序，注册会计师对被审计单位及其环境的了解发生变化

D. 依赖了更多实质性分析程序

2. 在审计风险模型中，以下有关检查风险的说法中，恰当的有（ ）。

A. 在既定的审计风险水平下，可接受的检查风险与财务报表层次重大错报风险的评估结果呈正向关系

B. 检查风险的控制效果取决于设计的审计程序的合理性和执行审计程序的有效性

C. 注册会计师将可接受的检查风险水平降低会影响其审计程序

D. 在审计风险确定的情况下，财务报表认定层次重大错报风险与可接受的检查风险呈反向关系

3. 下列关于重要性概念的理解中，不正确的有（ ）。

A. 应当从性质和数量两个方面合理确定重要性水平
B. 在根据被审计单位的特定情况考虑是否存在特定类别交易、账户余额或披露以确定其重要性时，注册会计师不需要考虑治理层和管理层的看法和预期
C. 重要性水平越高，审计风险越高；重要性水平越低，审计风险越低
D. 如果审计过程中情况发生重大变化，注册会计师可能需要修改财务报表整体的重要性和特定类别的交易、账户余额或披露的重要性水平

4. 如果已发现但尚未调整的错报、漏报的汇总数超过重要性水平，为降低审计风险，注册会计师应当采取的必要措施包括(　　)。
A. 修改审计计划，将重要性水平调整到更高的水平
B. 扩大实质性测试范围，进一步确认汇总数是否重要
C. 提请被审计单位调整会计报表，以使汇总数低于重要性水平
D. 发表保留意见或否定意见

5. 以下说法正确的有(　　)。
A. 重要性与审计风险呈正向关系
B. 评估的重大错报风险越高，可接受的检查风险越低
C. 重要性的初步判断是审计人员以为报表中可能存在错报，而又不至于影响理性使用者决策的最大金额
D. 对重要性的判断是根据具体环境作出的

三、判断题

1. 如果合理预期错报(包括漏报)单独或汇总起来可能影响财务报表使用者依据财务报表作出的经济决策，则通常认为错报是重大的。(　　)
2. 对重要性的判断是根据具体环境作出的。不同企业面临不同的环境，因而判断重要性的标准也不相同。(　　)
3. 对重要性水平作出初步判断时不必考虑财务报表各项目的性质及其相互关系。(　　)
4. 注册会计师可以通过不合理地人为调高重要性水平，降低审计风险。(　　)
5. 检查风险与重大错报风险之间存在着反比例关系。(　　)

四、案例分析题

1. ABC会计师事务所于2016年2月5日接受委托审计D公司2015年度财务报表，丁注册会计师任项目负责人，在对D公司初步了解之后，确定资产负债表的重要性水平为150万元，利润表的重要性水平为200万元。

要求：

(1) D公司2015年财务报表层次的计划重要性水平是多少？

(2) 在计划审计工作时和在评价审计程序结果时如何确定重要性水平？

(3) 重要性与审计风险之间存在何种关系？

(4) 随着审计过程的推进，丁注册会计师评价原来在计划阶段确定的重要性水平不合理，其根据在审计执行过程中进一步获取的信息，决定接受100万元的重要性水平，丁注册会计师接下来应当采取何种措施？

2. 甲集团公司拥有乙公司等6家全资子公司。ABC会计师事务所负责审计甲集团公司2017年度财务报表，确定甲集团公司合并财务报表整体的重要性水平为500万元。

集团项目组在审计工作底稿中记录了集团审计策略，部分内容摘录如下：

组成部分	(1)	(2)	(3)	(4)	(5)
	是否为重要组成部分（是/否）	是否由其他会计师事务所执行相关工作（是/否）	拟执行工作的类型	组成部分重要性	说明
乙公司	是	否	审计	500万元	确定该组成部分实际执行的重要性水平为300万元
丙公司	是	是	审计	200万元	该组成部分实际执行的重要性水平由其他会计师事务所自行确定，无需评价
丁公司	是	是	审计	100万元	确定该组成部分实际执行的重要性水平为60万元
戊公司	否	否	审阅	不适用	执行审阅工作，无需确定组成部分重要性水平
戊公司	否	否	集团层面分析程序	不适用	执行集团层面分析程序，无需确定组成部分重要性水平
庚公司	否	否	审计	400万元	确定该组成部分实际执行的重要性水平为240万元

要求：假定不考虑其他条件，结合上表中第(1)、第(2)和第(3)列，分别指出第(4)列所列内容是否恰当。如不恰当，简要说明理由。

自测题答案

一、单项选择题

1	2	3	4	5	6	7	8	9	10
A	D	B	B	D	D	C	B	D	B

二、多项选择题

1	2	3	4	5
ABC	BCD	BC	BC	BCD

三、判断题

1	2	3	4	5
√	√	×	×	√

四、案例分析题

1.（1）在制订计划时，注册会计师应使用被认为对任何一张财务报表都重要的最小的错报总体水平，所以应选择150万元作为所有财务报表的计划重要性水平，即财务报表层次的重要性水平。

（2）在计划审计工作时，注册会计师应当考虑导致财务报表发生重大错报的原因。注册会计师应当在了解被审计单位及其环境的基础上确定重要性水平，并随着审计过程的推进，通过计划阶段确定的重要性水平，评估出注册会计师可接受的审计风险及需要获取的审计证据的数量。注册会计师应当对各类交易、账户余额、列报认定层次的重要性水平进行评估，以有助于进一步确定审计程序的性质、时间和范围，将审计风险降至可接受的低水平。在评价审计程序结果时，注册会计师确定的重要性水平和审计风险，可能与计划审计工作时评估的重要性水平和审计风险存在差异。在这种情况下，注册会计师应当重新确定重要性水平和审计风险，并考虑实施的审计程序是否充分。

（3）重要性水平与审计风险之间存在反向关系。重要性水平越高，审计风险越低；重要性水平越低，审计风险越高。注册会计师在确定审计程序的性质、时间和范围时应当考虑这种反向关系。

（4）此时注册会计师修正的这一重要性水平100万元，比原先确定的150万元低，审计风险将增加。注册会计师应当选用下列方法将审计风险降至可接受的低水平：①如有可能，通过扩大控制测试范围或实施追加的控制测试，降低评估的重大错报风险，并支持降低后的重大错报风险水平。②通过修改计划实施的实质性程序的性质、时间和范围，降低检查风险。

2.

组成部分	是否恰当（是/否）	理　由
乙公司	否	组成部分重要性应当低于集团财务报表整体的重要性
丙公司	否	如果实际执行的重要性由组成部分注册会计师确定，应当评价其适当性
丁公司	是	
戊公司	否	如果对组成部分财务信息执行审阅，应当确定组成部分重要性
戊公司	是	
庚公司	是	

第八章　风险评估和应对

本章要点

本章介绍了风险评估程序、重大错报风险评估及了解被审计单位及其环境，并针对评估的财务报表层次重大错报风险介绍了应采取的总体应对策略，以及针对评估的认定层次重大错报风险的进一步审计程序，并重点介绍了控制测试和实质性程序。

1. 注册会计师为了识别和评估财务报表重大错报风险，需要实施一定的程序来了解被审计单位及其环境，这些程序通常包括：

（1）询问被审计单位管理层和内部其他相关人员。

（2）实施分析程序。

（3）观察和检查。

（4）其他审计程序和信息来源。

2. 注册会计师对被审计单位及其环境的了解应包括以下几个方面：

（1）行业、法律与监管环境以及其他外部因素。

（2）被审计单位的性质。

（3）对会计政策的选择和运用。

（4）被审计单位的目标、战略和相关经营风险。

（5）被审计单位财务业绩的衡量和评价。

（6）被审计单位的内部控制。企业内部控制的定义和内容请参看《企业内部控制规范》。

3. 评估重大错报风险是风险评估阶段的最后一个步骤。在了解被审计单位及其环境的过程中，通过各种风险评估程序获取的风险因素和抵销控制风险的信息，将全部用于对财务报表层次和认定层次的重大错报风险评估。

（1）评估财务报表层次和认定层次的重大错报风险。①评估重大错报风险时考虑的因素。②评估重大错报风险的审计程序。③识别两个层次的重大错报风险。

（2）内部控制对风险评估的影响。①控制环境对评估财务报表层次重大错报风险的影响。②控制对评估认定层次重大错报风险的影响。

4. 针对财务报表层次重大错报风险的总体应对措施:

(1) 职业态度:职业怀疑态度。

(2) 经验与专长:分派更有经验或具有特殊技能的审计人员,或利用专家辅助工作。

(3) 督导:提供更多的督导。

(4) 审计程序的不可预见性:在选择进一步审计程序时,应当注意使某些程序不被管理层预见或事先了解。

(5) 程序的弹性:对拟实施审计程序的性质、时间和范围作出总体修改。

5. 增加审计程序不可预见性的思路。

注册会计师可以通过增加审计程序提高审计程序的不可预见性,例如:

(1) 对某些以前未测试的低于设定的重要性水平或风险较小的账户余额和认定实施实质性程序。

(2) 调整实施审计程序的时间,使其超出被审计单位的预期。

(3) 采取不同的审计抽样方法,使当年抽取的测试样本与以前有所不同。

(4) 选取不同的地点实施审计程序,或预先不告知被审计单位所选定的测试地点。

6. 总体应对措施对拟实施进一步审计程序的总体方案的影响。(见图 8-1)

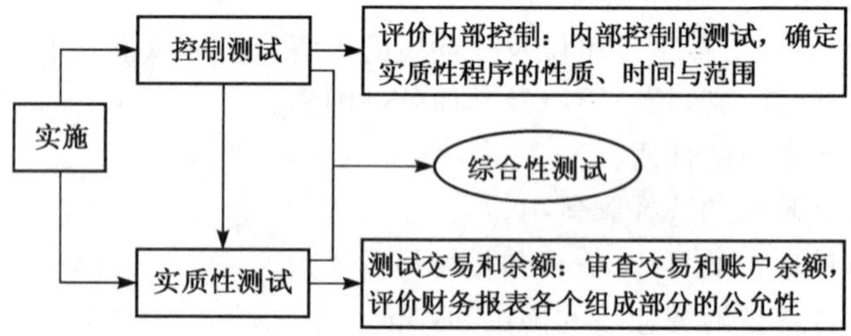

图 8-1　总体应对措施对拟实施进一步审计程序的总体方案的影响

7. 针对认定层次重大错报风险的进一步审计程序。

(1) 进一步审计程序的含义:进一步审计程序是指注册会计师针对评估的各类交易、账户余额、披露认定层次重大错报风险实施的审计程序,包括控制测试和实质性程序。

(2) 性质:进一步审计程序的性质是指进一步审计程序的目的和类型。其中:进一步审计程序的目的包括通过实施控制测试以确定内部控制运行的有效性,通过实施实质性程序以发现认定层次的重大错报;类型包括检查、观察、询问、函证等。

(3) 时间:进一步审计程序的时间是指注册会计师何时实施进一步审计程序,或审计证据适用的期间或时点。

注册会计师可以在期中或期末及期后实施进一步审计程序,何时实施必须根据审计的具体情况,运用职业判断来确定。如重大错报风险较高时,通常选择期末或接近期末实施实质性程序。与控制环境、错报风险的性质和审计证据适用的期间和时点有关。

范围是指实施进一步审计程序的数量。进一步审计程序的范围的确定会受到重要性水平、评估的重大错报风险水平和可接受的审计风险水平等因素的影响。

8. 控制测试。

(1) 控制测试的含义:是指用于评价内部控制在防止或发现并纠正认定层次重大错报方面的运行有效性的审计程序。

了解内控、控制测试与实质性程序的区别(见图 8-2)。

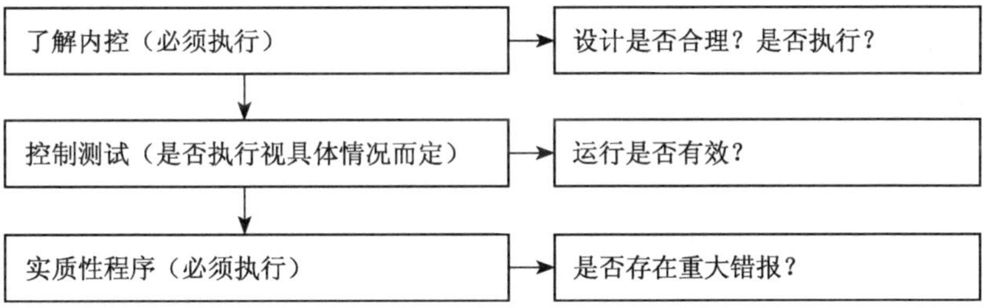

图 8-2　了解内控、控制测试与实质性程序的区别

(2) 控制测试的要求:当评估认定层次重大错报风险时,预期控制的运行是有效的及仅实施实质性程序不足以提供认定层次充分、适当的审计证据时注册会计师应当实施控制测试。

(3) 控制测试的性质、时间和范围。

控制测试采用的审计程序包括询问、观察、检查、重新执行和穿行测试。

控制测试的时间包含两层含义:一是何时实施控制测试;二是测试所针对的控制适用的时点或期间。

控制测试的范围主要是指某项控制活动的测试次数。注册会计师在确定某项控制的测试范围时通常考虑的因素包括:在整个拟信赖的期间,被审计单位执行控制的频率;在所审计期间,注册会计师拟信赖控制运行有效性的时间长度;为证实控制能够防止或发现并纠正认定层次重大错报所需获取审计证据的相关性和可靠性；通过测试与认定相关的其他控制获取的审计证据的范围；在风险评估时拟信赖控制运行有效性的程度；在控制测试中，对样本规模的影响因素及方向。

对特别风险的考虑：鉴于特别风险的特殊性，对于减轻特别风险的控制，不论该控制在本期是否发生变化，注册会计师都不应依赖以前审计获取的证据，应当在每次审计中都测试这类控制。

9. 实质性程序。

(1) 实质性程序的含义：实质性程序是指注册会计师针对评估的重大错报风险实施的直接用于发现认定层次重大错报的审计程序。实质性程序包括对各类交易、账户余额和披露的细节测试以及实质性分析程序。

(2) 性质：实质性程序的性质，是指实质性程序的类型及其组合。实质性程序的两种基本类型包括细节测试和实质性分析程序。

(3) 时间：实质性程序的时间与控制测试的时间选择类似，实质性程序也面临着对期中审计证据和对以前审计获取的审计证据的考虑。

(4) 范围：在确定实质性程序的范围时，注册会计师应当考虑评估的认定层次重大错报风险和实施控制测试的结果。注册会计师评估的认定层次的重大错报风险越高，需要实施实质性程序的范围越广。如果对控制测试结果不满意，注册会计师应当考虑扩大实质性程序的范围。

课后思考与练习题答案

一、思考题

1. 注册会计师对被审计单位及其环境的了解应包括以下几个方面：①行业、法律与监管环境以及其他外部因素。②被审计单位的性质。③对会计政策的选择和运用。④被审计单位的目标、战略和相关经营风险。⑤被审计单位财务业绩的衡量和评价。⑥被审计单位的内部控制。此外，还应考虑是否存在可能导致被审计单位持续经营能力产生重大疑虑的事项或情况。

2. 了解内部控制的目的是获取审计证据证明针对某认定是否设计了相关内部控制，如果已经设计相关控制，这些控制是否得到执行。

而控制测试的目的是获取审计证据证明已经设计并正在运行的某认定相关的内部控制运行是否有效，即是否防止或发现并纠正了认定层次重大错报。

3. 注册会计师通过风险评估程序了解内部控制，获取审计证据，评价控制设计的合理性并确定其是否得到执行。可能的评估结论有以下三种：

(1) 所设计的控制单独或连同其他控制能够防止或发现并纠正重大错报,并得到执行。

(2) 控制本身的设计是合理的,但没有得到执行。

(3) 控制本身的设计就是无效的或缺乏必要的控制。

如果评估的结论是第一种情形,则表明被审计单位内部控制预期运行有效,拟实施控制测试。如果评估的结论是第二、第三种情形,则表明内部控制运行无效,不拟进行控制测试,注册会计师应直接依赖实质性程序。

4. 进一步审计程序的总体方案包括实质性方案和综合性方案。当评估的财务报表的重大错报风险属于“高风险水平”时,拟实施的进一步审计程序的总体方案往往更倾向于“实质性方案”。

5. 实质性程序的两种基本类型包括细节测试和实质性分析程序。

细节测试是对各类交易、账户余额、列报的具体细节进行测试,目的在于直接识别财务报表认定是否存在错报。细节测试适用于对各类交易、账户余额、披露认定的测试,尤其是对存在或发生、计价认定的测试。注册会计师需要根据不同的认定层次的重大错报风险设计有针对性的细节测试。

实质性分析程序从技术特征上讲仍然是分析程序,主要是通过研究数据间关系评价信息,只是将该技术方法用作实质性程序,即用以识别各类交易、账户余额、列报及相关认定是否存在错报。对在一段时期内存在可预期关系的大量交易,注册会计师可以考虑实施实质性分析程序。注册会计师在设计实质性分析程序时应当考虑的因素包括:对特定认定使用实质性分析程序的适当性;对已记录的金额或比率作出预期时,所依据的内部或外部数据的可靠性;作出预期的准确程度是否足以在计划的保证水平上识别重大错报;已记录金额与预期值之间可接受的差异额等。考虑到数据及分析的可靠性,当实施实质性分析程序时,如果使用被审计单位编制的信息,注册会计师应当考虑测试与信息编制相关的控制,以及这些信息是否在本期或前期经过审计。

6. 注册会计师在评估认定层次重大错报风险时,预期控制的运行是有效的及仅实施实质性程序不足以提供认定层次充分、适当的审计证据时,应当实施控制测试。

7. 注册会计师应当选择适当类型的审计程序以获取有关控制运行有效性的证据。控制测试采用的审计程序包括询问、观察、检查、重新执行和穿行测试。通常,只有当询问、观察和检查程序结合在一起仍无法获得充分的证据时,注册会计师才考虑通过重新执行来证实控制是否有效运行。

8. 注册会计师在设计实质性分析程序时应当考虑的因素包括:对特定认定使用实质性分析程序的适当性;对已记录的金额或比率作出预期时,所依据的内部或外部数据的可靠性;作出预期的准确程度是否足以在计划的保证水平上识别重大错报;已记录金额与预期值之间可接受的差异额等。

二、选择题

1	2	3	4	5	6	7	8	9	10	11	12	13	14	15
ABC	AC	D	B	A	B	B	A	B	B	C	A	C	C	A

三、案例分析题

甲公司财务报表层次的重大错报风险应评估为高水平,主要理由如下:

第一,从以前年度审计的结果来看,甲公司被出具了带强调事项段的保留意见,负责审计的M会计师事务所在强调事项段中表达了对其持续经营能力的关注;而且,其收入在2012年被调减1 200万元,占原报告收入的30%,这些都是甲公司2009年财务报表可能存在重大错报的信号。

第二,从对甲公司基本情况及其环境的了解来看,其2013年度的财务报表重大错报风险较高,表现在:多领域经营,业务复杂性和会计处理的复杂性均较高;制作广告,面临的竞争激烈且压力较大;管理层拒绝接受以前年度的审计调整,其诚信需要加以考察;缺少审计委员会,治理结构不健全;缺少内部审计部门,会计信息的可靠性将存在问题;与竞争对手的诉讼将使其持续经营能力面临威胁等。

自测题

一、单项选择题

1. 注册会计师组织项目组内部讨论的内容不包括(　　)。
   A. 被审计单位所有内部控制是否存在并得到执行
   B. 管理层是否凌驾于内部控制之上
   C. 管理层是否存在倾向于高估或低估收入迹象
   D. 确定财务报表哪些项目易于发生重大错报
2. 注册会计师了解被审计单位及其环境时,既与外部因素有关、又与内部因素有关的是(　　)。
   A. 行业状况、法律与监管环境及其他外部因素
   B. 被审计单位的性质、目标、战略及经营风险
   C. 被审计单位财务业绩的衡量与评价

D. 被审计单位内部控制和对会计政策的选择和运用

3. 以下关于了解被审计单位内部控制的说法中，不正确的是（　　）。

A. 注册会计师需要了解和评价的内部控制只是与财务报表审计有关的内部控制，并非被审计单位所有的内部控制

B. 除非存在某些可以使控制得到一贯运行的自动化控制，否则注册会计师对控制的了解不足以测试控制运行的有效性

C. 注册会计师对内部控制了解的深度包括评价控制的设计，并确定其是否得到执行，包括对控制是否得到一贯执行的测试

D. 询问本身不足以评价控制的设计及确定其是否得到执行，注册会计师应将询问与其他风险评估程序结合使用

4. 以下关于内部控制的局限性的说法中，错误的是（　　）。

A. 内部控制无论如何有效，都只能为被审计单位实现财务报告目标提供合理保证

B. 在决策时人为判断错误可能出现错误和因人为失误导致内部控制失效

C. 控制可能由于两个人或更多的人员串通或管理层不当地凌驾于内部控制之上而被规避

D. 内部控制是针对所有发生的业务设置的，对全部业务均适用

5. 以下活动中，注册会计师认为不属于被审计单位的控制活动的是（　　）。

A. 授权　　B. 信息处理

C. 职责分离　　D. 被审计单位的风险评估过程

6. 在控制检查风险时，B注册会计师应当采取的有效措施是（　　）。

A. 调高重要性水平

B. 测试内部控制的有效性，以降低控制风险

C. 进行穿行测试，以降低固有风险

D. 合理设计和有效实施进一步审计程

7. 在确定控制活动是否能够防止或发现并纠正重大错报时，下列审计程序中可能无法实现这一目的的是（　　）。

A. 询问员工执行控制活动的情况

B. 使用高度汇总的数据实施分析程序

C. 观察员工执行的控制活动

D. 检查文件和记录

8. 在确定实质性分析程序使用的数据的可靠性时，注册会计师不考虑的因素是（　　）。

A. 可获得信息的来源　　B. 可获得信息的完整性

C. 可获得信息是否经过审计　　D. 与可获得信息相关的控制

9. 如果在期中实施了实质性程序，在确定对剩余期间实施实质性分析程序是否可获取充分、适当的审计证据时，注册会计师不考虑的因素有(　　)。

A. 数据的来源

B. 预期的准确程度

C. 可接受的差异额

D. 分析程序对特定认定的适用性

10. 如果控制环境存在缺陷，注册会计师在对拟实施审计程序的性质、时间安排和范围作出总体修改时应当考虑(　　)。

A. 在期中实施更多的审计程序　　B. 主要依赖实质性程序获取证据

C. 主要依赖实施分析程序　　D. 扩大控制测试的范围

二、多项选择题

1. 在注册会计师了解控制活动时，下列说法正确的有(　　)。

A. 注册会计师应当了解与审计相关的控制活动

B. 如果多项控制活动能够实现同一控制目标，注册会计师不必了解与该目标相关的每项控制活动

C. 注册会计师应当了解被审计单位所有的与财务报表相关的控制活动

D. 注册会计师应当了解被审计单位所有的控制活动

2. 非常规交易导致特别风险的原因有(　　)。

A. 管理层更多地干预会计处理

B. 数据收集和处理进行更多的人工干预

C. 复杂的计算或会计处理方法

D. 非常规交易的性质可能使被审计单位难以对此产生的特别风险实施有效控制

3. 在确定风险的性质时，注册会计师应当考虑的事项包括(　　)。

A. 风险是否属于舞弊风险

B. 交易的复杂程度

C. 风险是否涉及重大的关联方交易

D. 风险是否涉及异常或超出正常经营过程的重大交易

4. 在确定进一步审计程序的性质时，A 注册会计师应当考虑的主要因素有(　　)。

A. 不同的审计程序应对特定认定错报风险的效力

B. 认定层次重大错报风险的评估结果

C. 认定层次重大错报风险产生的原因
D. 各类交易、账户余额、列报的特征

5. 在确定进一步审计程序的时间时，A 注册会计师应当考虑的主要因素有（　　）。
A. 评估的认定层次重大错报风险　　B. 审计意见的类型
C. 错报风险的性质　　D. 审计证据适用的期间或时点

三、判断题

1. 注册会计师了解内部控制后，对内部控制的评价不仅要确定设计是否合理而且要确定控制是否得到执行。（　　）
2. 在了解控制活动时，注册会计师应当重点考虑一项控制活动单独或连同其他控制活动，是否能够有效防止或发现并纠正重大错报。（　　）
3. 注册会计师为了识别和评估财务报表重大错报风险，需要实施一定的程序来了解被审计单位及其环境，这些程序通常包括：询问、分析程序、观察和检查。（　　）
4. 注册会计师基于成本效率的考虑应使用实质性方案。（　　）
5. 当使用分析程序比细节测试能有效地将认定层次的检查风险降低至可接受的水平时，分析程序可用作实质性程序。（　　）

自测题答案

一、单项选择题

1	2	3	4	5	6	7	8	9	10
A	C	C	D	D	D	B	C	A	B

二、多项选择题

1	2	3	4	5
AB	ABCD	ABCD	ABCD	ACD

三、判断题

1	2	3	4	5
√	√	√	×	√

第九章　销售与收款循环的审计

本章要点

本章主要讲述了分项审计与循环审计的区别，销售与收款循环所涉及的主要业务活动和相关凭证与记录，销售与收款活动的内部控制及控制测试，主营业务收入审计的实质性程序、相关工作底稿，应收账款审计的实质性程序、相关工作底稿。

1. 业务循环是指处理某类经济业务的工作程序和先后顺序，可以划分为销售与收款循环、采购与付款循环、生产与存货循环、人力资源与工薪循环、投资与筹资循环。

2. 财务报表审计的组织方式大致有两种：一是分项审计方法，是指按会计报表项目组织实施审计的方法，这种方法要求对财务报表的每个账户余额单独进行审计；二是循环审计方法，是指按业务循环组织实施审计的方法，这种方法要求将财务报表分成几个循环进行审计，即把紧密联系的交易种类和账户余额归入同一循环中，按业务循环组织实施审计。

3. 销售与收款循环的主要业务活动：编制销售计划；客户信用管理；销售定价；订立销售合同；发货；收款；客户服务；会计系统控制。

4. 销售与收款交易的内部控制包括：适当的职责分离；正确的授权审批；充分的凭证和记录；按月寄出对账单；内部核查程序。

5. 主营业务收入审计的实质性程序：取得或编制主营业务收入明细表；实质性分析程序；审查主营业务收入的确认原则和方法的正确性与一贯性；审查主营业务收入会计处理的恰当性；结合应收账款的函证，查明有无未经认可的大额销售；实施截止测试；检查销售折扣与折让、销售退回交易；检查有无特殊的销售行为；检查集团内部和关联方销售；检查主营业务收入在利润表上的披露是否恰当。

6. 应收账款的实质性程序：获取或编制应收账款余额明细表，复核加计数额是否正确；实施应收账款的分析程序；分析应收账款的账龄；向债务人函证应收账款；确定已收回的应收账款金额；对未函证应收账款实施替代审计程序；查坏账的确认和处理；抽查有无不属于结算交易的债权；检查贴现、质押或出售；对应收账款实施关联方及其交易审计程序；确定应收账款的列报是否恰当。

7. 坏账准备的实质性程序：将应收账款坏账准备本期计提数与资产减值损失相应明细项目核对；实施分析程序；取得或编制坏账准备明细表并核对；检查与评价；审查坏账损失；检查转销的坏账重新收回的情况；检查长期挂账应收账款；检查函证结果；审查坏账准备在财务报表上的列报是否恰当。

课后思考与练习题答案

一、思考题

1. 财务报表审计的组织方式大致有两种：一是分项审计方法，是指按会计报表项目组织实施审计的方法，这种方法要求对财务报表的每个账户余额单独进行审计；二是循环审计方法，是指按业务循环组织实施审计的方法，这种方法要求将财务报表分成几个循环进行审计，即把紧密联系的交易种类和账户余额归入同一循环中，按业务循环组织实施审计。

内部控制测试可以按会计报表项目进行，即将报表中的每个账户余额都作为一个单独的单元进行测试。优点在于与多数被审计单位账户体系设置以及报表格式相吻合，操作方便。缺点是将紧密联系的相关账户人为地予以分割，容易造成整个审计工作的脱节和重复；与按业务循环进行的内部控制测试严重脱节，缺乏效率。

一般而言，控制测试是在了解被审计单位内部控制、实施风险评估程序基础上进行的，而了解内部控制主要是评价控制的设计以及是否得到执行，与被审计单位的业务流程关系密切，因此，控制测试通常应采用循环审计法实施。

2. 确定应收账款函证样本量时应着重考虑的因素有：

(1) 应收账款在全部资产中的重要性。若应收账款在全部资产中所占的比重较大，则函证的范围应相应大一些。

(2) 被审计单位内部控制的强弱。若内部控制制度较健全，则可以相应减少函证量；反之，则应相应扩大函证范围。

(3) 以前期间的函证结果。若以前期间函证中发现过重大差异，或欠款纠纷较多，则函证范围应相应扩大一些。

3. 某公司在年终前一周内有相当大量的销售收入业务，造成这种现象的可能原因：①属于季节性生产或销售企业。②为了完成年度销售目标而在年底采取促销手段。③虚假的收入。

核查手段：①对该公司往年同期的销售业绩进行比较，核查该现象是否每年都会发生，是否具有连续性，以证实该现象是否正常；同时对该公司所处的行业特点进行了解，看同行业的其他企业是否也具有相同现象。②核查公司销售部门与公司签订的目标责任书是否有相关约定；核查公司就年终销售所制订的营销方案并核实是否已经实施。例如，是否采取了明显的降价措施或向有关媒体求证是否实施了大量的广告宣传。③核查是否有真实的销售合同，或虽有真实的销售合同，但对方单位是否为关联企业，定价是否公允；同时核实相关发货记录。

4. 收回的询证函若有差异，即函证出现了不符事项，注册会计师应当首先提请被审计单位查明原因，并作进一步分析和核实。不符事项的原因可能是由于双方登记入账的时间不同，或是由于一方或双方记账错误，也可能是被审计单位的舞弊行为。

对于双方登记入账的时间不同而导致的回函不符，注册会计师应当根据双方入账时间的不同表现形式，实施进一步审计程序。

双方入账时间不同的表现	应实施的进一步审计程序
询证函发出时，债务人已经付款，而被审计单位尚未收到货款	检查银行存款日记账，收款凭证及银行对账单，查明是否收到该笔金额，以及如何进行会计处理
询证函发出时，被审计单位的货物已经发出并已作销售记录，但货物仍在途中，债务人尚未收到货物	检查销售合同、销售发票、装运凭证等原始凭证的真实性并关注财务报表日后的回款情况
债务人由于某种原因将货物退回，而被审计单位尚未收到	检查销售合同、销售退回相关的增值税发票、入库单，查明退回货物是否已验收入库等
债务人对收到的货物的数量，质量及价格等方面有异议而全部或部分拒付货款	检查销售合同、核对装运凭证、出库单、商品价目表等原始凭证以确认拒付货款的原因

如果不符事项构成错报，注册会计师应当重新考虑所实施审计程序的性质、时间安排和范围。

5. 当被审计单位销售业务内部控制有弱点时，注册会计师为测试登记入账和销售业务的存在性，常用的控制测试：检查销售发票副联是否附有发运凭证（或提货单）及销售单（或客户订购单）；检查客户的赊购是否经授权批准；观察是否寄发对账单，并检查客户回函档案。

6. 对于余额为零的项目作为函证对象，有个前提：该项目交易频繁且交易量大。对于交易频繁但期末余额较小甚至余额为零的项目，这类账户本身出错的可能性就大，另外，被审计单位可能会利用其与某客户的长期关系进行舞弊。

对已收回金额较大的款项进行常规检查，如核对收款凭证、银行对账单、销货发票等，并注意凭证发生日期的合理性，分析收款时间是否与合同相关要素一致。作为应收账款的实质性程序之一，这与应收账款的函证程序并不重复，而是相互补充、相互支撑的。

7.（1）销售与收款交易的实质性分析程序。包括：识别需要运用实质性分析程序的账户余额或交易；确定期望值；确定可接受的差异额；识别需要进一步调查的差异并调查异常数据关系；调查重大差异并作出判断；评价分析程序的结果。

（2）销售交易的细节测试。主要包括以下几个方面：

第一，测试登记入账的销售交易是真实的。该测试所要实现的审计目标是存在或发生目标。对未曾发货却将销售交易登记入账错误的审计，注册会计师可以从主营业务收入明细账中抽取若干笔分录，追查有无发运凭证及其他佐证凭证，借以查明有无事实上没有发货却已登记入账的销售交易。如果注册会计师对发运凭证的真实性也有怀疑，就可能有必要再进一步追查存货的永续盘存记录，测试存货余额有无减少。对销售交易重复入账错误审计，注册会计师可以通过检查企业的销售交易记录清单以确定是否存在重号、缺号。对向虚构的顾客发货并作为销售交易登记入账错误的审计，一般来说，这类错误通常在负责登记销售的人员同时兼任核准发货职能的情况下发生，注册会计师应当检查主营业务收入明细账中与销售分录相应的销售单，以确定销售是否经过赊销批准手续和发货审批手续。

第二，测试已发生的销售交易均已登记入账。该测试所要实现的审计目标是完整性目标。从发货部门的档案中选取部分发运凭证，并追查至有关的销售发票副本和主营业务收入明细账，是测试未开票发货的一种有效程序，注册会计师必须能够确信全部发运凭证均已归档，这一点可以通过检查发运凭证的顺序编号来查明。

第三，测试登记入账的销售交易均经正确计价。典型的实质性程序包括复算会计记录中的数据。通常的做法是：以主营业务收入明细账中的会计分录为起点，将所选择的交易业务的合计数与应收账款明细账和销售发票存根进行比较核对。其金额小计和合计数也要进行复算。发票中列出的商品的规格、数量和顾客代号等，则应与发运凭证进行比较核对。另外，往往还审核顾客订货单和销售单中的同类数据。

第四，测试销售交易已记录于正确的会计期间。该测试与截止审计目标有关。企业发货后应尽快开具账单并登记入账，以防止无意漏记销售交易，确保它们记入正确的会计期间。在执行估价实质性的测试的同时，一般要将所选取的提货单或其他发运凭证的日期与相应的销售发票存根、主营业务收入明细账和应收账款明细账的日期作比较。如有重大差异，就可能存在销售截止期限上的错误。

第五，测试销售交易已正确地记入明细账并正确地汇总。该测试与准确性审计目标有关。针对过账、汇总目标的测试包括加总主营业务收入明细账、应收账款明细账和过入总账三项，并从其中之一追查其他两项。在多数审计中，通常都要加总主营业务收入明细账，并将加总数和一些具体内容分别追查至主营业务收入总账和应收账款明细账或现金、银行存款日记账，以检查在销售过程中是否存在有意或无意的错报问题。针对其他目标（如估价目标等），其测试除了上述程序外，还包括凭证之间的相互核对和凭证与相关明细账的核对。

8. 对主营业务收入项目实施截止测试，其目的主要在于确定被审计单位主营业务收入交易的会计记录归属期是否正确；应计入本期或下期的主营业务收入有无被推迟至下期或提前至本期。

从财务报表日前后若干天的账簿记录查至记账凭证，检查发票存根与发运凭证，证实已入账收入是否在同一期间已开具发票发货，有无多记收入，防止高估主营业务收入。

9. 企业的预付账款，如有确凿证据表明其不符合预付账款性质，或者因供货单位破产、撤销等原因，已无望再收到所购货物的，应将原计入预付账款的金额全部转入其他应收款。除转入其他应收款科目的预付账款外，其他预付账款不得计提坏账准备。

二、选择题

1	2	3	4	5	6	7
C	D	A	C	A	A	B

三、案例分析题

1. 第(1)项，注册会计师的审计程序存在不当之处，因为已经说明"在客户收到货物、验收合格并签发收货通知后，甲公司才取得收取货款的权利"，所以此时注册会计师在审计中仅仅检查销售合同是不够的，还应该检查客户签发的收货通知单。

第(2)项，注册会计师的审计程序存在不当之处，对1月转字10号记账凭证未实施进一步检查。该记账凭证的日期早于发票日期和出库单日期，要实施进一步检查。

第(3)项，注册会计师的审计程序存在不当之处。对11月转字28号和12月转字50号记账凭证未实施进一步检查，上述两笔记账凭证反映的销售额明显高于其他测试项目，有可能表明存在舞弊，不应仅依赖管理层的解释。

2. (1) 根据收集的上市公司坏账准备计提比例的基本统计分布可得，公司目前的其他应收款坏账准备计提比例明显偏低。

(2) ①函证程序的执行不规范。询证函并非由审计人员直接、独立发出,回函也并非由审计人员直接接收取得。②询证函回函不是被询证者“甲有限公司”的回函,而是“甲公司”的回函。注册会计师应当引起足够关注,而不应直接认可为审计证据。注册会计师应当确定“其他应收款”的债务人到底是“甲有限公司”还是“甲公司”,检查其他应收款的形成记录和相关原始凭证。如果“其他应收款”的债务人确实是“甲有限公司”,那么应当就回函上的不符事项进行追查,确定“甲有限公司”与“甲公司”之间的关系,是否属于私刻公章的违法行为。

(3) 函证的功能主要是针对存在认定,在本案例中,旨在确认其他应收款是否存在。由于函证程序的结果存在异常,注册会计师直接认可存在不符事项的函证结果并出具标准无保留意见的审计报告是不恰当的。

即使注册会计师认为其他应收款的存在认定没有问题,并不意味着已经获取了其他应收款计价和分摊认定的充分、适当的审计证据。关于坏账准备的计提是否充分,注册会计师有必要按照会计估计的审计准则实施必要的审计程序。

注册会计师还需要进一步调查被函证单位的财务状况和还款能力,评价其他应收款的可回收情况。在本案例中,实际情况是两家欠款单位已经停产,长白山公司应当补提或全额计提坏账准备。

(4) 通常,函证主要提供与存在认定有关的审计证据,而不能提供关于计价和分摊认定的充分、适当的审计证据。在本案例中,如果注册会计师充分关注回函不符事项,有可能更深入地了解甲有限公司及其关联方的实际情况。在此基础上,对已停产的两家公司,长白山公司一旦足额计提坏账准备,很可能由盈利变为亏损。这意味着函证仍然有可能提供与计价和分摊认定有关的审计证据,虽然不能说是充分、适当的,但至少可能成为发现关键问题的一个重要线索。

3. (1) 第一,注册会计师在20×6年7月进行期中预审时实施了检查有形资产和询问程序,得出:“预计龙盘公寓20×6年10月底全部完工,越秀花园20×6年年底前将有95%可以入住”的结论。这些证据显示A公司将于20×6年12月31日前向买受人交付龙盘公寓和越秀花园两项房产,因此在20×6年年末已符合收入确认政策。

第二,注册会计师在20×6年7月进行期中预审时抽查了房屋买卖合同,该证据同样显示龙盘公寓和越秀花园将于20×6年12月31日前向买受人交付,在20×6年年末已符合收入确认政策。

第三,注册会计师在期末审计中获取的,由销售部门提供的销售台账信息与财务部门的房地产收入确认情况明显矛盾。注册会计师未就该差异作进一步调查。

(2) 注册会计师在预审时检查了有形资产并作出了预计年底交房的判断,但这并不必然意味着公司符合20×6年确认收入的政策。因此,注册会计师有必要考虑可能导致推迟确认收入的原因,包括但不限于:①是否由于施工方原因导致了工程进展缓慢。②工程是否出现了质量问题需要重新修复。③是否违反了政府部门相关要求而被迫停工。④房屋质量是否因未达到房屋买卖合同的要求而导致买受人拒绝收房。⑤是否存在重大的涉诉事项。⑥是否存在因未按合同约定期限交房而支付给房产买受人延期交房的赔偿金情况。

(3) 注册会计师发现销售部门提供的销售台账信息与财务部门房地产收入确认情况明显相悖。注册会计师有必要取得管理层对相互矛盾信息的解释并进行评价,包括但不限于:①销售台账是依据什么信息编制的。②销售台账信息本身是否有误。③销售部门与财务部门是否定期核对相关信息。④购房者是否确已入住。如果已入住,则未确认房地产收入的原因是什么?反之,如果没有入住,则销售台账注明已入住登记的原因又是什么?

(4) 期中检查有形资产的程序能够提供开发在产品在期中时点存在认定的审计证据,但通过对期末开发中房产的数量、状况(工程进度、工程质量、是否有买受人入住)的检查,能够进一步提供以下方面的审计证据:

第一,存货的权利和义务认定、计价认定。例如:这些房产可能已完工并已移交给购房者;也可能出现了严重的工程质量问题或涉及多项诉讼,需要计提减值准备而未计提,资产可能被严重高估。

第二,收入的发生认定、截止认定。例如:这些房产可能已完工并已移交给购房者但未确认收入,收入则会出现严重低估;也可能实际并未售出,但却虚计为对某主体的销售收入。

第三,存货列报的分类认定。例如,账面反映的开发在产品已经完工,应从开发在产品转为开发产成品,甚至不再列为存货。

在本案例中,注册会计师在审计过程中既然已经关注到房产未确认收入的事实与预审了解到的情况严重不符且涉及金额重大,更不应当省略期末开发在产品的存货监盘程序。

注册会计师也不应当以获取相关审计证据的成本较高(比如,两项房产的地理位置比较偏远)或困难较大(期末审计时人力资源紧张)为由,不获取至关重要的审计证据。

(5) 如果两项房产已于财务报表日后、审计报告日前将龙盘公寓和越秀花园这两项房产确认为20×7年度的销售收入,可以考虑对这两项房产的相关收入确认记录和凭证进行检查,包括但不限于:①工程项目的验收日期。②购买者入住确认单日期。③物业管理费收取起始日期。④A公司是否支付了延期交房赔偿金。这些证据的获取有助于评价上述房产收入确认时机是否恰当。

自测题

一、单项选择题

1. 为了确保所有发出的货物均已开具发票，注册会计师应从本年度的(　　)中抽取样本，与相关的发票核对。
   A. 货运文件　　B. 销售合同　　C. 销售订单　　D. 销售记账凭证
2. 为了证实已发生的销售业务是否均已登记入账，有效的做法是(　　)。
   A. 只审查销售日记账
   B. 由日记账追查有关原始凭证
   C. 只审查有关原始凭证
   D. 由有关原始凭证追查销售日记账
3. 下列内容不属于应收账款实质性程序的是(　　)。
   A. 获取或编制应收账款明细表
   B. 分析应收账款账龄
   C. 核对货运文件样本与相关的销售发票
   D. 抽查有无不属于结算业务的债权
4. 进行应收账款的账龄分析，有助于帮助财务报表使用者(　　)。
   A. 了解坏账准备的计提是否充分
   B. 发现销售业务中发生的差错或舞弊行为
   C. 确信应收账款账户余额的真实性、正确性
   D. 分析应收账款的可收回性
5. 在下列哪种情况下，注册会计师可以采用积极式函证(　　)。
   A. 重大错报风险评估为低水平
   B. 预期不存在大量的错误
   C. 有理由相信被询证者不认真对待函证
   D. 涉及大量余额较小的账户
6. 应收账款询证函应当由(　　)发送。
   A. 注册会计师或会计师事务所
   B. 被审计单位财会人员
   C. 被审计单位应收款专管员
   D. 被审计单位财务主管
7. 下列情况下，注册会计师应适当增加函证量的是(　　)。
   A. 应收账款在全部资产中所占的比重较小

B. 被审计单位内部控制较为薄弱

C. 以前期间函证中未发现过重大差异

D. 采用消极式函证而非积极式函证

8. 销售与收款循环业务的起点是(　　)。

A. 顾客提出订货要求

B. 向顾客提供商品或劳务

C. 商品或劳务转化为应收账款

D. 收入货币资金

9. 为了确保销售收入截止的正确性,注册会计师最希望被审计单位(　　)。

A. 建立严格的赊销审批制度

B. 发运单连续编号并顺序签发

C. 经常与顾客对账核对

D. 年初及年末停止销售业务

10. 收入截止测试的关键所在是检查发票开具日期或收款日期、记账日期、发货日期是否(　　)。

A. 在同一天　　B. 相差不超过 15 天

C. 相差不超过 30 天　　D. 在同一适当会计期间

二、多项选择题

1. 注册会计师对被审计单位已发生的销货业务是否均已登记入账进行审计时,常用的控制测试程序有(　　)。

A. 检查发运凭证连续编号的完整性

B. 检查赊销业务是否经适当的授权批准

C. 检查销售发票连续编号的完整性

D. 观察已经寄出的对账单的完整性

2. 被审计单位应当建立对销售与收款内部控制的监督检查制度,其监督检查的重点包括(　　)。

A. 检查是否存在销售与收款业务不相容职务混岗的现象

B. 检查授权批准手续是否健全,是否存在越权审批行为

C. 检查信用政策、销售政策的执行是否符合规定

D. 检查销售退回手续是否齐全、退回货物是否及时入库

3. 在以下销售与收款授权审批关键点控制中,做到恰当控制的有(　　)。

A. 在销售发生之前,赊销已经正确审批

B. 未经赊销批准的销货一律不准发货

C. 销售价格、销售条件、运费、折扣必须经过审批

D. 对于超过既定销售政策和信用政策规定范围的特殊销售业务，W 公司采用集体决策方式

4. 为了证实被审计单位登记入账的销货是否均经正确的计价，适当的计价测试程序是（　　）。

A. 复算销售发票上的数据

B. 追查主营业务收入明细账中的金额至销售发票

C. 追查销售发票上的详细资料至发运凭证、经批准的商品价目表和顾客订货单

D. 检查发运凭证连续编号的完整性

5. 对于被审计单位销售退回、折让、折扣的控制测试，注册会计师应检查（　　）。

A. 销售退回和折让是否附有按顺序编号并经主管人员核准的贷项通知单

B. 所退回的商品是否具有仓库签发的退货验收报告

C. 销售退回与折让的批准与贷项通知单的签发职责是否分离

D. 现金退回与折让是否经过适当授权，授权人与收款人的职责是否分离

三、判断题

1. 如果注册会计师函证的应收账款无差异，则表明全部的应收账款余额正确。（　　）

2. 将提货单与相关的销货发票和销货账及应收账款中的分录进行核对，能够确认销货业务的完整性。（　　）

3. 注册会计师签发的否定式询证函，如果客户未予答复，表明被审计单位的记录是正确可靠的。（　　）

4. 在通常情况下，注册会计师应在核实应收票据明细表实有数与总账余额相符的基础上，函证应收票据的余额，以避免不必要的重复审计。（　　）

5. 被审计单位保管应收票据的人不应该经办有关会计分录。（　　）

四、案例分析题

1. 黄山股份有限公司 20×2 年度的会计报表由北方会计师事务所的审计人员甲和乙进行审计，并发表了无保留意见审计报告。之后，北方会计师事务所与黄山股份有限公司续签了 20×3 年度会计报表的业务约定。20×4 年 4 月 7 日，甲和乙审计人员在审查黄山股份有限公司 20×3 年度的生产成本等项目前，经符合性测试，认为公司关于成本项目的内部控制制度可以高度信赖。下表是甲和乙审计人员收集的该公司上期及本期的有关资料（单位：万元）。

年份	年末存货余额	主营业务成本	主营业务收入	存货周转率	毛利率
20×2 年	7 993	31 892	39 977	3.99	20%
20×3 年	8 111	31 967	40 480	3.94	21%

假定近两年市场情况平稳，黄山股份有限公司的生产经营情况平稳，并且甲和乙审计人员通过对成本项目的实质性测试已合理确认主营业务成本的数额，请指出存货项目、主营业务收入项目可能存在的问题，并说明理由。

2. 注册会计师审计 D 公司“坏账准备”项目，在审查坏账损失时发现：

(1) A 公司欠款 500 万元，A 公司因财务状况不佳，多年不能偿还，上年度已经董事会决议通过，作为坏账损失处理，而本年度 A 公司经营状况已有好转，偿还欠款 300 万元。D 公司会计处理为：借记“银行存款”300 万元，贷记“坏账准备”300 万元。

(2) 注册会计师审计 A 上市公司“坏账准备”项目，该公司采用 “账龄分析法”，经审计发现全额计提的账户有 8 笔，共计 3 200 万元。其中：未到期的应收款项 2 笔，计 800 万元；计划进行债务重组的 l 笔，计 1 200 万元；与母公司发生的交易 1 笔，计 500 万元；其他虽已逾期但无充分证据证明不能收回的 4 笔，计 700 万元。

(3) 注册会计师审计 B 上市公司“坏账准备”项目，经审计发现其中有 2 户已逾期 4 年，对方无偿债行为，据了解该单位近期无法改善其财务状况，欠款额为 600 万元；有 1 户由于该地发生严重的洪水灾害，已使该单位停产，近期内无法偿还所欠债务 800 万元。B 上市公司在确定计提比例时，按 30%计提坏账准备。

(4) 注册会计师审计 R 股份公司“坏账准备”项目，发现 R 公司按规定的计提方法和比例对“应收账款”项目数额计提坏账准备，未对“其他应收款”项目数额计提。

要求：对上述各公司的“坏账准备”账户，注册会计师该如何处理？为什么？

自测题答案

一、单项选择题

1	2	3	4	5	6	7	8	9	10
A	D	C	D	C	A	B	A	D	D

二、多项选择题

1	2	3	4	5
AC	ABCD	ABCD	ABC	ABCD

三、判断题

1	2	3	4	5
×	√	×	√	√

四、案例分析题

1. 因为甲和乙审计人员对客户 20×2 年度会计报表出具了无保留意见审计报告，在分析 20×3 年度数据时可以信赖客户 20×2 年度会计报表的数据。

首先，因为企业的生产经营情况平稳，作为企业内在规律的存货周转率应当是稳定的。公司 20×2 年度的存货周转率为 3.99(31 892÷7 993)。在 2003 年，如果存货周转率不变，则在已确认主营业务成本的前提下，推算的存货预期余额为 8 011万元(31 967÷3.99)，但公司列示的存货余额为 8 111 万元，比预期数额高出了整整 100 万元，有必要将存货的高估问题列为重要问题。

其次，毛利率为行业规律及市场规律，也是稳定的。在 20×2 年，公司的毛利率 20.22%(1−31 892÷39 977)，在毛利率不变的情况下，依据本年主要业务成本推算的本年主营业务收入额 40 069 万元[31 967÷(1−0.202 2)]，而客户的未审主营业务收入为 40 480 万元，比推算的预期数额高出 411 万元。基于此，有理由怀疑客户的主营业务收入有重大的高估情况。

2. (1) 会计准则规定已作为坏账损失处理的欠款，为全面反映欠款单位的信用程度和经济事项发生的全过程，应在收到还款时借记“银行存款”账户，贷记“应收收款”账户。同时，借记“应收账款”账户，贷记“坏账准备”账户。D 公司的会计处理，虽对会计报表的数额未产生影响，但不属于规范的会计行为。因此，注册会计师应提请被审计单位有关人员按照制度规定调整原有会计分录，补充相关会计处理。

(2) 根据会计准则规定，下列各种情况不能全额提取坏账准备：①当年发生的应收款项，以及未到期的应收款项。②计划对应收款项进行债务重组，或以其他方式进行重组的。③与关联方发生的应收款项，特别是母子公司交易或事项产生的应收款项。④其他已逾期，但无确凿证据不能收回的应收款项。因此，A 上市公司的处理是不符合规定的，应予纠正。注册会计师应提请被审计单位进行重新计算调整有关项目数额。

(3) 根据规定，除有确凿证据表明该项应收款项不能收回，或收回的可能性不大(如债务单位破产、资不抵债、现金流量严重不足、发生严重的自然灾害等导致停产而在短时间内无法偿付债务的，以及其他足以证明应收款项可能发生损失的证据和应收款项逾期 3 年以上)，下列各种情况不能全额提取坏账准备……根据上述规定，注册会计师应建议 B 公司对上述 3 户全额提取坏账准备。

（4）根据规定，计提坏账准备的应收款项包括应收账款和其他应收款。R公司计提坏账准备未包括其他应收款，显然不符合上述规定。因此，注册会计师应提请被审计单位对“其他应收款”部分补提坏账准备，并调整相关项目数额。

第十章　采购与付款循环的审计

本章要点

本章为重点章，主要介绍应付账款、固定资产、累计折旧项目的审计目标和实质性测试审计程序等相关内容。学生要了解购货与付款循环的特性，理解内部控制测试和交易的实质性测试，掌握主要账户的审计目标和重要的实质性测试程序。

1. 采购与付款循环包括编制需求计划和采购计划、请购商品和劳务、选择供应商、确定采购价格、订立框架协议或采购合同、管理供应过程、验收商品、退货、付款、会计控制等环节。

2. 固定资产的业务活动：企业应当根据固定资产特点，分析、归纳、设计合理的业务流程，查找管理的薄弱环节，健全全面风险管控措施，保证固定资产安全、完整、高效运行。固定资产业务流程，通常可以分为取得、验收移交、日常维护、更新改造和淘汰处置等环节。

3. 采购业务的控制目标、控制测试和交易的实质性程序。见教材。

4. 固定资产的内部控制和控制测试。

(1) 固定资产的预算制度。注册会计师应注意检查固定资产的取得与处置是否依据预算，对实际支出与预算之间的差异以及未列入预算的特殊事项，检查其是否履行特别的审批手续。

(2) 授权批准制度。注册会计师不仅要检查授权批准制度本身是否完善，还要关注授权批准制度是否得到切实执行。

(3) 账簿记录制度。除固定资产总账外，被审计单位还需设置固定资产明细分类账和固定资产登记卡、按固定资产类别、使用部门和每项固定资产进行明细分类核算。固定资产增减变化均有原始凭证。

(4) 职责分工制度。对固定资产的取得、记录、保管、使用、维修、处置等，均应明确划分责任，由专门部门和专人负责。明确的职责分工制度，有利于防止舞弊，降低注册会计师的审计风险。

(5) 资本性支出和收益性支出的区分制度。企业应制订区分资本性支出和收益性支出的书面标准。

(6) 固定资产的处置制度。固定资产的处置，包括投资转出、报废、出售等，均要有一定的申请报批程序。

(7) 固定资产的定期盘点制度。对固定资产的定期盘点，是验证账面各项资产真实存在、了解资产放置地点和使用状况以及发现是否存在未入账固定资产的必要手段。注册会计师应了解和评价企业固定资产盘点制度，并应注意查询长期盘盈、盘亏固定资产的处理情况。

(8) 固定资产的维护保养制度。固定资产应有严密的维护保养制度，以防止其因各种自然和人为的因素而遭受损失，并应建立日常维护和定期检修制度，以延长期使用寿命。

5. 在建工程的内部控制和控制测试。在建工程的内部控制包括以下内容：岗位分工、授权批准、项目决策控制、概预算控制、价款支付控制、竣工决算控制、监督检查。在建工程的控制测试程序和固定资产的相似。

6. 应付账款的实质性程序。应付账款审计的实质性程序一般包括：应付账款明细表测试；实质性分析程序；应付账款的函证；查找未入账的应付账款；检查现金折扣的处理；特殊项目的测试；检查列报的恰当性。

其中，函证应付账款并不是一个必要的审计程序，这是因为函证不能保证查出未记录的应付账款，况且注册会计师能够取得采购发票等外部凭证来证实应付账款的余额。但如果控制风险较高，某应付账款明细账户金额较大或被审计单位处于财务困难阶段，则应进行应付账款的函证。

另外，查找被审计单位是否存在未入账的应付账款是一项很重要的内容。注册会计师可供选择的审计程序包括：①复核截至审计现场工作日的全部未处理的采购发票，并询问是否存在其他未处理的采购发票，确认所有的负债是否记录在正确的会计期间内。②结合存货盘存，检查被审计单位在财务报表日是否存在有材料入库凭证但未收到采购发票的经济业务，确认相关负债是否计入了正确的会计期间。③检查财务报表日后收到的采购发票，关注采购发票的日期，确定其入账时间是否正确。④获取被审计单位与其供应商之间的对账单(应从非财务部门获取，如采购部门)，并将对账单和被审计单位财务记录之间的差异进行调节(如在途款项、在途货物、付款折扣、未记录的负债等)，检查有无未入账的应付账款，确定应付账款金额的准确性。⑤检查财务报表日后应付账款明细账贷方发生额的相应凭证，关注其购货发票的日期，确认其入账时间是否合理。⑥针对已偿付的应付账款，追查至银行对账单、银行付款单据和其他原始凭证，检查其是否在财务报表日前真实偿付。⑦针对财务报表日后付款事项，检查银行对账单及有关付款凭证，询问被审计单位内部或外部的知情人员，确定有无未及时入账的应付账款。检查时，注册会计师还可以通过询问被审计单位的会计和采购人员，查阅资本预算、工作通告单和基建合同等来进行。

7. 固定资产的实质性程序。固定资产的实质性程序一般包括:固定资产明细表测试;实质性分析程序;实地盘点固定资产;检查固定资产的所有权;检查本期固定资产的增加;检查本期固定资产的减少;检查固定资产的租赁;检查固定资产折旧;检查固定资产减值准备;检查列报的恰当性。

课后思考与练习题答案

一、思考题

1. 注册会计师应检查财务报表日后收到的采购发票,关注采购发票的日期,确定其入账时间是否正确;获取被审计单位与其供应商之间的对账单(应从非财务部门获取,如采购部门),并将对账单和被审计单位财务记录之间的差异进行调节(如在途款项、在途货物、付款折扣、未记录的负债等),检查有无未入账的应付账款,确定应付账款金额的准确性;检查财务报表日后应付账款明细账贷方发生额的相应凭证,关注其购货发票的日期,确认其入账时间是否合理;针对已偿付的应付账款,追查至银行对账单、银行付款单据和其他原始凭证,检查其是否在财务报表日前真实偿付;针对财务报表日后付款事项,检查银行对账单及有关付款凭证,询问被审计单位内部或外部的知情人员,确定有无未及时入账的应付账款。检查时,注册会计师还可以通过询问被审计单位的会计和采购人员,查阅资本预算、工作通告单和基建合同等来进行。

2. 不能,将固定资产原值与全年产量的比率同以前年度比较,可能发现固定资产闲置或已减少固定资产未在账户上注销的现象。

3. 资产账户的审计侧重于防止高估和虚列,负债账户的审计侧重于防止低估和漏列。

二、案例分析题

1. (1) 第(1)项与已经发生的购货业务均已记录这一控制目标相关。

控制测试是:检查订货单连续编号的完整性。检查验收入库单的完整性。

(2) 第(1)项存在缺陷:采购部门的人员不能验收商品;

理由:采购与验收是不相容的岗位。

建议:验收商品应当由验收部门的人员进行验收。

第(2)项没有缺陷。

第(3)项存在缺陷:超过剩余赊销信用额度的销售,在职员 E 审批后,还需获得经授权的信用审核部门经理 F 的审批。

理由：如果超过赊销信用额度的销售，则全部销售应该由经授权的信用审批部门经理 F 批准，而不仅仅是超过部分的销售。

建议：超过赊销信用额度的销售，则全部销售应该由经授权的信用审批部门经理 F 批准。超过信用审核部门经理 F 的授权，这应该集体决策。

第(4)项存在缺陷：会计部门职员 G 一人登记主营业务收入和应收账款的明细账。

理由：登记收入明细账和应收账款明细账的职员应当是两个人。

建议：由两个人分别登记收入明细账和应收账款明细账。

2. 利用分析程序，计算本期折旧额与固定资产原值的比率，并与期初进行比较。

房屋建筑年初比率：6 980÷41 860×100%=16.67%

房屋建筑年末比率：8 714÷47 128×100%=18.49%

通用设备年初数：1 686÷17 224×100%=9.79%

通用设备年末比率：3 388÷19 416×100%=17.45%

专用设备年初数：6 160÷20 016×100%=30.78%

专用设备年末比率：8 202÷27 482×100%=29.84%

运输工具年初数：1 984÷3 362×100%=59.01%

运输工具年末比率：1 868÷3 134×100%=59.60%

其他设备年初比率：230÷778×100%=29.56%

其他设备年末比率：390÷1 056×100%=36.93%

从上述结果可以看出通用设备折旧数与固定资产原值，其他设备折旧数与固定资产原值的比率与年初比率有较大差距，可能表明其计提的折旧存在异常。

3. (1) 首先，张三在发现佣金支出异常时对其运用实质性分析程序是正确的，根据佣金率及各地区销货收入，核算佣金支出，并与实际佣金支出对比，可以分析是否存在重大不一致。

其次，张三对接近总公司电脑资料的密码未加控制及未定期追踪查对销货订单及装运文件等号码，感到十分关心，却并未实施相应的控制测试对控制进行评价。

再次，张三对凯华公司在电脑处理佣金计算过程未执行记录总数核对并比较现职有效之员工编号感到不放心，也并未对其进行相应测试，不符合审计的职业谨慎性。

最后，张三怀疑有舞弊的存在，却未对特别风险有足够的关注，未对其实施进一步的审计程序，主观断定其没有重大影响，没有保持应有的职业关注。

(2) 首先，在我们运用计算机会计时，要对其进行内部控制。比如，对操作员的身份进行验证，对身份的有效性定期复核等。

其次，在计算机控制的同时进行必要的人工控制。比如，佣金支出必须经过授权复核，不相容职务相分离。

最后，要定期更换审计的项目负责人，招聘员工时应慎重。

自测题

一、单项选择题

1. 验收商品是购货业务中的重要环节，验收单作为这一环节中关键凭证，备受审计人员的重视。在以下关于验收单的各种说法中，注册会计师不认可的是(　　)。
   A. 验收部门应对已收到货物的每张订购单编制一式多联、预先编号的验收单
   B. 验收人员在将已验收商品送交仓库或其他请购部门时，可要求接收人在验收单副联上签字，以确定签收部门的保管责任
   C. 验收人员应将验收单的副联之一送交应付凭单部门
   D. 验收单是支持“发生”的重要凭据，但被审计单位无法通过验收单发现购货交易“完整性”认定的错误
2. 在查找已提前报废但尚未作出会计处理的固定资产时，最有可能实施的是(　　)。
   A. 以检查固定资产实物为起点，检查固定资产的明细账和投保情况
   B. 以检查固定资产明细账为起点，检查固定资产实物和投保情况
   C. 以分析折旧费用为起点，检查固定资产实物
   D. 以检查固定资产实物为起点，分析固定资产维修和保养费用
3. 一般而言，对凭证进行连续编号是被审计单位购货业务的一项重要的内部控制措施。但对于部门较多的被审计单位，一般并不对(　　)进行连续编号。
   A. 请购单　　B. 订购单　　C. 验收单　　D. 付款单
4. 下列不属于注册会计师对被审计单位的采购与付款业务实施的控制测试的是(　　)。
   A. 检查有无长期挂账的应付账款，注意其是否可能无需支付
   B. 检查采购与付款业务授权批准手续是否健全，有无存在越权审批行为
   C. 检查采购与付款业务相关岗位及人员设置情况，有无不相容职务混岗的现象
   D. 检查凭证的登记、领用、传递、保管、注销手续是否健全，使用和保管制度是

否存在漏洞

5. 注册会计师执行的下列审计程序中，与实现采购交易截止目标最相关的是(　　)。

A. 追查存货的采购记录至存货永续盘存记录

B. 将验收单和卖方发票上的日期与采购明细账中的日期进行比较

C. 参照卖方发票，比较会计科目表上的分类

D. 从验收单追查至采购明细账

二、多项选择题

1. 采购与付款循环通常要经过的程序有(　　)。

A. 请购　　B. 订货　　C. 验收　　D. 付款

2. 下列情形中，注册会计师通常应考虑对采购与付款交易和相关余额实施细节测试的有(　　)。

A. 重大错报风险评估为高

B. 实质性分析程序显示出未预期的趋势

C. 对需要在纳税申报表中单独披露的事项进行分析

D. 需要在财务报表中单独披露的金额或很可能存在错报的金额

3. 注册会计师针对被审计单位的下列固定资产，认为应计提固定资产折旧的有(　　)。

A. 以经营租赁方式租出的固定资产

B. 未使用的固定资产

C. 提前报废的固定资产

D. 大修理停用的固定资产

4. 为应对“记录的采购价格可能不正确”的错报风险，关于注册会计师采取的应对措施，下列说法错误的有(　　)。

A. 询问和检查打印文件，以及解决差异的证据，通过对照发票价格与订购单上的价格，重新执行价格测试

B. 询问、检查授权批准和授权越权的文件

C. 询问检查文件，以证实对未执行订购单的跟进情况

D. 询问和检查打印文件并重新执行截止程序

5. 下列各项中，注册会计师认为需要对固定资产账面价值进行调整的有(　　)。

A. 对固定资产进行修理发生的费用

B. 对办公楼进行装修符合资本化的部分

C. 对融资租赁租入固定资产进行改良发生的费用

D. 计提固定资产减值准备

三、简答题

注册会计师在对 XYZ 公司进行审计时,针对固定资产项目执行实质性程序。

注册会计师主要执行了下列实质性程序,请指出其执行的审计程序主要可以证实有关的管理层认定是什么?

(1) 检查当年固定资产增加的有关文件。

(2) 实地观察固定资产,并查明其产权的归属。

(3) 查明有无以固定资产担保或抵押等情况。

(4) 审查提取折旧的方法是否适当。

自测题答案

一、单项选择题

1	2	3	4	5
D	B	A	A	B

二、多项选择题

1	2	3	4	5
ABCD	ABCD	ABD	BCD	BCD

三、简答题

(1) 检查当年固定资产增加的有关文件,涉及与期末账户余额相关的存在认定及权利和义务认定。

(2) 实地观察固定资产,并查明其产权的归属,涉及与期末账户余额相关的存在、完整性及权利和义务三项认定。

(3) 查明有无以固定资产担保或抵押等情况,涉及与期末账户余额相关的权利和义务及与列报相关的完整性认定。

(4) 审查提取折旧的方法是否适当,涉及与期末账户余额相关的计价和分摊认定。

第十一章　生产与存货循环的审计

本章要点

本章简单讲述了生产与存货循环所涉及的主要业务活动和相关凭证与记录；存货的内部控制及其测试；重点讲述了存货审计的实质性程序及相关工作底稿，营业成本审计的实质性程序及相关工作底稿。

1. 生产与存货循环所涉及的主要业务活动包括：计划和安排生产；发出原材料；生产产品；储存产成品；发出产成品；会计记录。

2. 典型的生产与存货循环所涉及的主要凭证和会计记录如表 11-1 所示。

表 11-1　　**生产与存货循环涉及的主要凭证和会计记录**

业务活动	涉及的主要凭证和会计记录
计划和安排生产	生产任务通知单
发出原材料	领发料凭证、有关记账凭证、相关总账及明细账
生产产品	材料费用分配表、制造费用分配汇总表、成本计算单、有关记账凭证、相关总账及明细账
储存产成品	入库单、有关记账凭证、相关总账及明细账
发出产成品	出库单、有关记账凭证、相关总账及明细账

3. 生产与存货循环的内部控制主要包括存货的内部控制和成本会计制度的内部控制两项内容。但一方面，由于生产与存货循环与其他业务循环的内在联系，生产与存货循环中某些审计测试，特别是对存货的审计测试，与其他相关业务循环的审计测试同时进行将更为有效。

4. 分析程序在存货的审计中也十分重要。注册会计师可以根据具体情况，选择以下方法对存货实施实质性分析程序：

（1）比较本期与以前各期的毛利率，以发现存货和主营业务成本账户的高估或低估。

（2）比较本期和以前各期的存货周转率，以发现企业存在影响存货和主营业务成本账户的陈旧存货。

（3）比较本期和以前各期的存货单位成本，以发现企业存货的单位成本是否存在不合理的变动。

（4）比较本期与以前各期增加的存货价值，以发现影响存货和主营业务成本账户的汇总、单位成本和总成本的错报。

（5）比较本期与以前各期的制造成本，以发现影响存货和主营业务成本账户的存货单位成本，特别是直接人工和制造费用的错报。

5. 存货监盘是存货审计的重点程序之一，它是指注册会计师现场观察被审计单位存货的盘点，并对已盘点的存货进行适当检查。存货监盘针对的主要是存货的存在认定、完整性认定以及权利和义务的认定。

6. 存货监盘计划的主要内容。

（1）存货监盘的目标：存货监盘的目标是获取被审计单位财务报表日有关存货数量和状况的审计证据，检查存货的数量是否真实完整，是否归属被审计单位，存货有无毁损、陈旧、过时、残次和短缺等状况。

（2）存货监盘的范围：存货监盘范围的大小取决于存货的内容、性质以及与存货相关的内部控制的完善程度和重大错报风险的评估结果。

（3）存货监盘的时间：存货监盘的时间，包括实地察看盘点现场的时间、观察存货盘点的时间和对已盘点存货实施检查的时间等，应当与被审计单位实施存货盘点的时间相协调。

（4）存货监盘的要点：存货监盘的要点主要包括注册会计师实施存货监盘程序的方法、步骤，各个环节应注意的问题以及所要解决的问题。

（5）存货监盘的人员组成：注册会计师应当根据被审计单位参加存货盘点的人员分工、分组情况，存货监盘工作量的大小和人员素质情况，确定参加存货监盘人员的组成，各组成人员的职责和具体的分工情况，并加强督导。

7. 注册会计师在制订存货监盘计划时，应考虑以下因素：存货项目的重要程度、存货的内部控制、存货的重大错报风险和重要性、以前年度存货监盘情况、利用专家的工作。

8. 在存货盘点现场实施监盘时，注册会计师应当实施下列审计程序：评价管理层用以记录和控制存货盘点结果的指令和程序；观察对管理层制订的盘点程序的执行情况；检查存货；执行抽盘。

9. 存货监盘中应注意的问题。

10.（1）在监盘过程中，注册会计师需要特别关注存货的移动情况，防止遗漏或重复盘点；还应当特别关注存货的状况，观察被审计单位是否已经恰当区分所有毁损、陈旧、过时及残次的存货。

（2）对特殊类型存货的监盘。对某些特殊类型的存货而言，被审计单位通常使用的盘点方法和控制程序并不完全适用。在这种情况下，注册会计师需要运用职业判断，根据存货的实际情况，设计恰当的审计程序，对存货的数量和状况获取审计证据。

(3) 在被审计单位存货盘点结束前，注册会计师应当再次观察盘点现场，以确定所有应纳入盘点范围的存货是否均已盘点。

(4) 如果存货盘点在财务报表日以外的其他日期进行，注册会计师除实施上述规定的审计程序外，还应当实施其他审计程序，以获取审计证据，确定存货盘点日与财务报表日之间的存货变动是否已得到恰当的记录。

(5) 如果由于不可预见的情况，无法在存货盘点现场实施监盘，注册会计师应当另择日期实施监盘，并对间隔期内发生的交易实施审计程序。

12. 对存货计价的测试：注册会计师在测试时应当重点关注两个方面的内容，一是存货的计价方法是否符合企业会计准则的规定，二是存货计价方法前后各期是否保持一致。

(1) 外购存货的计价测试：在验证外购存货的计价时，注册会计师首先需要弄清被审计单位对发出存货的计价方法。接下来，注册会计师应当列出打算进行计价测试的存货清单，并根据被审计单位提供的采购发票进行审查。

(2) 自制存货的计价测试：对自制存货中的直接材料进行计价时，注册会计师应当考虑原材料的单位成本和单位产品所消耗的材料数量这两个因素。

13. 存货截止测试。

(1) 存货入库的截止测试：在存货明细账的借方发生额中选取财务报表日前后若干张、一定金额以上的凭证，并与入库记录核对，以确定存货入库被记录在正确的会计期间；在入库记录中选取财务报表日前后若干张、一定金额以上的凭证，与存货明细账的借方发生额进行核对，以确定存货入库被记录在正确的会计期间。

(2) 存货出库的截止测试：在存货明细账的贷方发生额中选取财务报表日前后若干张、一定金额以上的凭证，并与出库记录核对，以确定存货出库被记录在正确的会计期间；在出库记录中选取财务报表日前后若干张、一定金额以上的凭证，与存货明细账的贷方发生额进行核对，以确定存货出库被记录在正确的会计期间。

课后思考与练习题答案

一、思考题

1. 如果在存货盘点现场实施存货监盘不可行，注册会计师应当实施替代审计程序，以获取有关存货的存在和状况的充分、适当的审计证据。如果不能实施替代审计程序，注册会计师应当按照《中国注册会计师审计准则第 1502 号——在审计报告中发表非无保留意见》的规定，在审计报告中发表非无保留意见。

2. 例如，某被审计单位 12 月 31 日收到供应商运来的 30 万元的货物，但是直到次年 1 月 2 日才收到购货发票，那么，此笔交易只能作为次年 1 月份交易记录入账。如果 12 月 31 日的盘点中包括了这批货物，但 12 月份的记录中并没有记录购货和这笔负债，结果将导致对当年净利润和未分配利润的高估，对应付账款的低估，每笔错误的金额均为 30 万元(没考虑所得税)。从上述例子中可以看出，存货入库的截止错误会使会计报表失真。

3. 注册会计师对被审计单位的受托代销商品不应该列入监盘范围，委托加工物资也不应列入监盘范围。

4. 存货周转率与销售成本和平均存货有关，存货管理或控制程序发生变化，可能会使平均存货变化进而引起存货周转率变化。例如，存货控制程序变化使存货量达到一个低水平，就会引起存货周转率变化。

5. 被审计单位的寄销存货金额较大时，注册会计师采用函证方式确认存货数量不可行，此时应通过存货监盘来获取有关存货数量和状况的审计证据。

6. 注册会计师审计某公司存货项目时，若存货出现毁损，修复费用过高时会出现这种现象。

7. 如果注册会计师怀疑被审计单位可能存在虚构工资问题，应就工资费用的发生进行测试，采用逆查的方法，即从总账明细账中的工资费用入手追查至个人的工资费用结账单及实发工资数。

二、选择题

1	2	3	4	5	6
C	D	ABD	AC	ABCD	AD

三、案例分析题

1. 问存问题及处理建议短缺 2 桶计 100 元，记入“材料成本差异”账户，这个应该查明原因，不能将其计入材料成本差异的；采购员报销差旅费 600 元应计入材料成本。

2. (1) 是实质性程序，观察可以提供工时和工资计算等的审计证据。

(2) 是控制测试，以工资是否经过授权批准来评价工资相关的内部控制。

(3) 是实质性分析程序，目的是判断期末工资是否存在异常。

(4) 是控制测试中的重新执行，目的是评价有关工资的内部控制是否正确执行。

3. (1) 考虑到本案例中存货的特殊性和重要性，考虑到注册会计师在预审时已经发现存货存储设施简陋，以及会计师事务所首次接受委托等因素，注册会计师已经将存货评价为重大错报风险领域。因此，首选程序应当是在期末实施存货监盘。

(2) 在预审时观察过部分存货现场，只是了解存货内控制度及其执行情况的部分审计程序，不能作为不实施期末存货监盘程序的理由。

(3) 注册会计师试图通过财务报表日后(20×7 年 3 月 31 日)对存货进行监盘，并根据盘点日与财务报表日之间的存货变动情况倒轧存货的期末余额。这种做法的前提是君山公司的存货内控运行有效、间隔期的存货变动记录真实、完整。同时有必要考虑的是，间隔期越长，倒轧结果的可靠性越弱。

(4) 君山公司产成品(桶装果汁)存放于工厂仓库、中转仓库及装运码头三处。而注册会计师在财务报表日后(20×7 年 3 月 31 日) 对存货进行的监盘仅涉及其中一处(工厂仓库)，因此即使是倒轧，得出的结果也不足以对截至 20×6 年 12 月 31 日的产成品整体发表审计意见(比如，被审计单位可能以拆东墙补西墙方式进行舞弊)。为此，注册会计师应当要求君山公司于 20×7 年 3 月 31 日对三处产成品存放地点的存货同时进行盘点，并派遣审计人员进行监盘，尤其是关注存货的移动情况。

(5) 注册会计师在 20×6 年 12 月与君山公司协商时已将拟检查的产成品样本告知了管理层，这进一步加大了君山公司管理层实施舞弊的可能性。

(6) 作为首次接受委托的审计业务，注册会计师并未实施适当的审计程序对存货期初余额进行检查。出具标准无保留意见的审计报告并不恰当。

自测题

一、单项选择题

1. B 注册会计师对乙公司实施存货监盘程序，在对存货实施监盘程序时，B 注册会计师下列做法中，不恰当的是(　　)。
   A. 对于受托代存存货，实施向存货所有权人函证等审计程序
   B. 乙公司相关人员完成存货盘点程序后，注册会计师进入存货存放地点对已盘点存货实施检查程序
   C. 对于已作质押的存货，向债权人函证与质押存货相关的内容
   D. 对于因特殊性质而无法监盘的存货，实施向顾客或供应商函证等程序
2. 如果注册会计师了解到被审计单位会计人员经常发生变动，针对这种情况，以

下说法中不正确的是(　　)。

A. 这可能导致在各个会计期间将费用分配至产品成本的方法出现不一致

B. 可能引发存货交易和余额的重大错报风险

C. 可能导致存货项目的可变现净值难以确定

D. 增加了错误的风险

3. 下列关于存货监盘计划的说法中,正确的是(　　)。

A. 注册会计师应仅根据自己的专业判断和往年的审计经验,编制存货监盘计划

B. 存货监盘程序用作控制测试还是实质性程序,取决于注册会计师的专业胜任能力

C. 注册会计师应当根据对被审计单位存货盘点和对被审计单位内部控制的评价结果确定检查存货的范围

D. 存货监盘范围的大小取决于注册会计师审计时间的分配以及审计成本的核算

二、多项选择题

1. 存货监盘计划的主要内容包括(　　)。

A. 存货监盘的目标、范围及时间安排

B. 抽查的范围

C. 参加存货监盘人员的分工

D. 存货监盘的要点及关注事项

2. 注册会计师B于2017年3月10日对N公司的存货进行了监盘,监盘中按存货金额45%的比例进行了抽查,抽查结果显示抽盘日账实相符,则以下说法中正确的有(　　)。

A. 注册会计师B实施检查的目的是证实被审计单位的存货实物总额

B. 注册会计师B实施检查的目的是确证被审计单位的盘点计划得到适当的执行

C. 注册会计师B还应再根据盘点结果和财务报表日至抽点日存货收、发的金额倒推计算财务报表日的金额,以验证财务报表日存货的真实性

D. 注册会计师B可直接据以得出财务报表日存货真实存在的审计结论

3. 注册会计师在确定被审计单位寄销在外地的存货是否存在时,采取的下列方法中恰当的有(　　)。

A. 向寄销单位发询证函

B. 审查有关原始单证、账簿记录

C. 亲自前往存放地观察盘点

D. 委托存放当地的会计师事务所负责监盘

4. 甲公司2017年度的存货周转率为2.8，与2016年度相比有所下降。甲公司提供的以下理由中，不能解释存货周转率变动趋势的有（　　）。（甲公司该存货周转率的计算主要是为了评估存货管理业绩）

A. 由于主要原材料价格比2016年度下降了12%，甲公司从2017年1月份开始将主要原材料的日常储备量提高了20%

B. 甲公司主要产品深受广大客户欢迎，2017年度市场需求渐增，在成本稳定不变的前提下，平均销售价格比2016年度有所上升，并且甲公司预期销售价格将继续上升

C. 甲公司在2017年第四季度接到了一笔巨额订单，订货数量相当于甲公司月产能的120%，交货日期为2018年1月1日

D. 从2017年6月份开始，甲公司将部分产品针对主要销售客户的营销方式由原来的收取手续费模式转为视同买断模式

5. 注册会计师在对期末存货进行截止测试时，应当关注的内容正确的有（　　）。

A. 所有在截止日以前入库的存货项目是否均未包括在盘点范围内，且未包括在截止日的存货账面余额中

B. 所有在截止日以前装运出库的存货项目是否均未包括在盘点范围内，且未包括在截止日的存货账面余额中

C. 在途存货和被审计单位直接向顾客发运的存货是否均未得到适当的会计处理

D. 所有已记录为购货但尚未入库的存货是否均已包括在盘点范围内，并已反映在会计记录中

三、简答题

某企业仓库保管员负责登记存货明细账，以便对仓库中所有存货项目的收、发、存进行永续记录。当收到验收部门送交的存货和验收单后，根据验收单登记存货明细账。平时，各车间或其他部门如果需要领取原材料，都可以填写领料单，仓库保管员根据领料单发出原材料。公司辅助材料的用量很少，因此领取辅助材料时，没有要求使用领料单。各车间经常有辅助材料剩余（根据每天特定工作购买而未消耗掉，但其实还可再为其他工作所用的），这些材料由车间自行保管，无须通知仓库。如果仓库保管员有时间，偶尔也会对存货进行实地盘点。

你认为上述描述的内部控制有什么缺陷？并简要说明该缺陷可能导致的错弊。

自测题答案

一、单项选择题

1	2	3
B	C	C

二、多项选择题

1	2	3	4	5
ABCD	ABC	ACD	BD	BD

三、简答题

正确答案:存在的缺陷和可能导致的错弊:

(1) 存货的保管和记账职责未分离。将可能导致存货保管人员监守自盗,并通过篡改存货明细账来掩饰舞弊行为。

(2) 仓库保管员收到存货时不填制入库通知单,而是以验收单作为记账依据。将可能导致一旦存货数量或质量上发生问题,无法明确是验收部门还是仓库保管人员的责任。

(3) 领取原材料未进行审批控制。将可能导致原材料的领用失控,造成原材料的浪费或被贪污以及生产成本的虚增。

(4) 领取辅助材料时未使用领料单和进行审批控制,对剩余的辅助材料缺乏控制。将可能导致辅助材料的领用失控,造成辅助材料的浪费或被贪污以及生产成本的虚增。

(5) 未实行定期盘点制度。将可能导致存货出现账实不符现象,且不能及时发现计价不准确。

第十二章　货币资金的审计

本章要点

本章主要内容包括货币资金审计概述、库存现金审计和银行存款审计。

1. 货币资金的特点：①关乎企业命脉。②流动性强。③业务量大。④控制较为严格。⑤固有风险高。

2. 资金营运内部控制的关键控制点主要包括：①审批控制点。②复核控制点。③收付控制点。④记账控制点。⑤对账控制点。⑥银行账户管理控制点。⑦票据与印章管理控制点。

3. 企业货币资金内部控制的关键控制点、控制目标与控制措施的对应关系见表12-1。

表12-1　　**关键控制点、控制目标与控制措施的对应关系**

风险控制点	控制目标	控制措施
审批	合法性	未经授权不得经办资金收付业务；明确不同级别管理人员的权限
复核	真实性与合法性	会计对相关凭证进行横向复核和纵向复核
收支点	收入入账完整，支出手续完备	出纳根据审核后的相关收付款原始凭证收款和付款，并加盖戳记
记账	真实性	出纳人员根据资金收付凭证登记日记账，会计人员根据相关凭证登记有关明细分类账；主管会计登记总分类账
对账	真实性和财产安全	账证核对、账表核对与账实核对
保管	财产安全与完整	授权专人保管资金；定期、不定期盘点
银行账户管理	防范小金库；加强业务管控	开设、使用与撤销的授权；是否有账外账
票据与印章管理	财产安全	票据统一印制或购买；票据由专人保管；印章与空白票据分管；财务专用章与企业法人章分管

4. 库存现金内部控制的测试主要包括：①了解现金内部控制。②抽取一定期间的库存现金日记账与总账核对。③检查收款凭证。④检查付款凭证。⑤检查外

币现金的折算方法是否符合有关规定，是否与上年度一致。⑥评价库存现金的内部控制。

5. 库存现金的实质性程序一般包括：

(1) 核对库存现金日记账与总账的余额是否相符，检查非记账本位币库存现金的折算汇率及折算金额是否正确。

(2) 监盘库存现金。

(3) 分析被审计单位日常库存现金余额是否合理，关注是否存在大额未缴存的现金。

(4) 抽查大额库存现金收支。

(5) 抽查财务报表日后若干天的、一定金额以上的现金收支凭证实施截止测试。

(6) 检查库存现金是否在资产负债表上恰当列报。

6. 银行存款审计中控制测试的主要步骤：

(1) 了解银行存款的内部控制。

(2) 抽取一定期间的银行存款日记账与总账核对。

(3) 检查银行存款收款凭证。

(4) 检查银行存款付款凭证。

(5) 抽取一定期间银行存款余额调节表，查验其是否按月正确编制并经复核。

(6) 检查外币银行存款的折算方法是否符合有关规定，是否与上年度一致。

(7) 评价银行存款的内部控制。

注册会计师在完成上述程序之后，即可对银行存款的内部控制进行评价。评价时，注册会计师应首先确定银行存款内部控制可信赖的程度以及存在的薄弱环节和缺点，然后据以确定在银行存款实质性程序中对哪些环节可以适当减少审计程序，哪些环节应增加审计程序并作重点检查，以减少审计风险。

7. 银行存款审计的实质性程序一般包括：

(1) 核对银行存款日记账与总账的余额是否相符。

(2) 实施实质性分析程序。

(3) 检查银行存单。

(4) 取得并检查银行存款余额对账单和银行存款余额调节表。

(5) 函证银行存款余额，编制银行函证结果汇总表，检查银行回函。

(6) 关注是否存在质押、冻结等对变现有限制或存在境外的款项。

(7) 关注是否存在不符合现金及现金等价物的银行存款。

(8) 抽查大额银行存款收支的原始凭证。

(9) 检查银行存款收支的正确截止。

(10) 检查银行存款的列报是否恰当。

课后思考与练习题答案

一、思考题

1. 货币资金通常表现出以下特点：

(1) 关乎企业命脉。

(2) 流动性强。

(3) 业务量大。

(4) 控制较为严格。

(5) 固有风险高。

2. 货币资金的收付涉及企业生产经营的方方面面，因而其与各个交易循环均直接相关。货币资金与各个交易循环中具有代表性的会计科目或财务报表项目具有资金往来关系，货币资金作为各个交易循环的枢纽，起到了“资金池”的作用。

3. 货币资金审计涉及的主要凭证和会计记录有：

(1) 库存现金盘点表。

(2) 银行对账单。

(3) 银行存款余额调节表。

(4) 有关科目的记账凭证(现金收、付款凭证，银行存款收、付款凭证等)。

(5) 有关会计账簿(现金日记账、银行存款日记账等)。

4. 由于货币资金关乎企业生产经营活动的正常运行，且具有流动性强、业务量大、固有风险高等特点，因而企业必须加强对货币资金的管理，建立良好的货币资金内部控制。企业货币资金内部控制一般应实现以下目标：

(1) 确保货币资金安全。

(2) 确保全部应收取的货币资金均能收取，并及时正确地予以记录。

(3) 确保全部货币资金支出是按照经批准的用途进行的，并及时正确地予以记录。

(4) 确保库存现金、银行存款报告正确，并得以恰当保管。

(5) 确保生产经营各环节资金供求的动态平衡。企业应当将资金合理安排到采购、生产、销售等各环节，做到实物流和资金流的相互协调、资金收支在数量上及在时间上相互协调。

(6) 促进资金合理循环和周转，提高资金使用效率。资金只有在不断流动的过程中才能带来价值增值，因而要努力促使资金正常周转，为短期资金寻找的适当投资机会，避免出现资金闲置和沉淀等低效现象。

5. 一般而言，一个良好的货币资金内部控制应该达到以下几点：①货币资金收支与记账的岗位分离。②货币资金收支要有合理、合法的凭据。③全部收支及时准确入账，并且支出要有核准手续。④控制现金坐支，当日收入现金应及时送存银行。⑤按月盘点现金，编制银行存款余额调节表，以做到账实相符。⑥加强对货币资金收支业务的内部审计。

6. 财政部会计司在《企业内部控制应用指引第 6 号——资金活动》解读中指出，企业的资金营运活动大多与货币资金相关，资金营运内部控制的关键控制点主要包括：

(1) 审批控制点。把收支审批点作为关键点，是为了控制资金的流入和流出，审批权限的合理划分是资金营运活动业务顺利开展的前提条件。审批活动关键点包括：制订资金的限制接近措施，经办人员进行业务活动时应该得到授权审批，任何未经授权的人员不得办理资金收支业务；使用资金的部门应提出用款申请，记载用途、金额、时间等事项；经办人员在原始凭证上签章；经办部门负责人、主管总经理和财务部门负责人审批并签章。

(2) 复核控制点。复核控制点是减少错误和舞弊的重要措施。根据企业内部层级的隶属关系可以划分为纵向复核和横向复核这两种类型。前者是指上级主管对下级活动的复核；后者是指平级或无上下级关系人员的相互核对，如财务系统内部的核对。复核关键点包括：资金营运活动会计主管审查原始凭证反映的收支业务是否真实合法，经审核通过并签字盖章后才能填制记账凭证；凭证上的主管、审核、出纳和制单等印章是否齐全。

(3) 收付控制点。资金的收付导致资金流入流出，反映着资金的来龙去脉。该控制点包括：出纳人员按照审核后的原始凭证收付款，并对已完成收付的凭证加盖戳记，并登记日记账；主管会计人员及时准确地记录在相关账簿中，定期与出纳人员的日记账核对。

(4) 记账控制点。资金的凭证和账簿是反映企业资金流入流出的信息源，如果记账环节出现管理漏洞，很容易导致整个会计信息处理结果失真。记账控制点包括：出纳人员根据资金收付凭证登记日记账，会计人员根据相关凭证登记有关明细分类账；主管会计登记总分类账。

(5) 对账控制点。对账是账簿记录系统的最后一个环节，也是报表生成前的一个环节，对保证会计信息的真实性起到重要作用。对账控制点包括：账证核对、账账核对、账表核对、账实核对等。

(6) 银行账户管理控制点。企业应当严格按照《支付结算办法》等国家有关规定，加强银行账户的管理，严格按规定开立账户，办理存款、取款和结算。银行账户管理的关键控制点包括银行账户的开立、使用和撤销是否有授权，下属企业或单位是否有账外账。

(7) 票据与印章管理控制点。印章是明确责任、表明业务执行及完成情况的标记。印章的保管要贯彻不相容职务分离的原则，严禁将办理资金支付业务的相关印章和票据集中由一人保管，印章要与空白票据分管，财务专用章要与企业法人章分管。

7. 盘点和监盘库存现金的步骤和方法主要有：

(1) 制订监盘计划，确定监盘时间。对库存现金的监盘最好实施突击性的检查，时间最好选择在上午上班前或下午下班时进行，盘点的范围一般包括被审计单位各部门经管的现金。在进行现金盘点前，应由出纳员将现金集中起来存入保险柜。必要时可加以封存，然后由出纳员把已办妥现金收付手续的收付款凭证登入库存现金日记账。如被审计单位库存现金存放部门有两处或两处以上的，应同时进行盘点。

(2) 审阅库存现金日记账并同时与现金收付凭证相核对。一方面检查库存现金日记账的记录与凭证的内容和金额是否相符；另一方面了解凭证日期与库存现金日记账日期是否相符或接近。

(3) 由出纳员根据库存现金日记账加计累计数额，结出现金结余额。

(4) 盘点保险柜的现金实存数，同时由注册会计师编制"库存现金监盘表"，分币种、面值列示盘点金额。

(5) 财务报表日后进行盘点时，应调整至财务报表日的金额。

(6) 将盘点金额与库存现金日记账余额进行核对，如有差异，应查明原因，并作出记录或适当调整；如无法查明原因，应要求被审计单位按管理权限批准后作出调整。

(7) 若有冲抵库存现金的借条、未提现支票、未作报销的原始凭证，应在"库存现金盘点表"中注明或作出必要的调整。

8. 银行存款审计中控制测试的主要步骤：

(1) 了解银行存款的内部控制。注册会计师对银行存款内部控制的了解一般与了解现金的内部控制同时进行。注册会计师应当注意的内容包括：①银行存款的收支是否按规定的程序和权限办理。②银行账户是否存在与本单位经营无关的款项收支情况。③是否存在出租、出借银行账户的情况。④出纳与会计的职责是否严格分离。⑤是否定期取得银行对账单并编制银行存款余额调节表等。

(2) 抽取一定期间的银行存款日记账与总账核对。注册会计师应抽取一定期间的银行存款日记账，检查其有无计算错误，并与银行存款总分类账核对。

（3）检查银行存款收款凭证。注册会计师应选取适当的样本量，作如下检查：①核对收款凭证与存入银行账户的日期和金额是否相符。②核对银行存款日记账的收入金额是否正确。③核对收款凭证与银行对账单是否相符。④核对收款凭证与应收账款明细账的有关记录是否相符。⑤核对实收金额与销货发票是否一致等。

（4）检查银行存款付款凭证。为测试银行存款付款内部控制，注册会计师应选取适当的样本量，作如下检查：①检查付款的授权批准手续是否符合规定。②核对银行存款日记账的付出金额是否正确。③核对付款凭证与银行对账单是否相符。④核对付款凭证与应付账款明细账的记录是否一致。⑤核对实付金额与购货发票是否相符等。

（5）抽取一定期间银行存款余额调节表，查验其是否按月正确编制并经复核。为证实银行存款记录的正确性，注册会计师必须抽取一定期间的银行存款余额调节表，将其同银行对账单、银行存款日记账及总账进行核对，确定被审计单位是否按月正确编制并复核银行存款余额调节表。

（6）检查外币银行存款的折算方法是否符合有关规定，是否与上年度一致。对于有外币银行存款的被审计单位，注册会计师应检查外币银行存款日记账及“财务费用”“在建工程”等账户的记录，确定有关外币银行存款的增减变动是否采用交易发生日的即期汇率将外币金额折算为记账本位币金额，或者采用按照系统合理的方法确定的、与交易发生日即期汇率近似的汇率折算为记账本位币，选择采用汇率的方法前后各期是否一致；检查企业的外币银行存款的余额是否采用期末即期汇率折算为记账本位币金额；折算差额的会计处理是否正确。

（7）评价银行存款的内部控制。注册会计师在完成上述程序之后，即可对银行存款的内部控制进行评价。评价时，注册会计师应首先确定银行存款内部控制可信赖的程度以及存在的薄弱环节和缺点，然后据以确定在银行存款实质性程序中对哪些环节可以适当减少审计程序，哪些环节应增加审计程序并作重点检查，以减少审计风险。

二、选择题

1	2	3	4	5	6
C	BC	D	BD	B	D

三、案例分析题

1. 问题一：出纳员保管法人代表印鉴。

建议:法人代表印鉴由本人保管。

问题二:出纳员开具销售发票。

建议:销售发票由收款以外的人开。

问题三:不定期盘点现金。

建议:定期盘点现金,做到日清月结。

问题四:3 天去一次银行可能造成坐支现金。

建议:有现金收入应及时送存银行。

问题五:由出纳员调节银行存款。

建议:应由会计员调节银行存款。

问题六:调节银行存款后不编制调整分录。

建议:对重要的银行已入账、企业未入账的事项,应编制调整分录。

问题七:可以根据需要开空白支票。

建议:任何情况都不得开空白支票。

问题八:预支差旅费不入账。

建议:预支差旅费应入“其他应收款”。

问题九:查旅费报销后销毁借条。

建议:借条应留存,另开收据给报销人。

2.(略)

自测题

一、单项选择题

1. 下列程序中,属于控制测试程序的是(　　)。

   A. 取得银行存款余额调节表并检查未达账项的真实性

   B. 检查银行存款收支的正确截止

   C. 检查是否定期取得银行对账单并编制银行存款余额调节表

   D. 函证银行存款余额

2. W 公司某银行账户的银行存款对账单余额与银行存款日记账余额不符,A 注册会计师应当执行的最有效的审计程序是(　　)。

   A. 重新测试相关的内部控制

   B. 审查银行对账单中记录的该账户财务报表日前后的收付情况

   C. 审查银行存款日记账中记录的该账户财务报表日前后的收付情况

   D. 审查该账户的银行存款余额调节表

3. 针对 W 公司与现金相关的内部控制,A 注册会计师应提出的下列改进建议,正确的是(　　)。

A. 每日及时记录现金收入并定期向顾客寄送对账单

B. 担任登记现金日记账及总账职责的人员与担任现金出纳职责的人员分开

C. 现金折扣需经过适当审批

D. 每日盘点现金并与账面余额核对

4. 如果A注册会计师要证实丁公司在临近2016年12月31日签发的支票是否已登记入账,最有效的审计程序是(　　)。

A. 函证2016年12月31日的银行存款余额

B. 检查2016年12月31日的银行对账单

C. 检查2016年12月31日的银行存款余额调节表

D. 检查2016年12月的支票存根和银行存款日记账

5. A注册会计师负责审计甲公司2016年财务报表。甲公司货币资金内部控制的以下情形中,没有违背"不相容职务分离控制原则"要求的是(　　)。

A. 甲公司出纳员承担现金收付、银行结算及货币资金的日记账核算工作,但同时兼任了会计档案保管工作

B. 甲公司出纳员保管签发支票所需的全部印章

C. 甲公司出纳员兼任了收入明细账和总账的登记工作

D. 甲公司出纳员兼任固定资产卡片的登记工作

6. A注册会计师负责审计甲公司2016年财务报表。在对库存现金实施监盘程序时需要提请相关人员参加监盘工作。注册会计师应当提请甲公司参加库存现金监盘的人员是(　　)。

A. 财务总监和内部审计人员

B. 出纳员和会计主管

C. 出纳员和应收账款记账员

D. 出纳员和公司董事长

7. 注册会计师实施的下列各项审计程序中,不能够证明银行存款是否存在的有(　　)。

A. 计算定期存款占银行存款的比例

B. 检查银行存款余额调节表

C. 函证银行存款余额

D. 检查银行存款收支的正确截止

8. 下列各项中,不符合现金盘点要求的有(　　)。

A. 参与盘点的人中必须有出纳员、被审计单位会计主管和注册会计师

B. 盘点之前应将已办理现金收付款手续的收付凭证记入现金日记账

C. 不同存放地点的现金应同时进行盘点
D. 盘点时间必须安排在当日现金收付业务进行中，采取突击盘点

9. 下列说法不正确的是（　　）。
A. 企业库存现金应当实行限额管理
B. 企业应当明确库存现金的开支范围
C. 企业可以坐支库存现金
D. 企业不能设小金库

10. 下列说法中，不恰当的有（　　）。
A. 企业应当加强银行预留印鉴的管理，财务专用章应由专人保管
B. 个人名章必须由本人或其授权人员保管
C. 严禁一人保管支付款项所需的全部印章
D. 企业应指定出纳员每月核对银行账户，针对每一银行账户分别编制银行存款余额调节表，使银行存款账面余额与银行对账单调节相符

二、多项选择题

1. M注册会计师拟对A公司的货币资金实施实质性程序。以下审计程序中，属于实质性程序的有（　　）。
A. 检查银行预留印鉴的保管情况
B. 检查银行存款余额调节表中未达账项在财务报表日后的进账情况
C. 检查现金交易中是否存在应通过银行办理转账支付的项目
D. 检查外币银行存款年末余额是否按年末汇率折合为记账本位币金额

2. W注册会计师负责对A公司2016年度财务报表进行审计。A公司编制的2016年12月末银行存款余额调节表显示存在120 000元的未达账项，其中包括A公司已付而银行未付的材料采购款100 000元。以下审计程序中，可能为该材料采购款未达账项的真实性提供审计证据的有（　　）。
A. 检查2017年1月份的银行对账单
B. 检查相关的采购合同、供应商销售发票和付款审批手续
C. 就2016年12月末银行存款余额向银行寄发银行询证函
D. 向相关的原材料供应商寄发询证函

3. 注册会计师在对A公司执行银行存款余额函证的助理人员的工作进行检查时，发现助理人员执行银行存款余额函证程序时提出以下观点，正确的有（　　）。
A. 以A公司的名义寄发银行询证函
B. 由A公司代为填写银行询证函后，交由注册会计师发出并回收

C. 如果银行询证函回函结果表明没有差异，则可以认定银行存款余额是正确的

D. 除余额为零的银行存款账户以外，必须对 A 公司所有银行存款账户实施函证程序

4. 下列有关说法中，不恰当的有（　　）。

A. 注册会计师在对银行存款审查时，如果取得的银行存款余额调节表中左右两边金额相等，则可以直接确定银行存款的余额的正确性

B. 出纳不能够同时负责登记银行存款日记账和编制银行存款余额调节表

C. 函证银行存款余额是证实资产负债表所列银行存款是否存在的重要程序。通过向往来银行函证，注册会计师不仅可了解企业资产的存在，还可了解企业账面反映所欠银行债务的情况，并有助于发现企业未入账的银行借款和未披露的或有负债

D. 监盘库存现金是证实资产负债表中所列现金是否存在的一项重要程序，盘点范围包括未存入银行的已收现金、零用金、找换金及各部门人员领用的备用金的盘点

5. 监盘库存现金是证实资产负债表中所列库存现金是否存在的一项重要程序，还可以实现的审计目标有（　　）。

A. 计价和分摊

B. 完整性

C. 在财务报表中恰当披露

D. 权利和义务

三、判断题

1. 出纳员可以同时兼任稽核、会计档案的保管以及收入、支出、费用、债权债务等账目的登记工作。（　　）

2. 对于重要货币资金支付，应当实行集体决策和审批，并建立责任追究制度，防范贪污、侵占、挪用货币资金等行为。（　　）

3. 企业应当加强银行预留印鉴的管理，财务专用章应由专人保管，个人名章可以由本人或其授权人员之外的人员保管。（　　）

4. 企业应当指定专人定期核对银行账户，每月至少核对一次，并根据银行账户定期核对资料，编制每一银行账户的银行存款余额调节表。这一工作不能由出纳员兼任。（　　）

5. 进行库存现金监盘时，出纳员和会计主管可以不参加。（　　）

四、案例分析题

1. ABC会计师事务所的注册会计师A和B接受委托，审计甲公司2016年度的财务报表。根据以往经验，决定信赖客户的内部控制，为此决定对相关内部控制进行了解和控制测试。通过了解，A和B注册会计师发现以下情况：

(1) 关于银行存款的内部控制：财务处处长负责支票的签署，外出时其职责由副处长代为履行；副处长负责银行预留印鉴的保管和财务专用章的管理，外出时其职责由处长代为履行；财务人员乙负责空白支票的管理，仅在出差期间交由财务处长管理。负责签署支票的财务处长的个人名章由其本人亲自掌管，仅在出差期间交由副处长临时代管。

(2) 关于货币资金支付的规定：部门或个人用款时，应提前向审批人提交申请，注明款项的用途、金额、支付方式、经济合同，或相关证明；对于金额在10 000元以下的用款申请，必须经过财务处副处长的审批，金额在10 000元以上的用款申请，应经过财务处处长的审批；出纳人员根据已经批准的支付申请，按规定办理货币资金支付手续，及时登记现金和银行存款日记账；货币资金支付后，应由专职的复核人员进行复核，复核货币资金的批准范围、权限、程序、手续、金额、支付方式、时间等，发现问题后及时纠正。

要求：指出甲公司内部控制中存在的问题并提出改进建议。

2. 甲注册会计师在对B公司2016年财务报表进行审计时，对B公司的银行存款实施的审计程序中，部分程序如下：

(1) 取得2016年12月31日银行存款余额调节表。

(2) 向开户银行寄发银行询证函，并直接收取寄回的询证函回函。

(3) 取得开户银行2017年1月31日的银行对账单。

请讨论：甲注册会计师取得银行存款余额调节表后，应检查哪些内容？甲注册会计师向开户银行询证的作用有哪些？甲注册会计师应采取什么方式才能直接收回开户银行的询证函回函？目的是什么？甲注册会计师索取开户银行2017年1月31日银行对账单，可以证实2016年12月31日银行存款余额调节表中的哪些内容？

自测题答案

一、单项选择题

1	2	3	4	5	6	7	8	9	10
C	D	B	D	D	B	A	D	C	D

二、多项选择题

1	2	3	4	5
BD	ABD	AB	AD	ABD

三、判断题

1	2	3	4	5
×	√	×	√	×

四、案例分析题

1. (1) 有严重缺陷:如果财务处处长与财务人员乙同时出差,则空白支票、签署支票的个人名章、财务专用章、银行预留印鉴将全部落入副处长之手。同样地,如果副处长与财务人员乙同时出差,空白支票、签署支票的个人名章、财务专用章、银行预留印鉴将全部落入处长之手,这就违反了签发支票的全部印鉴不能由一人掌管的规定,难以防止银行存款被贪污的情况。

建议:财务处处长、副处长外出期间,分别指定与货币资金支付无关的专门人员掌管印鉴。

(2) 货币资金的支付制度存在严重缺陷:一是未对财务处处长的审批权限规定任何限制,违反了"对重要货币资金支付业务,应当实行集体决策"的规定,无法防范贪污、侵占、挪用货币资金的行为;二是货币资金支付在前,复核在后,最多能及时发现问题,而无法防止问题的发生。

建议:经董事会指定财务处处长的审批权限,对超过权限的货币资金支付业务,实行集体决策;支付货币资金之前,应由专职的复核人员进行复核,复核货币资金的批准范围、权限、程序、手续、金额、支付方式、支付单位等是否妥当,复核无误后交由出纳员办理支付。

2. 甲注册会计师取得银行存款余额调节表后,甲注册会计师应检查银行存款余额调节表中未达账项的真实性,以及财务报表日后的入账情况。

甲注册会计师通过向开户银行函证,不仅可以查明B公司的银行存款、借款的存在,还可以发现企业未登记入账的银行存款、借款。另外,还可以发现未披露的或有负债。

在询证函内指明回函请直接寄往甲注册会计师所在的会计师事务所。甲注册会计师直接收回开户银行询证函回函的目的是防止B公司截留或更改回函。

甲注册会计师索取开户银行2017年1月31日的银行对账单,可以证实列示在银行存款余额调节表上的在途存款和未兑现支票的真实性。

第十三章　对舞弊和法律法规的考虑

本章要点

本章主要介绍了对财务报表审计中与舞弊相关的责任和财务报表审计中对法律法规的考虑。

1. 被审计单位治理层和管理层对防止或发现舞弊负有主要责任。

2. 注册会计师对发现舞弊方面的责任可以从正反两个方面界定：

（1）一方面，在按照审计准则的规定执行审计工作时，注册会计师有责任对财务报表整体是否不存在由于舞弊或错误导致的重大错报获取合理保证。

（2）另一方面，由于审计的固有限制，即使注册会计师按照审计准则的规定恰当计划和执行了审计工作，也不可避免地存在财务报表中的某些重大错报未被发现的风险。注册会计师不能对财务报表整体不存在重大错报获取绝对保证。

3. 管理层舞弊导致的重大错报未被发现的风险，通常大于员工舞弊导致的重大错报未被发现的风险。其原因是管理层往往可以利用职务之便，直接或间接操纵会计记录，提供虚假的财务信息，或凌驾于为防止其他员工实施类似舞弊而建立的控制之上。

因此，如果在完成审计工作后发现舞弊导致的财务报表重大错报，特别是串通舞弊或伪造文件记录导致的重大错报，并不必然表明注册会计师没有遵守审计准则。注册会计师是否按照审计准则的规定实施了审计工作，取决于其是否根据具体情况实施了审计程序，是否获取了充分、适当的审计证据，以及是否根据证据评价结果出具了恰当的审计报告。

4. 存在舞弊风险因素并不必然表明发生了舞弊，但在舞弊发生时通常存在舞弊风险因素，舞弊风险因素可能表明存在由于舞弊导致的重大错报风险。根据舞弊存在时通常伴随着的三种情况，这些风险因素可以分为以下三类：

（1）实施舞弊的动机或压力。

（2）实施舞弊的机会。

（3）为舞弊行为寻找借口的能力。

5. 注册会计师应当考虑通过下列方式，应对舞弊导致的认定层次重大错报风险：

(1) 改变拟实施审计程序的性质，以获取更为可靠、相关的审计证据，或获取其他佐证性信息，包括更加重视实地观察或检查，在实施函证程序时改变常规函证内容，询问被审计单位的非财务人员等。

(2) 改变实质性程序的时间，包括在期末或接近期末实施实质性程序，或针对本期较早时间发生的交易事项或贯穿于本会计期间的交易事项实施测试。

(3) 改变审计程序的范围，包括扩大样本规模、采用更详细的数据实施分析程序等。

6. 违反法律法规行为是指被审计单位有意或无意地违反会计准则和相关会计制度之外的法律法规的行为。违反法规行为具体涉及下列三个方面：①被审计单位从事的违反法规行为；②以被审计单位名义从事的违反法规行为。例如，控股股东以被审计单位名义从事的违反法规行为；③管理层或员工以被审计单位名义从事的违反法规行为，但不包括管理层和员工个人从事的、与被审计单位经营活动无关的不当行为。

7. 概括起来，被审计单位需要遵守以下两类不同的法律法规：

(1) 通常对决定财务报表中的重大金额和披露有直接影响的法律法规(如税收和企业年金方面的法律法规)。

(2) 对决定财务报表中的金额和披露没有直接影响的其他法律法规，但遵守这些法律法规(如遵守经营许可条件、监管机构对偿债能力的规定或环境保护要求)对被审计单位的经营活动、持续经营能力或避免大额罚款至关重要；违反这些法律法规，可能会对财务报表产生重大影响。

8. 针对前述被审计单位需要遵守的两类不同的法律法规，注册会计师应当承担不同的责任：

(1) 针对被审计单位需要遵守的第一类法律法规，注册会计师的责任是，就被审计单位遵守这些法律法规的规定获取充分、适当的审计证据。

(2) 针对被审计单位需要遵守的第二类法律法规，注册会计师的责任仅限于实施特定的审计程序，以有助于识别可能对财务报表产生重大影响的违反这些法律法规的行为。

9. 识别出违反法律法规行为相关的信息时，注册会计师应当：

(1) 了解违反法律法规行为的性质有其发生的环境。

(2) 获取进一步的信息，以评价对财务报表可能产生的影响，包括：①违反法律法规行为对财务报表产生的潜在财务后果，如受到罚款、处分、赔偿、封存财产、强制停业和诉讼等；②潜在财务后果是否需要列报；③潜在财务后果是否严重，以至对财务报表的公允反映产生怀疑或导致财务报表产生误导。

10. 怀疑被审计单位存在违反法律法规行为时，注册会计师应当：

(1) 如果治理层能够提供额外的审计证据，注册会计师可以与治理层讨论其发现。例如，对与可能导致违反法律法规的交易或事项相关的事实和情况，注册会计师可以证实治理层是否对此具有相同的理解。

(2) 如果管理层或治理层(如适用)不能向注册会计师提供充分的信息，证明被审计单位遵守了法律法规，注册会计师可以考虑向被审计单位内部或外部的法律顾问咨询有关法律法规在具体情况下的运用，包括舞弊的可能性以及对财务报表的影响。如果认为向被审计单位法律顾问咨询是适当的或不满意其提供的意见，注册会计师可以考虑向所在会计师事务所的法律顾问咨询，以确定被审计单位是否存在违反法律法规行为、可能导致的法律后果(包括舞弊的可能性)，以及可能采取的进一步行动。

课后思考与练习题答案

一、思考题

1. 舞弊是一个宽泛的法律概念，但在财务报表审计中，注册会计师关注的是导致财务报表发生重大错报的舞弊。与财务报表审计相关的故意错报，包括编制虚假财务报告导致的错报和侵占资产导致的错报。

(1) 编制虚假财务报告导致的错报。编制虚假财务报告涉及为欺骗财务报表使用者而作出的故意错报(包括对财务报表金额或披露的遗漏)。这可能是由于管理层通过操纵利润来影响财务报表使用者对被审计单位业绩和盈利能力的看法而造成的。此类利润操纵可能从一些小的行为，或对假设的不恰当调整和对管理层判断的不恰当改变开始。压力和动机可能使这些行为上升到编制虚假财务报告的程度。由于承受迎合市场预期的压力或追求以业绩为基础的个人报酬最大化，管理层可能故意通过编制存在重大错报的财务报表而导致虚假财务报告。在某些被审计单位，管理层可能有动机大幅降低利润以降低税负，或虚增利润以向银行融资。

管理层可能通过以下方式编制虚假财务报告：①对编制财务报表所依据的会计记录或支持性文件进行操纵、弄虚作假(包括伪造)篡改；②在财务报表中错误表达或故意漏记事项、交易或其他重要信息；③故意地错误使用与金额、分类、列报或披露相关的会计准则。

编制虚假财务报告通常涉及管理层凌驾于控制之上，而这些控制却看似有效运行。管理层通过凌驾于控制之上实施舞弊的手段主要包括：①编制虚假会计分录，特别是在临近会计期末时，从而操纵经营成果或实现其他目的；②不恰当地调整对账户余额作出估计时使用的假设和判断；③在财务报表中漏记、提前或推迟确认报告期内发生的事项和交易；④隐瞒或不予披露可能影响财务报表金额的事实；⑤构造复杂交易，以歪曲财务状况或经营成果；⑥篡改与重大和异常交易相关的记录和条款。

（2）侵占资产导致的错报。侵占资产包括盗窃被审计单位资产，通常的做法是员工盗窃金额相对较小且不重要的资产。侵占资产也可能涉及管理层，他们通常更能够通过难以发现的手段掩饰或隐瞒侵占资产的行为。侵占资产可以通过以下方式实现：①贪污收到的款项。例如，侵占收到的应收账款或将与已注销账户相关的收款转移至个人银行账户。②盗窃实物资产或无形资产。例如，盗窃存货以自用或出售、盗窃废料以再销售、通过向被审计单位竞争者泄露技术资料与其串通以获取回报。③使被审计单位对未收到的商品或未接受的劳务付款。例如，向虚构的供应商支付款项、供应商向采购人员提供回扣以作为其提高采购价格的回报、向虚构的员工支付工资。④将被审计单位资产挪为私用。例如，将被审计单位资产作为个人或关联方贷款的抵押。

2. 注册会计师对发现舞弊方面的责任可以从正反两个方面界定：

（1）一方面，在按照审计准则的规定执行审计工作时，注册会计师有责任对财务报表整体是否不存在由于舞弊或错误导致的重大错报获取合理保证。

编制虚假财务报告直接导致财务报表产生错报，侵占资产通常伴随着虚假或误导性的文件记录。因此，对能够导致财务报告产生重大错报的舞弊，注册会计师应当合理保证能够予以发现，这是实现财务报表审计目标的内在要求，也是财务报表审计的价值所在。审计准则还规定，在获取合理保证时，注册会计师有责任在整个审计过程中保持职业怀疑，考虑管理层凌驾于控制之上的可能性，并认识到对发现错误有效的审计程序未必对发现舞弊有效。

（2）另一方面，由于审计的固有限制，即使注册会计师按照审计准则的规定恰当计划和执行了审计工作，也不可避免地存在财务报表中的某些重大错报未被发现的风险。注册会计师不能对财务报表整体不存在重大错报获取绝对保证。

在舞弊导致错报的情况下，固有限制的潜在影响尤其重大。舞弊导致的重大错报未被发现的风险，大于错误导致的重大错报未被发现的风险。其原因是舞弊可能涉及精心策划和蓄意实施以进行隐瞒（如伪造证明或故意漏记交易），或者有意向注册会计师提供虚假陈述。如果涉及串通舞弊，注册会计师可能更加难以发现蓄意隐瞒的企图。串通舞弊可能导致原本虚假的审计证据被注册会计师误认为具有说服力。

管理层舞弊导致的重大错报未被发现的风险，通常大于员工舞弊导致的重大错报未被发现的风险。其原因是管理层往往可以利用职务之便，直接或间接操纵会计记录，提供虚假的财务信息，或凌驾于为防止其他员工实施类似舞弊而建立的控制之上。

因此，如果在完成审计工作后发现舞弊导致的财务报表重大错报，特别是串通舞弊或伪造文件记录导致的重大错报，并不必然表明注册会计师没有遵守审计准则。注册会计师是否按照审计准则的规定实施了审计工作，取决于其是否根据具体情况实施了审计程序，是否获取了充分、适当的审计证据，以及是否根据证据评价结果出具了恰当的审计报告。

3. 注册会计师在财务报表审计中考虑舞弊时，同样需要采用风险导向审计的总体思路，即首先识别和评估舞弊风险，然后采取恰当的措施有针对性地予以应对。注册会计师通常采用下列程序来识别和评估舞弊风险。

首先，询问。

(1) 询问对象。询问程序对于注册会计师获取信息、评估舞弊风险十分有用。注册会计师应当询问治理层、管理层、内部审计人员，以确定其是否知悉任何舞弊事实、舞弊嫌疑或舞弊指控。注册会计师通过询问管理层可以获取有关员工舞弊导致的财务报表重大错报风险的有用信息。然而，这种询问难以获取有关管理层舞弊导致的财务报表重大风险的有用信息。因此，注册会计师还应当询问被审计单位内部的其他相关人员，为这些人员提供机会，使他们能够向注册会计师传递一些信息，而这些信息是他们本身没有机会与其他人沟通的。注册会计师应当考虑向被审计单位内部的下列人员询问：①不直接参与财务报告过程的业务人员；②拥有不同级别权限的人员；③参与生成、处理或记录复杂或异常交易的人员及对其进行监督的人员；④内部法律顾问；⑤负责道德事务的主管人员或承担类似职责的人员；⑥负责处理舞弊指控的人员。

(2) 询问内容。注册会计师应当根据不同的询问对象，运用职业判断，确定询问内容。

在了解被审计单位及其环境时，注册会计师应当向管理层询问下列事项：①管理层对财务报表可能存在由于舞弊导致的重大错报风险的评估，包括评估的性质、范围和频率等；②管理层对舞弊风险的识别和应对过程，包括管理层识别出的或注意到的特定舞弊风险，或可能存在舞弊风险的各类交易、账户余额或披露；③管理层就其对舞弊风险的识别和应对过程向治理层的通报；④管理层就其经营理念和道德观念向员工的通报。

除非治理层全部成员参与管理被审计单位，注册会计师应当了解治理层如何监督管理层对舞弊风险的识别和应对过程，以及为降低舞弊风险而建立的内部控制；应当询问治理层，以确定其是否知悉任何影响被审计单位的舞弊事实、舞弊嫌疑或舞弊指控。治理层对这些询问的答复，还可在一定程度上作为管理层答复的佐证的信息。注册会计师可通过参加相关会议、阅读会议纪要或询问治理层等审计程序了解有关情况。

如果被审计单位设有内部审计，注册会计师应当询问内部审计人员，以确定其是否知悉任何影响被审计单位的舞弊事实、舞弊嫌疑或舞弊指控，并获取这些人员对舞弊风险的看法。

其次，实施分析程序。

注册会计师实施分析程序有助于识别异常的交易或事项，以及对财务报表和审计产生影响的金额、比率和趋势。在实施分析程序以了解被审计单位及其环境时，注册会计师应当评价在实施分析程序时识别出的异常或偏离预期的关系（包括与收入账户有关的关系），是否表明存在由于舞弊导致的重大错报风险。

再次，考虑其他信息。

注册会计师应当考虑获取的其他信息是否表明存在由于舞弊导致的重大错报风险。其他信息可能来源于项目组内部的讨论、客户承接或续约过程以及向被审计单位提供其他服务所获得的经验。

最后，组织项目组讨论。

项目组就由于舞弊导致财务报表发生重大错报的可能性进行的讨论可以达到以下目的：

（1）具有较多经验的项目组成员有机会与其他成员分享关于财务报表易于发生由于舞弊导致的重大错报的方式和领域的见解。

（2）针对财务报表易于发生由于舞弊导致的重大错报的方式和领域考虑适当的应对措施，并确定分派哪些项目组成员实施特定的审计程序。

（3）确定如何在项目组成员中共享实施审计程序的结果，以及如何处理可能引起注册会计师注意的舞弊指控。

项目组内部讨论的内容可能包括：

（1）项目组成员认为财务报表易于发生由于舞弊导致的重大错报的方式和领域、管理层可能编制和隐瞒虚假财务报告的方式以及侵占资产的方式等。

（2）可能表明管理层操纵利润的迹象，以及管理层可能采取的导致虚假财务报告的利润操纵手段。

（3）已知悉的对被审计单位产生影响的外部和内部因素，这些因素可能产生动机或压力使管理层或其他人员实施舞弊、可能提供实施舞弊的机会、可能表明存在为舞弊行为寻找借口的文化或环境。

（4）对接触现金或其他易被侵占资产的员工，管理层对其实施监督的情况。

（5）注意到的管理层或员工在行为或生活方式方法上出现的异常或无法解释

的变化。

(6) 强调在整个审计过程中对由于舞弊导致重大错报的可能性保持适当关注的重要性。

(7) 遇到的哪些情形可能表明存在舞弊。

(8) 如何在拟实施审计程序的性质、时间安排和范围中增加不可预见性。

(9) 为应对由于舞弊导致财务报表发生重大错报的可能性选择实施的审计程序,以及特定类型的审计程序是否比其他审计程序更为有效。

(10) 注册会计师注意到舞弊指控。

(11) 管理层凌驾于控制之上的风险。

4. 注册会计师应当考虑通过下列方式,应对舞弊导致的认定层次重大错报风险:

(1) 改变拟实施审计程序的性质,以获取更为可靠、相关的审计证据,或获取其他佐证性信息,包括更加重视实地观察或检查,在实施函证程序时改变常规函证内容,询问被审计单位的非财务人员等。

(2) 改变实质性程序的时间,包括在期末或接近期末实施实质性程序,或针对本期较早时间发生的交易事项或贯穿于本会计期间的交易事项实施测试。

(3) 改变审计程序的范围,包括扩大样本规模、采用更详细的数据实施分析程序等。

5. 管理层凌驾于控制之上的风险属于特别风险。无论对管理层凌驾于控制之上的风险评估结果如何,注册会计师都应当设计和实施审计程序,用以:

(1) 测试日常会计核算过程中编制的会计分录以及编制财务报表过程中作出的其他调整是否适当。在设计和实施审计程序,以测试日常会计核算过程中编制的会计分录以及编制财务报表过程中作出的其他调整是否适当时,注册会计师应当:①向参与财务报告过程的人员询问与处理会计分录和其他调整相关的不恰当或异常的活动;②选择在报告期末编制的会计分录和其他调整;③考虑是否有必要测试整个会计期间的会计分录和其他调整。

(2) 复核会计估计是否存在偏向,并评价产生这种偏向的环境是否表明存在由于舞弊导致的重大错报风险。在复核会计估计是否存在偏向时,注册会计师应当:①评价管理层在作出会计估计时所作出的判断和决策是否反映出管理层的某种偏向(即使判断和决策单独看起来是合理的),从而可能表明存在由于舞弊导致的重大错报风险。如果存在偏向,注册会计师应当从整体上重新评价会计估计。②追溯复核与以前年度财务报表反映的重大会计估计相关的管理层判断和假设。

(3) 对于超出被审计单位正常经营过程的重大交易,或基于对被审计单位及其环境的了解以及在审计过程中获取的其他信息而显得异常的重大交易,评价其商业理由(或缺乏商业理由)是否表明被审计单位从事交易的目的是对财务信息作出虚假报告或掩盖侵占资产的行为。

以下迹象可能表明被审计单位从事超出其正常经营过程的重大交易或虽然未超出其正常经营过程,但显得异常的重大交易。从事这些交易的目的可能是为了对财务信息作出的虚假报告或掩盖侵占资产的行为:①交易的形式显得过于复杂(例如,交易涉及集团内部多个实体,或涉及多个非关联的第三方);②管理层未与治理层就此类交易的性质和会计处理进行过讨论,且缺乏充分的记录;③管理层更强调采用某种特定的会计处理的需要,而不是交易的经济实质;④对于涉及不纳入合并范围的关联方(包括特殊目的实体)的交易,治理层未进行适当的审核与批准;⑤交易涉及以往未识别出的关联方,或涉及在没有被审计单位帮助的情况下不具备物质基础或财务能力完成交易的第三方。

6. 首先,识别出违反法律法规行为相关的信息时,注册会计师应当:

(1) 了解违反法律法规行为的性质有其发生的环境。

(2) 获取进一步的信息,以评价对财务报表可能产生的影响,包括:①违反法律法规行为对财务报表产生的潜在财务后果,如受到罚款、处分、赔偿、封存财产、强制停业和诉讼等;②潜在财务后果是否需要列报;③潜在财务后果是否严重,以至对财务报表的公允反映产生怀疑或导致财务报表产生误导。

其次,怀疑被审计单位存在违反法律法规行为时,注册会计师应当:

(1) 如果治理层能够提供额外的审计证据,注册会计师可以与治理层讨论其发现。例如,对与可能导致违反法律法规的交易或事项相关的事实和情况,注册会计师可以证实治理层是否对此具有相同的理解。

(2) 如果管理层或治理层(如适用)不能向注册会计师提供充分的信息,证明被审计单位遵守了法律法规,注册会计师可以考虑向被审计单位内部或外部的法律顾问咨询有关法律法规在具体情况下的运用,包括舞弊的可能性以及对财务报表的影响。如果认为向被审计单位法律顾问咨询是适当的或不满意其提供的意见,注册会计师可以考虑向所在会计师事务所的法律顾问咨询,以确定被审计单位是否存在违反法律法规行为、可能导致的法律后果(包括舞弊的可能性),以及可能采取的进一步行动。

二、选择题

1	2	3	4	5
BCD	ABCD	ACD	B	A

三、案例分析题

与编制虚假财务报告导致的错报相关			与侵占资产导致的错报相关		
动机或压力	机会	态度或借口	动机或压力	机会	态度或借口
(1)(7)	(4)(6)	(5)(12)	(2)(8)	(10)(11)	(3)(9)

自测题

一、单项选择题

1. 下列各项中,不属于舞弊风险因素的是(　　)。
   A. 动机或压力　　B. 机会
   C. 舞弊者交代舞弊过程　　D. 借口

2. 针对财务报表层次舞弊风险的总体应对措施,注册会计师认为不恰当的是(　　)。
   A. 分派特定的知识和技能的人员并对其督导
   B. 考虑被审计单位采用的会计政策
   C. 实施风险评估程序
   D. 设计不为被审计单位预见或事先了解的审计程序

3. 下列关于注册会计师和被审计单位对违反法规行为责任的说法中,不正确的是(　　)。
   A. 注册会计师不应当、也不能对防止被审计单位违反法规行为负责
   B. 防止和发现被审计单位的违反法规行为是管理层的责任,注册会计师没有责任关注被审计单位违反法规行为
   C. 财务报表定期审计制度会对被审计单位的违反法规行为起到一定的威慑作用
   D. 遏制违反法规行为有赖于管理层制定和实施有效的控制政策和程序

4. 下列关于注册会计师对其注意到的违反法规行为沟通事项的表述中,不恰当的是(　　)。
   A. 如果认为违反法规行为是故意和重大的,注册会计师应当就发现的情况立即与管理层沟通
   B. 如果认为违反法规行为是故意和重大的,注册会计师应当就发现的情况立即与治理层沟通
   C. 如果怀疑违反法规行为涉及高级管理人员,注册会计师应当向被审计单位

内部的审计委员会或监事会等更高层次的机构报告

D. 如果注册会计师难以确定向谁报告违反法规行为时应当考虑征询法律意见

5. 如果认为违反法规行为对财务报表有重大影响，且未能在财务报表中得到恰当反映，注册会计师应当出具的审计报告中恰当的是（　　）。

A. 保留意见　　B. 保留意见或否定意见

C. 无法表示意见　　D. 否定意见

6. 对及时发现并纠正被审计单位错误与舞弊负有主要责任的人员，应是（　　）。

A. 注册会计师　　B. 政府审计人员

C. 国家税务稽查人员　　D. 被审计单位管理层

7. 有关财务报表审计中对舞弊的考虑，下列说法中不正确的是（　　）。

A. 小型被审计单位拥有的员工通常较少，限制了其职责分离的程度，被审计单位管理层凌驾于内部控制之上的可能性较大，因而注册会计师无须了解小型被审计单位的内部控制

B. 注册会计师应当假定被审计单位在收入确认方面存在舞弊风险，并应当考虑哪些收入类别以及与收入有关的交易或认定可能导致舞弊风险

C. 了解被审计单位对业绩衡量和评价的最重要的目的是考虑是否存在舞弊风险

D. 当识别和评估舞弊导致的重大错报风险时，注册会计师应当假定被审计单位在收入确认方面存在舞弊风险

8. 在应对舞弊导致的重大错报风险时，注册会计师常常需要与被审计单位的相关人员沟通。以下有关此类沟通的说法中，正确的是（　　）。

A. 如果认为被审计单位的风险评估过程存在重大缺陷，注册会计师应当就此类内部控制缺陷与管理层沟通

B. 如果注册会计师注意到的可能表明管理层对财务信息作出虚假报告的行为，应当尽早告知适当层次的管理层

C. 通常情况下，拟沟通的管理层应当比涉嫌舞弊人员至少高出一个级别

D. 如果发现在内部控制中承担重要职责的员工以及其舞弊行为可能对财务报表产生重大影响的其他人员，注册会计师应当尽早将此类事项与管理层沟通

9. 下列与对财务信息作出虚假报告相关的舞弊风险因素中，不属于舞弊的“机会”因素的是（　　）。

A. 管理层为满足外部预期或要求而承受过度的压力

B. 内部控制存在缺陷

C. 被审计单位所从事业务或所处行业的性质提供了对财务信息作出虚假报告的机会

D. 对管理层的监督失败

10. 注册会计师应当针对评估的舞弊导致的财务报表层次重大错报风险确定总体应对措施，其中不恰当的有（　　）。

A. 在选择进一步审计程序的性质、时间和范围时，应当注意使某些程序不为被审计单位预见或事先了解

B. 考虑被审计单位采用的会计政策

C. 实施风险评估程序

D. 考虑人员的适当分派和督导

二、多项选择题

1. 下列关于违反法规行为的理解不恰当的有（　　）。

A. 违反法规行为是指被审计单位有意或无意地违反法律法规的行为

B. 被审计单位如果违反法律法规就会对财务报表造成影响

C. 管理层或员工个人从事的违反法规行为对财务报表都会产生重大影响

D. 注册会计师应当充分关注被审计单位违反法规行为可能对财务报表产生的重大影响

2. 注册会计师发现可能存在违反法规行为时作出的下列处理中，正确的有（　　）。

A. 注册会计师应实施相应的审计程序发现所有违反法规行为

B. 如果违反法规行为涉及故意隐瞒的行为，则违反法规行为将导致更高的财务报表重大错报风险

C. 如果注册会计师发现有充分的证据表明被审计单位存在违反法规行为时则应实施适当的审计程序

D. 如果被审计单位存在违反法规行为且没有采取注册会计师认为必要的补救措施，则注册会计师应当出具无法表示意见的审计报告

3. 在应对舞弊导致的重大错报风险时，注册会计师需要采取下列措施以增加审计程序的不可预见性（　　）。

A. 对于风险程度较低而平时不会作出测试的账户余额实施实质性程序

B. 调整审计程序的实施时间，使之有别于预期的时间安排

C. 运用不同的抽样方法，以便考查结果的稳定性

D. 对处于不同地理位置的多个组成部分实施审计程序

4. 注册会计师应当了解管理层通过凌驾于控制之上实施舞弊的手段主要包

括（　　）。

A. 滥用或随意变更会计政策

B. 不恰当地调整会计估计所依据的假设及改变原先作出的判断

C. 篡改与重大或异常交易相关的会计记录和交易条款

D. 故意漏记、提前确认或推迟确认报告期间发生的交易或事项

5. 如果注册会计师发现涉及较高级别的管理层舞弊，则应当采取的措施有（　　）。

A. 重新考虑此前获取的审计证据的可靠性

B. 重新评估舞弊导致的重大错报风险，并考虑重新评估的结果对审计程序的性质、时间和范围的影响

C. 重新评估舞弊导致的检查风险

D. 重新考虑错报涉及的人员在被审计单位中的职位

6. 注册会计师应当（　　），以获取用于识别舞弊导致的财务报表重大错报风险所需的信息。

A. 询问被审计单位的管理层、治理层以及内部的其他相关人员，以了解管理层针对舞弊风险设计的内部控制，以及治理层如何监督管理层对舞弊风险的识别和应对过程

B. 考虑是否存在舞弊风险因素

C. 考虑在实施分析程序时发现的异常关系或偏离预期的关系

D. 考虑有助于识别舞弊导致的重大错报风险的其他信息

7. 在运用职业判断评估舞弊导致的重大错报风险时，注册会计师应当考虑（　　）。

A. 将识别的风险与认定层次可能发生错报的领域相联系

B. 实施风险评估程序获取的信息，并考虑各类交易、账户余额、列报，以识别舞弊风险

C. 识别的风险是否重大

D. 识别的风险导致财务报表发生重大错报的可能性

8. 在了解被审计单位及其环境时，下列属于注册会计师应当向管理层询问的有（　　）。

A. 管理层对舞弊导致的财务报表重大错报风险的评估

B. 管理层对舞弊风险的识别和应对过程

C. 管理层就其对舞弊风险的识别和应对过程与治理层沟通的情况

D. 管理层就其经营理念及道德观念与员工沟通的情况

9. 下列说法中，不正确的有（　　）。

A. 在审查被审计单位的销售业务时，如果注意到被审计单位治理层为管理层设定了过高的销售业绩或利润指标，注册会计师应当怀疑该客户发生侵占资产的舞弊风险较高

B. 鉴于对被审计单位管理方面的进一步改善，注册会计师对管理层实施的财务报表错报风险评估及相关控制评估的性质、范围和频率的疑虑应当及时与管理层进行沟通，以及时采取应对措施予以更正

C. 如果公司管理层能够凌驾于内部控制之上，可以随意操纵会计记录使得舞弊者具有了舞弊的借口，会增加舞弊导致的重大错报风险

D. 在抽查甲公司的工资费用时，注册会计师发现该公司维修车间负责人在被检查的一位已辞职回家的职员领取了本月工资。经查这笔工资属于冒名顶替。注册会计师将此事项记录在工作底稿中并报告给相关负责人之后结束了对工资项目的审查

10. 为防止和发现违反法规行为，管理层执行的政策和程序包括（　　）。

A. 了解相关法律法规，确保设计的经营程序符合法律法规的规定

B. 建议和实施适当的内部控制

C. 确保员工经过适当的培训，了解各项行为规范

D. 汇集必须遵守的法律法规，保存被投诉的记录

三、判断题

1. 注册会计师了解被审计单位对业绩衡量和评价的最重要的目的是识别被审计单位是否存在舞弊风险。（　　）

2. 针对被审计单位管理层凌驾于控制之上的风险，注册会计师应扩大实质性程序的范围。（　　）

3. 舞弊过程属于舞弊风险因素。（　　）

4. 如果评估的舞弊风险为高水平，应当在期末或者接近期末实施审计程序。（　　）

5. 注册会计师实施舞弊风险评估程序的目的在于查出所有舞弊事实。（　　）

6. 防止和发现违反法律法规行为是管理层的责任，注册会计师没有责任关注违反法律法规行为。（　　）

7. 如果认为违反法律法规行为是故意和重大的，注册会计师应当就发现的情况立即与管理层沟通。（　　）

8. 如果识别出的舞弊或已获取的信息表明可能存在舞弊，即使存在舞弊的事项可能不重要，也应当及时提请管理层或治理层关注。（　　）

9. 注册会计师如果发现被审计单位收入确认存在舞弊风险，则应当考虑哪些收

入类别以及与收入有关的交易或认定可能导致舞弊风险。（　　）

10. 针对小型被审计单位职责分离的程度较差以及管理层凌驾于内部控制之上的可能性较大，注册会计师无须了解小型被审计单位的内部控制。（　　）

自测题答案

一、单项选择题

1	2	3	4	5	6	7	8	9	10
C	C	B	A	B	D	A	C	A	C

二、多项选择题

1	2	3	4	5	6	7	8	9	10
ABC	BC	ABCD	ABCD	AB	ABCD	ABCD	ABCD	ABCD	ABCD

三、判断题

1	2	3	4	5	6	7	8	9	10
√	×	×	√	×	×	×	√	√	×

第十四章　完成审计工作

本章要点

本章主要介绍审计完成阶段的工作，包括审计差异调整表和试算平衡表的编制、三级复核制度及书面声明。

1. 审计差异：审计项目组成员在审计中发现的被审计单位的会计处理方法与企业会计准则的不一致称为审计差异。审计项目经理应根据审计重要性原则予以初步确定并汇总，并建议被审计单位进行调整，使经审计的财务报表所载的信息能够公允地反映被审计单位的财务状况、经营成果和现金流量。

2. 对审计差异的“初步确定并汇总”直至形成“经审计的财务报表”的过程，主要是通过编制审计差异调整表和试算平衡表完成的。

审计差异内容按是否需要调整账户记录可分为核算错误和重分类错误。核算错误是因企业对经济业务进行了不正确的会计核算而引起的错误；重分类错误是因企业未按企业会计准则列报财务报表而引起的错误。

试算平衡表是注册会计师在被审计单位提供未审财务报表的基础上，考虑账项调整分录、重分类调整分录等内容以确定已审数与报表披露数的表式。在编制完试算平衡表后，应注意核对相应的勾稽关系。

3. 评价审计结果：一是对重要性和审计风险进行最终的评价；二是对被审计单位已审计的财务报表形成审计意见并草拟审计报告。

4. 与治理层沟通的内容：注册会计师应当与治理层沟通注册会计师与财务报表审计相关的责任；注册会计师应当与治理层沟通计划的审计范围和时间安排的总体情况；注册会计师应当与治理层沟通审计工作中发现的问题；审计师独立性。

5. 会计师事务所对审计工作底稿的复核可以分为两个层次：项目组内部复核和独立的项目质量控制复核。

项目组内部复核又分为以下两个层次：审计项目经理的现场复核，审计项目经理在审计过程进行中对工作底稿的复核属于第一层复核，这层复核主要是评价已完成的审计工作、所获得的证据和工作底稿编制人员形成的结论；项目合伙人的复核，该复核既是对审计项目经理复核的再监督，也是对重要审计事项的重点把关。

项目质量控制复核是指审计机构挑选不参与该业务的人员，在出具报告前，对项目组作出的重大判断和在准备报告时形成的结论作出客观评价的过程。项目质量控制复核也称独立复核。

6. 项目质量控制复核与项目组内部复核在内容和目的等方面具有一定的相似性，但存在以下主要区别。

(1) 复核主体不同。项目组内部复核是项目组内部进行的复核(包括项目负责人亲自实施的复核)，而项目质量复核则是注册会计师指派不参与该业务的人员，独立的对特定审计业务实施的复核。后者的独立性和客观性明显更高。

(2) 复核对象不同。对每项审计业务，项目组都应当实施项目组内部复核，而会计师事务所只对特定审计业务才独立实施项目组质量复核。

(3) 复核要求不同。项目组对每项业务实施的复核比较详细具体。会计师事务所针对特定业务实施的项目质量复核应当突出重点，包括客观评价项目组作出的重大判断和在准备审计报告时得出的审计结论。

7. 书面声明是指管理层向注册会计师提供的书面陈述，用以确认某些事项或支持其他审计证据。书面声明不包括财务报表及其认定，以及支持性账簿和相关记录。尽管书面声明提供必要的审计证据，但其本身并不为所涉及的任何事项提供充分、适当的审计证据。而且，管理层已提供可靠书面声明的事实，并不影响注册会计师就管理层责任履行情况或具体认定获取的其他审计证据的性质和范围。

8. 针对管理层责任的书面声明，应该包括两个方面的内容：针对财务报表的编制，注册会计师应当要求管理层提供书面声明，确认其根据审计业务约定条款，履行了按照适用的财务报告编制基础编制财务报表并使其实现公允反映(如适用)的责任；针对提供的信息和交易的完整性，注册会计师应当要求管理层按照审计业务约定条款，向注册会计师提供所有相关信息，并允许注册会计师不受限制地接触所有相关信息以及被审计单位内部人员和其他相关人员，所有交易均已记录并反映在财务报表中。

9. 如果管理层不提供要求的一项或多项书面声明，注册会计师应当：与管理层讨论该事项；重新评价管理层的诚信，并评价该事项对书面或口头声明和审计证据总体的可靠性可能产生的影响；采取适当措施，确定该事项对审计意见可能产生的影响。

课后思考与练习题答案

一、思考题

1. 审计完成阶段是审计的最后一个阶段，在该阶段中，注册会计师会进行更具综合性的审计工作，如审计特殊项目、汇总审计差异、复核审计工作底稿和财务报表，在此基础上，评价审计结果，在与客户沟通以后，获取管理层声明，确定应出具审计报告的意见类型和措辞，进而编制并致送审计报告，完成审计工作。

2. 运用分析程序主要目的在于强调并解释财务报表项目自上个会计期间以来发生的重大变化，以确定经审计调整后的财务报表整体是否与注册会计师对被审计单位及其环境的了解一致、是否具有合理性。

3. 在完成审计工作阶段，审计人员应当就与财务报表审计相关且根据职业判断认为与治理层责任相关的重大事项，以适当的方式及时与治理层沟通。

双向的沟通有助于：第一，注册会计师和治理层了解与审计相关的背景事项，并建立建设性的工作关系；在建立这种关系时，注册会计师需要保持独立性和客观性；第二，注册会计师向治理层获取与审计相关的信息。例如，治理层可以帮助注册会计师了解被审计单位及其环境，确定审计证据的适当来源，以及提供有关具体交易或事项的信息；第三，治理层履行其对财务报告过程的监督责任，从而降低财务报表重大错报风险。

4. 项目质量控制复核与项目组内部复核在内容和目的等方面具有一定的相似性，但存在以下主要区别：

(1) 复核主体不同。项目组内部复核是项目组内部进行的复核（包括项目负责人亲自实施的复核），而项目质量复核则是注册会计师指派不参与该业务的人员，独立的对特定审计业务实施的复核。后者的独立性和客观性明显更高。

(2) 复核对象不同。对每项审计业务，项目组都应当实施项目组内部复核，而会计师事务所只对特定审计业务才独立实施项目组质量复核。

(3) 复核要求不同。项目组对每项业务实施的复核比较详细具体。会计师事务所针对特定业务实施的项目质量复核应当突出重点，包括客观评价项目组作出的重大判断和在准备审计报告时得出的审计结论。

二、选择题

1	2	3	4	5	6
ABD	C	ABCD	D	BC	D

三、案例分析题

此项销售收入不应确认。应属于委托加工业务，如果确认收入，则会导致收入虚增，销项税额多计。调整分录如下（单位：万元）：

借：营业收入	1 000	
应交税金——应交增值税（销项税额）	170	
贷：应交税金——应交增值税（进项税额）		170
存货		100
营业成本		900

自测题

一、单项选择题

1. 以下复核制度独立性最强的是（　　）。
   A. 项目经理的现场复核
   B. 项目合伙人的复核
   C. 独立的质量控制复核
   D. 项目经理的重点复核

2. 注册会计师 2016 年 1 月 28 日在审计时，获悉 W 公司起诉甲公司产品质量案判决，法院一审判决甲公司赔偿 W 公司 100 万元的经济损失。甲公司和 W 公司均表示不再上诉。2 月 1 日，甲公司向 W 公司支付上述赔偿款，但甲公司未对该事项进行处理。该诉讼案系甲公司 2015 年 9 月销售给 W 公司的 X 电子设备，在使用过程中发生爆炸造成财产损失所引起的。W 公司通过法律程序要求甲公司赔偿部分损失。2015 年 12 月 31 日，该诉讼案件尚未作出判决。甲公司估计很可能赔偿 W 公司 80 万元的损失，并据此在 2015 年 12 月 31 日确认 80 万元的预计负债。注册会计师应当提出的调整建议是（　　）。

A. 借：营业外支出	20	
贷：预计负债		20
借：预计负债	100	
贷：银行存款		100
B. 借：以前年度损益调整——营业外支出	20	
贷：预计负债		20
借：预计负债	100	
贷：其他应付款		100

C. 借：以前年度损益调整——营业外支出 20
　　贷：预计负债 20
　借：预计负债 100
　　贷：其他应付款 100
　借：其他应付款 100
　　贷：银行存款 100
D. 借：营业外支出 20
　　预计负债 80
　　贷：其他应付款 100

3. 下列书面文件中，注册会计师认为可以作为书面声明的是（　　）。

A. 董事会会议纪要
B. 财务报表副本
C. 注册会计师列示管理层负责并经公司管理层确认的信函
D. 内部法律顾问出具的法律意见书

4. 关于管理层的书面声明，下列有关说法正确的是（　　）。

A. 书面声明，是指管理层向注册会计师提供的书面陈述，用以确认某些事项或支持其他审计证据。书面声明通常也可以包括财务报表及其认定，以及支持性账簿和相关记录
B. 书面声明可以提供必要的审计证据，特别是针对管理层的判断或意图等事项，所以其本身可以为所涉及的财务报表的特定认定提供充分、适当的审计证据
C. 如果未从管理层获取其确认已履行的责任，注册会计师也可以通过在审计过程中获取其他有关管理层已履行这些责任的充分、适当的审计证据
D. 在管理层签署书面声明前，注册会计师不能发表审计意见，也不能签署审计报告

5. 下列有关完成审计工作的相关表述中，正确的是（　　）。

A. 对审计中发现的核算错误，正确编制审计差异调整表的关键是如何运用审计实质重于形式的原则来划分建议调整的不符事项与未调整不符事项
B. 对审计中发现的核算错误，正确编制审计差异调整表的关键是如何运用审计重要性原则来划分建议调整的不符事项与未调整不符事项
C. 项目负责经理对审计工作底稿的全面复核主要是对重要审计事项的重点把关
D. 对于单笔核算错误大大低于所涉及财务报表项目（或账项）层次重要性水平，并且性质不重要的，注册会计师直接将其视为未调整不符事项

6. 下列有关获取书面声明的说法中,不正确的是( )。
   A. 书面声明属于来自被审计单位内部的证据,证明力较弱
   B. 对获取的管理层对重大事项的声明,注册会计师在必要时,应将对声明事项的重要性的理解告知管理层
   C. 书面声明的日期应为财务报表公布日
   D. 注册会计师不应以管理层声明替代能够合理预期获取的其他审计证据
7. 如果注册会计师对管理层的诚信产生重大疑虑,以至于认为其作出的书面声明不可靠,注册会计师应当( )。
   A. 与管理层讨论该事项
   B. 修改进一步审计程序的性质、时间安排和范围
   C. 对财务报表出具无法表示意见的审计报告
   D. 对财务报表出具保留意见的审计报告
8. A注册会计师要求甲公司提供承担财务报表编制责任的书面声明,但是甲公司表示财务报表是上任的财务总监负责编制的,由于上任财务总监已经离职,所以现任公司管理层对于该报表不承担编制责任,拒绝提供相应的书面声明,但是愿意签署经过审计的财务报表。则注册会计师的做法正确的是( )。
   A. 应当将其视为审计范围受到限制,出具保留意见或否定意见的审计报告
   B. 应当解除业务约定
   C. 应当将其视为审计范围受到限制,出具保留意见或无法表示意见的审计报告
   D. 应当通知甲公司治理层,由治理层提供必要的声明
9. 下列有关审计工作底稿复核的表述中,正确的是( )。
   A. 对审计工作底稿的复核可分为两个层次,包括项目组内部复核和项目合伙人的质量控制复核
   B. 项目质量控制复核要在出具报告后60天完成
   C. 审计项目经理对审计工作底稿的复核是最详细的复核
   D. 独立的项目质量控制复核可减轻项目组的责任,消除妨碍注册会计师判断的偏见
10. 项目质量控制复核是指在出具报告前,对项目组作出的重大判断和在准备报告时形成的结论作出客观评价的过程,以下对项目质量控制复核的表述不恰当的是( )。
   A. 严格保持整体审计工作质量的一致性,确认该审计工作已达到会计师事务所的工作标准
   B. 可以确保审计意见的恰当性,消除审计风险,作出符合事实的审计结论

C. 实施对审计工作结果的最后质量控制，能避免对重大审计问题的遗留或对具体审计工作理解不透彻等情况，从而形成与审计工作结果相一致的审计意见

D. 可以消除妨碍注册会计师正确判断的偏见，作出符合事实的审计结论

二、多项选择题

1. 审计差异按是否需要调整账户记录可分为(　　)。

A. 故意错误　　B. 重分类错误

C. 核算错误　　D. 无意错误

2. 会计师事务所通常采用的项目质量控制复核方法包括(　　)。

A. 与项目负责人进行讨论

B. 复核财务报表或其他业务对象信息及报告，尤其考虑报告是否适当

C. 选取与项目组作出重大判断及形成结论有关的工作底稿进行复核

D. 复核有关处理和解决重大疑难问题或争议事项形成的工作底稿

3. 在完成审计工作阶段，注册会计师需要评价审计结果，主要是为了确定将要发表的审计意见的类型以及在整个审计工作中是否遵循了审计准则，此阶段注册会计师必须完成的两项工作有(　　)。

A. 对被审计单位已审计财务报表形成审计意见并草拟审计报告

B. 实施控制测试

C. 修改审计计划阶段确定的财务报表层次重要性水平

D. 对重要性和审计风险进行最终的评价

4. 注册会计师应当与治理层沟通审计工作中发现的下列问题(　　)。

A. 注册会计师对被审计单位会计实务(包括会计政策、会计估计和财务报表披露)重大方面的质量的看法

B. 审计工作中遇到的重大困难

C. 已与管理层讨论或需要书面沟通的、审计中出现的重大事项，以及注册会计师要求提供的书面声明，除非治理层全部成员参与管理被审计单位

D. 审计中出现的、根据职业判断认为对监督财务报告过程重大的其他事项

5. 在项目组内部复核中，最高级别的复核执行人员不是(　　)。

A. 项目经理　　B. 项目合伙人

C. 项目经理　　D. 主任会计师

6. 在出具审计报告之前对审计工作底稿进行独立复核的意义包括(　　)。

A. 对审计工作结果实施最后的质量控制

B. 及时发现和解决问题，争取审计工作的主动

C. 确认审计工作已达到会计师事务所的工作标准

D. 消除妨碍注册会计师判断的偏见

7. 关于项目质量控制复核人员客观性的保持，以下政策可行的有（　　）。

A. 如果可行，不由项目合伙人挑选

B. 在复核期间不以其他方式参与该业务

C. 不代替项目组进行决策

D. 确保不存在可能损害复核人员客观性的其他情形

三、案例分析题

W会计师事务所接受委托，负责审计上市公司M公司2016年度账务报表，并委派A注册会计师担任审计项目合伙人。在制订审计计划时，A注册会计师根据其审计M公司的多年经验，认为M公司2016年度财务报表不存在重大错报风险，应当直接实施进一步审计程序。在审计过程中，A注册会计师要求项目组成员之间相互复核工作底稿，并委派其所在业务部的B注册会计师负责M公司项目质量控制复核。项目组内部在某项重大问题上存在分歧，经主任会计师批准，A注册会计师出具了审计报告。在审计报告出具后，B注册会计师随机选取若干份工作底稿进行了复核，没有发现重大问题。

要求：针对上述情形，指出存在哪些可能违反审计准则和质量控制准则的情况，并简要说明理由。

自测题答案

一、单项选择题

1	2	3	4	5	6	7	8	9	10
C	D	C	D	B	C	C	C	C	B

二、多项选择题

1	2	3	4	5	6	7
BC	ABCD	AD	ABCD	ACD	ACD	ABCD

三、案例分析题

（1）未实施风险评估程序不符合规定。依据审计准则规定，A注册会计师应了解M公司及其环境，实施风险评估程序。

（2）项目组成员之间相互复核不符合规定。依据质量控制准则规定，应由项目组内经验较多人员复核经验较少人员的工作。

(3) 项目质量控制复核人员的委派不符合规定。依据质量控制准则规定，项目质量控制复核人员应由会计师事务所委派，不应由审计项目合伙人委派。

(4) 重大问题分歧未得到解决就出具审计报告不符合规定。依据质量控制准则规定，只有在项目组内部分歧解决以后才能出具审计报告。

(5) 项目质量控制复核时间不符合规定。依据质量控制准则规定，项目质量控制复核应在审计报告日或审计报告日前完成。

(6) 项目质量控制复核范围不符合规定。依据质量控制准则规定，项目质量控制复核人员应选取与项目组作出重大判断和得出的结论相关的业务工作底稿。

第十五章　审 计 报 告

本章要点

本章主要讲了审计报告的概述、审计报告的内容与格式、审计报告的类型及其决策。

1. 审计报告是指注册会计师根据注册会计师审计准则的规定，在执行审计工作的基础上，对被审计单位财务报表发表审计意见的书面文件。它是注册会计师在完成审计工作后向委托人提交的最终产品。

2. 审计报告的种类。按审计报告使用的目的不同分类：公布目的审计报告和非公布目的审计报告；按审计报告的详略程度不同分类：简式审计报告和详式审计报告；按审计报告的撰写主体不同分类：国家审计报告、内部审计报告和注册会计师审计报告；按审计意见的类型不同分类：标准审计报告、带强调事项段的无保留意见的审计报告、保留意见的审计报告、否定意见的审计报告、无法表示意见的审计报告。

3. 注册会计师签发的审计报告，主要具有鉴证、保护和证明三方面的作用。

4. 审计报告应当包括下列要素：①标题；②收件人；③审计意见；④形成审计意见的基础；⑤管理层对财务报表的责任；⑥注册会计师对财务报表审计的责任；⑦按照相关法律法规的要求报告的事项（如适用）；⑧注册会计师的签名和盖章；⑨会计师事务所的名称、地址和盖章；⑩报告日期。

5. 审计报告分为标准审计报告和非标准审计报告。标准审计报告是指不含有说明段、强调事项段、其他事项段和其他任何修饰性用语的无保留意见的审计报告，非标准审计报告是指带强调事项段或其他事项段的无保留意见的审计报告和非无保留意见审计报告。

6. 带强调事项段的无保留意见的审计报告：注册会计师发表无保留意见，但需要附加说明段、强调事项段或一些修饰性用语时所出具的审计报告。

7. 保留意见是指注册会计师对财务报表的反映有所保留的审计意见。注册会计师认为被审计单位财务报表总体是公允的，但对某些事项有所保留，且这些保留事项不足以影响对财务报表总体意见的表述。

8. 否定意见表明被审计单位财务报表整体没有按照企业会计准则和企业会计制度的规定，公允地反映被审计单位的财务状况、经营成果和现金流量。

9. 无法表示意见表明审计范围受到限制可能产生的影响非常重大和广泛，注册会计师不能获取充分、适当的审计证据，以至无法对财务报表是否公允反映形成审计意见。

10. 选择审计报告意见类型的决策步骤：①确定是否存在需要偏离“标准审计报告”的任何情况。②决定每个情况的重要性程度。③根据偏离情况的重要性程度，决定适当的审计意见类型和审计报告类型。

11. 重要性水平是考虑审计报告类型的主要因素。重要性水平取决于在具体环境下对错报金额和性质的判断，如果一项错报单独或连同其他错报可能影响财务报表使用者依据财务报表作出的经济决策，则该错报是重大的。因此，确定重要性程度时应当考虑错报金额和性质两个方面。同时，当审计范围受到限制时，还需要考虑审计范围受到限制的程度。重要性水平和审计报告类型之间的关系如表15-1 所示：

表 15-1 **重要性水平和审计报告类型之间的关系**

重要性水平	从正常使用者的决策角度考察重要性水平	审计报告类型
不重要	不影响财务报表使用者的决策，且无强调事项	标准审计报告
	不影响财务报表使用者的决策，但有强调事项	带强调事项段的无保留意见的审计报告
重要	在某些方面影响财务报表使用者的决策，但就财务报表整体而言是公允的	保留意见的审计报告
重要且广泛	由于错报全面影响财务报表使用者的决策	否定意见的审计报告
	由于审计范围受到限制全面影响财务报表使用者的决策	无法表示意见的审计报告

课后思考与练习题答案

一、思考题

1. 审计报告是指注册会计师根据注册会计师审计准则的规定，在执行审计工作的基础上，对被审计单位财务报表发表审计意见的书面文件。它是注册会计师在完成审计工作后向委托人提交的最终产品。

注册会计师签发的审计报告，主要具有鉴证、保护和证明三方面的作用。鉴证作用是指注册会计师签发的审计报告，不同于政府审计和内部审计的审计报告。注册会计师是以超然独立的第三者身份，对被审计单位财务报表合法性、公允性发表审计意见。这种意见，具有鉴证作用，得到了政府及各部门和社会各界的普遍认可。保护作用是指注册会计师通过审计，可以对被审计单位财务报表出具不同类型审计意见的审计报告，以提高或是降低财务报表使用者对财务报表的信赖程度，能够在一定程度上对被审计单位的财产、债权人和股东的权益及企业利害关系人的利益起到保护作用。例如，投资者可以根据注册会计师的审计报告作出投资决策，可以降低其投资风险。证明作用是指审计报告是对注册会计师审计任务完成情况及其结果所做的总结，它可以表明审计工作的质量并明确注册会计师的审计责任。因此，审计报告可以对审计质量和注册会计师的审计责任起到证明作用。

2. 审计报告分为标准审计报告和非标准审计报告。标准审计报告是指不含有说明段、强调事项段、其他事项段和其他任何修饰性用语的无保留意见的审计报告，非标准审计报告是指带强调事项段或其他事项段的无保留意见的审计报告和非无保留意见审计报告，其中非无保留意见审计报告包括带强调事项段和其他事项段的审计报告、保留意见的审计报告、否定意见的审计报告和无法表示意见的审计报告。

无保留意见的审计报告。一是财务报表已经按照适用的会计准则和相关会计制度的规定编制，在所有重大方面公允反映了被审计单位的财务状况、经营成果和现金流量；二是注册会计师已经按照中国注册会计师审计准则的规定计划和实施审计工作，在审计过程中未受到限制。

保留意见的审计报告。在获取充分、适当的审计证据后，注册会计师认为错报单独或累计起来对财务报表影响重大，但不具有广泛性；注册会计师无法获取充分、适当的审计证据以作为形成审计意见的基础，但认为未发现的错报（如存在）对财务报表可能产生的影响重大，但不具有广泛性。

否定意见的审计报告。在获取充分、适当的审计证据后，如果认为错报单独或累计起来对财务报表的影响重大且具有广泛性，注册会计师应当发表否定意见。

无法表示意见的审计报告。如果无法获取充分、适当的审计证据以作为形成审计意见的基础，但认为未发现的错报（如存在）对财务报表可能产生的影响重大且具有广泛性，注册会计师应当发表无法表示意见。

带强调事项段的审计报告。如果认为有必要提醒财务报表使用者关注已在财务报表中列报或披露，且根据职业判断认为对财务报表使用者理解财务报表至关重要的事项，注册会计师在已获取充分、适当的审计证据证该事项在财务报表中不存在重大错报的条件下，应当在审计报告中增加强调事项段。

带其他事项段的审计报告。对于未在财务报表中列报或披露，但根据职业判断认为与财务报表使用者理解审计工作、审计师的责任或审计报告相关且未被法律、法规禁止的事项，如果认为有必要沟通，审计时应当在审计报告中增加其他事项段。

3. 从国外大会计公司审计经验看，选用正确的审计意见类型、出具适当的审计报告，一般应采取以下三个决策步骤：

(1) 确定是否存在需要偏离"标准审计报告"的任何情况。注册会计师在外勤审计完成后，应当根据工作底稿的记录，确定是否存在偏离"标准审计报告"的任何情况。如不存在这些情况，便出具标准审计报告。如存在这些情况，转按以下步骤处理。

(2) 决定每个情况的重要性程度。《中国注册会计师审计准则1502号——在审计报告中发表非无保留意见》规定注册会计师要根据下列事项确定恰当的非无保留意见类型：一是导致非无保留意见的事项的性质，是财务报表存在重大错报，还是在无法获取充分、适当的审计证据的情况下，财务报表可存在重大错报；二是注册会计师就导致非无保留意见的事项对财务报表产生或可能产生影响的广泛性作出的判断。如存在需要偏离"标准审计报告"的情况，注册会计师应当分析该情况对客户会计报表的潜在影响，决定该情况是"不重要""重要"，还是"重要且广泛"。注册会计师对情况重要性的决策是个困难的过程，需要运用大量的专业判断。

(3) 根据偏离情况的重要性程度，决定适当的审计意见类型和审计报告类型。选择审计报告意见类型的决策步骤见下图：

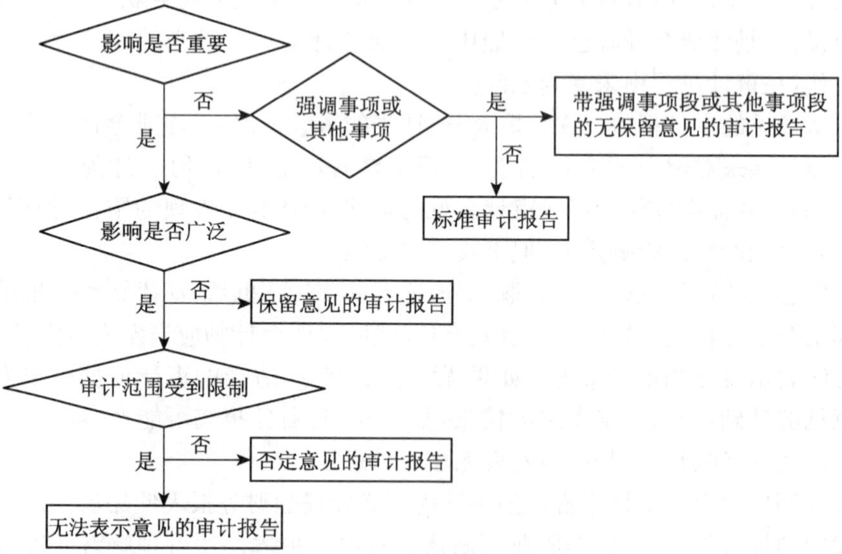

二、选择题

1	2	3	4
D	D	B	A

三、案例分析题

1.（1）保留意见的审计报告。由于对该项长期股权投资转让，尚未办理产权过户手续，交易尚未完成，南方公司即使已经支付了价款，但也有随时中止交易的可能，因此北方公司应计提165万元的减值准备，超过了重要性水平，对财务报表影响重大，但不具有广泛性。

（2）应出具带强调事项段的无保留意见的审计报告。因为，公司的做法符合会计准则和制度的要求。但这一情况属于重大的不确定事项，CPA应在审计报告的意见段后加强调事项段说明这一情况，以提醒会计报表使用者注意。

（3）保留意见的审计报告。虽然没有使利润发生变化，但是对应收账款、存货的影响超过了财务报表层次的重要性水平，如果被审计单位不调整，其财务报表将不符合国家的企业会计准则和相关会计制度的规定，影响重大，但又不至于出具否定意见的审计报告，因此，应出具保留意见的审计报告。

（4）无法表示意见的审计报告。由于北方公司管理当局对已审计会计报表未予认定，也未能提供管理当局声明书，注册会计师应将其视为审计范围受到严重限制。

（5）无保留意见的审计报告。对应收账款余额32万元进行函证未收到回函，李涛运用其他审计程序进行了验证。当应收账款的函证没有结果时，可以采用替代审计程序证实应收账款的真实性。

（6）无法表示意见的审计报告。北方公司利润总额中的70%是由境外子公司提供的，注册会计师无法到国外对子公司的会计报表进行审查，也无法通过其他审计程序加以验证，无法获取充分、适当的审计证据以作为形成审计意见的基础。

（7）无保留意见的审计报告。公司的做法符合一惯性原则的要求。

（8）无保留意见的审计报告。因为，公司当年应提设备折旧2万元（100×2%＝2），远远低于重要性水平，这一错报事项不影响CPA的审计意见。

（9）保留意见的审计报告。公司不调整2008年度会计报表，违反了会计准则和会计制度的规定，使会计报表不能公允地反映公司的财务状况、经营成果和现金流量，但从应该调整的金额（90万元）看，还不至于导致CPA发表否定意见。

2. 合理。如果无法获取充分、适当的审计证据以作为形成审计意见的基础，但认为未发现的错报(如存在)对财务报表可能产生的影响重大且具有广泛性，注册会计师应当发表无法表示意见。依据是由于产品积压、生产停顿无法判定公司是否能保持经营能力，在这种情况下，也就无法确定公司巨额存货和固定资产的计价方法的合理性。而且，由于市场环境恶劣，公司的巨额应收账款的可回收性也由于下游企业的不良财务状况而变得更加不确定。另外，公司的流动负债超过流动资产7亿多元，资产负债比率严重不正常。

因此，注册会计师无法就依据持续经营会计假设编制的会计报表是否能公允反映该公司的财务状况和经营成果发表任何意见。

自测题

一、单项选择题

1. 审计报告日是指(　　)。

A. 审计报告完成日　　B. 审计报告公布日
C. 审计工作完成日　　D. 会计报表公布日

2. 注册会计师的审计报告的主要作用是(　　)。

A. 检查　　B. 评价
C. 鉴证　　D. 监督

3. 具有法定证明效力的审计报告是(　　)。

A. 国家审计报告　　B. 民间审计报告
C. 部门审计报告　　D. 单位审计报告

4. 注册会计师审计报告的真实性和合法性应由(　　)负责。

A. 委托单位　　B. 国家审计机关
C. 注册会计师　　D. 会计师事务所

5. 注册会计师在出具保留意见、否定意见或无法表示意见的审计报告时，应在意见段后增加说明段，明确说明理由，并在可能情况下，指出其(　　)。

A. 对审计意见的影响
B. 对会计报表审计的影响
C. 对会计报表反映的影响程度
D. 对被审计单位财务状况的影响程度

6. 民间审计报告的标题统一规范为(　　)。

A. 审计意见　　B. 注册会计师意见
C. 审计报告　　D. 审计工作底稿

7. 无法表示意见审计报告就是(　　)。
A. 不发表审计意见　　B. 没有办法发表审计意见
C. 拒绝接受委托　　D. 提交否定审计意见
8. 下列(　　)可用于保留意见审计报告的专业术语。
A. 由于无法实施必要的审计程序
B. 我们认为,上述会计报表
C. 除……可能产生的影响外
D. 由于上述问题造成重大影响

二、多项选择题

1. 按审计报告使用的目的不同分类,可分为(　　)。
A. 公布目的的审计报告　　B. 非公布目的的审计报告
C. 国家审计报告　　D. 内部审计报告
2. 以下对审计报告的内容与格式的表述中,正确的有(　　)。
A. 审计报告的收件人是指注册会计师按照业务约定书的要求致送审计报告的对象,一般是指审计业务的委托人。审计报告应当载明收件人的全称
B. 审计意见段应当说明,财务报表是否按照适用的会计准则和相关会计制度的规定编制,是否在所有重大方面公允反映了被审计单位的财务状况、经营成果和现金流量。这也是财务报表审计的总目标
C. 审计报告应当由项目合伙人和另外一名负责该项目的注册会计师签名和盖章
D. 审计报告应当载明会计师事务所的名称和地址,并加盖会计师事务所公章
3. 带强调事项段的审计报告的表述中,恰当的有(　　)。
A. 将强调事项段紧接在审计意见段之后
B. 可以不用明确提及被强调事项以及相关披露的位置
C. 指出审计意见没有因该强调事项而改变
D. 增加强调事项段的情形包括对持续经营能力产生重大疑虑的事项、重大不确定事项和其他审计准则规定的增加强调事项段的情形
4. 选择审计报告意见类型,一般应采取以下三个决策步骤(　　)。
A. 确定是否存在需要偏离"标准审计报告"的任何情况
B. 决定每个情况的重要性程度
C. 根据偏离情况的重要性程度,决定适当的审计意见类型和审计报告类型
D. 以财务报表重大错报风险的识别、评估、应对为审计工作主线的现代风险

导向审计

5. 关于重要性水平，以下陈述中，恰当的有（　　）。

A. 重要性水平可以采用基数乘以一定比率的办法确定

B. 注册会计师可以采用净资产的1%来确定重要性水平

C. 注册会计师可以采用资产总额的0.5%～1%来确定重要性水平

D. 注册会计师可以采用营业收入的0.5%～1%来确定重要性水平

三、判断题

1. 只要审计报告是真实的，会计报表就是真实的。（　　）
2. 审计报告的收件人应当是被审计单位。（　　）
3. 审计报告中主要表现审计人员给出的审计意见。（　　）
4. 审计报告的签署日期应为完稿日期或会计报表截止日。（　　）
5. 民间审计报告应交由审计委托人进行审定。（　　）

四、案例分析题

1. ABD公司20×8年度净利润为16万元，注册会计师发现该公司账面反映的在建工程——2号流水线工程，该项目20×8年度因与施工方发生了质量纠纷，处于停建状态，该公司20×8年度对上述项目利息资本化金额为895万元。

要求：

（1）请问注册会计师是否需要提出审计处理建议？若需提出审计调整建议，请直接列示审计调整分录（审计调整分录均不考虑对ABD公司20×8年度的企业所得税、期末结转损益及利润分配的影响）。

（2）如果考虑审计重要性水平，假定ABD公司拒不接受注册会计师的有关审计处理建议。请指出注册会计师应出具何种类型的审计报告，并简要说明理由。

2. 大兴公司20×8年会计报表的资产总额为7 065万元，利润总额为982万元。注册会计师对大兴公司20×8年会计报表审计时发现该公司20×7年对a公司投资2 280万元，占a公司股权比例的33%。到20×8年年底，该公司累计投资收益1 940万元，其中20×8年列计1 185万元。但该公司未提供a公司20×7年和20×8年的会计报表，受客观条件限制，注册会计师未能对a公司实施审计，因而无法确认该项投资收益。

要求：请问注册会计师应发表什么意见类型的审计报告？

自测题答案

一、单项选择题

1	2	3	4	5	6	7	8
C	C	B	C	C	C	B	C

二、多项选择题

1	2	3	4	5
AB	ABCD	CD	ABC	ABCD

三、判断题

1	2	3	4	5
×	×	×	×	×

四、案例分析题

1. 分析:在建工程处于停建状态,仍然把项目利息资本化,违反了企业会计准则和企业会计制度,影响了会计报表的公允反映。注册会计师应当提出审计处理建议,建议被审单位调整报表。审计调整分录:

借:财务费用　　895
　　贷:在建工程　　895

如果被审计单位拒绝调整,注册会计师发表否定意见。由于 ABD 公司 20×8 年净利润仅为 16 万元,但 20×8 年度对处于停建状态的项目利息资本化金额为 895 万元,如果把停止资本化的利息计入当期损益中,ABD 公司 20×8 年度不仅没有盈利反而亏损了。这种影响收益趋势的错报,无论金额大小,从性质上考虑都足以影响会计报表总体的公允性。因此,注册会计师应当发表否定意见。

2. 分析:该事项中,注册会计师无法取得证据的情况具有牵涉性,不仅影响本年度利润增加 1 185 万元,超过了利润总额,也影响长期股权投资的增减变动,进而使得注册会计师从整体上无法判断 ABD 公司 20×8 年财务报表的公允性。因此注册会计师应该发表无法表示意见的审计报告。

综合案例分析题

1. ABC会计师事务所是一家新成立的会计师事务所，其质量控制制度的部分内容摘录如下：

（1）经主任会计师指派，副主任会计师可以分管会计师事务所质量控制工作，并对会计师事务所质量控制制度承担最终责任。

（2）执行项目质量控制复核的范围为上市公司审计项目中被评估为高风险的审计项目。

（3）如果项目组成员与项目质量控制复核人员发生意见分歧，应当通过向技术部进行书面咨询，或与会计师事务所负责风险控制的合伙人进行讨论等方式予以解决。在分歧尚未解决前，不得出具审计报告。

（4）以3年为周期，选取每一位合伙人已完成的一个项目进行检查。如果合伙人在连续两次的检查中被评为优秀，以后可每隔5年检查一次。

（5）会计师事务所建立专门的系统用于记录对客户关系和具体业务的接受与保持的评估。该系统中记录的信息无须纳入业务工作底稿。

（6）项目组应当自鉴证业务报告日起60日内将业务工作底稿归档。归档后，项目组需要删除或增加业务工作底稿，须经主任会计师批准。

要求：针对上述事项（1）～（6），逐项指出ABC会计师事务所业务质量控制制度是否符合质量控制准则和审计准则的规定，并简要说明理由。

2. H银行是U股份有限公司最大的债权人。2017年1月，H银行委托K会计师事务所对U公司2016年12月31日资产负债表中的资产和负债类项目实施审计，以判断其偿还所欠H银行的将于2017年3月31日到期的2 000万元债务的能力。K会计师事务所接受了这一业务，并指派注册会计师L作为项目负责人组织人员具体执行该项审计业务。请回答下列相关的问题：

（1）指出该项业务作为鉴证业务的类型、注册会计师为此应当提供的保证程度和提出鉴证意见的方式。

（2）指出该项业务涉及的三方关系。

（3）说明该项鉴证业务的鉴证对象、鉴证对象信息以及该项业务应遵循的标准。

（4）鉴证业务具备哪些特征时，K会计师事务所才能承接该业务。

3. 上市公司甲公司系ABC会计师事务所的常年审计客户。在对甲公司2016年度财务报表审计中，ABC会计师事务所遇到下列与职业道德相关的事项：

(1) A注册会计师在2011年度至2015年度期间担任甲公司财务报表审计项目经理，并签署了2014年度和2015年度甲公司审计报告。2016年度，A注册会计师晋升为合伙人，担任甲公司2016年度财务报表审计项目合伙人。

(2) 甲公司与ABC会计师事务所签订协议，由甲公司向其客户推荐ABC会计师事务所的服务。每次推荐成功后，由ABC会计师事务所向甲公司支付少量的业务介绍费。

(3) 审计项目组成员B因工作较忙，授权理财顾问管理其股票账户。在B不知情的情况下，理财顾问通过该账户代其购买了少量甲公司股票。截至2016年12月31日，这些股票市值合计为500元。

(4) 审计项目组成员C为新员工，其妻子曾担任甲公司财务经理，于2016年3月离职。

(5) 经甲公司总经理批准，审计项目组成员可以按成本价购买甲公司的产品，每人限购2 000元。

(6) 甲公司在海外有一家规模很小的分公司，其财务经理突然离职。在新聘财务经理上任前，由ABC会计师事务所的海外网络事务所借调一名审计部经理临时负责其财务经理工作，借调时间为一周。

要求：针对上述事项(1)～(6)，逐项指出ABC会计师事务所及甲公司审计项目组成员是否违反中国注册会计师职业道德守则，并简要说明理由。

4. ABC会计师事务所负责审计甲公司2016年度财务报表，并委派A注册会计师担任审计项目组负责人。在审计过程中，审计项目组遇到下列与职业道德有关的事项：

(1) A注册会计师与甲公司副总经理H同为京剧社票友，经H介绍，A注册会计师从其他企业筹得款项，成功举办个人专场演出。

(2) 审计项目组成员B与甲公司基建处处长I是战友，I将甲公司职工集资建房的指标转让给B，B按照甲公司职工的付款标准交付了集资款。

(3) 审计项目组成员C与甲公司财务经理J毕业于同一所财经院校。

(4) 审计项目组成员D的朋友于2015年2月购买了甲公司发行的公司债券20万元。

(5) ABC会计师事务所原行政部经理E于2013年10月离开事务所，担任甲公司办公室主任。

(6) 甲公司系乙上市公司的母公司。2016年年末，审计项目组成员F父亲拥有乙上市公司300股流通股股票，该股票每股市值为12元。

要求：针对上述事项(1)～(6)，分别指出是否对审计项目组的独立性构成威胁，并简要说明理由。

5. ABC会计师事务所的A注册会计师负责对甲公司2016年度财务报表进行审计。2017年2月15日，A注册会计师完成审计业务，并于5月15日将审计工作底稿归整为最终审计档案。2017年5月20日，A注册会计师意识到甲公司存在舞弊行为，私下修改了部分审计工作底稿。2017年6月1日，甲公司财务舞弊案爆发，A注册会计师擅自销毁了甲公司审计工作底稿。

要求：根据审计工作底稿准则和会计师事务所质量控制准则，回答下列问题：

(1) A注册会计师在归整审计档案时是否存在问题，并简要说明理由。

(2) 在归整审计档案后，A注册会计师私下修改审计工作底稿是否存在问题，并简要说明理由。

(3) ABC会计师事务所在保存审计工作底稿方面是否存在问题，简要说明理由，并简要说明ABC会计师事务所应当对审计工作底稿实施哪些控制程序。

6. 注册会计师小李通过对A公司存货项目的相关内部控制制度进行分析评价后，发现该公司存在下列五种状况：①库存现金未经认真盘点；②接近财务报表日前入库的A产品可能已计入存货项目，但可能未进行相关的会计记录；③由X公司代管的甲材料可能并不存在；④Y公司存放在A公司仓库的乙材料可能已计入A公司的存货项目；⑤本次审计为A公司成立以来的首次审计。

要求：请根据上述情况分别指出各自的审计程序、审计目标和应收集的审计证据。

7. ABC会计师事务所在2016年年底首次承接了甲公司(上市公司)2016年度财务报表审计业务，在承接业务前和执行审计业务过程中，假设分别存在以下情况：

(1) 在承接业务前，项目负责人A注册会计师在取得甲公司的口头授权后，与审计甲公司2015年度财务报表的XYZ会计师事务所进行了沟通，但未与承接了甲公司2016年度财务报表审计业务但已解除业务约定DFG会计师事务所进行沟通，项目负责人A注册会计师认为DFG会计师事务所未完成审计业务，因此不是ABC会计师事务所的前任注册会计师，无需进行沟通。

(2) 在与前任注册会计师沟通并查阅了前任的工作底稿后，A注册会计师认为甲公司管理层的诚信不存在影响承接意愿的情况，符合质量控制准则的和职业道德的规定，因此决定承接业务，并签订了业务约定书。

(3) 在审计过程中，A注册会计师认为有责任审计2016年财务报表的期初余额，以获取期初余额不存在重大错报的证据。实施的主要程序是在取得甲公司书面授权后查阅前任注册会计师的工作底稿后直接得出结论，期初余额不存在重大错报。

(4) 在审计本期财务报表数据的过程，A注册会计师发现前任注册会计师审计的财务报表存在重大错报，A注册会计师只提请被审计单位调整该重大错报，甲公司管理层拒绝了A注册会计师的要求，A注册会计师考虑发表非标准的审计报告。

(5) 为明确责任，A注册会计师在审计报告的引言段中指出，期初余额的审计依赖了前任注册会计师的审计工作底稿，期初余额如果还存在其他重大错报，该审计责任由前任注册会计师承担。

要求：请针对事项(1)～(5)，分别指出是否存在不妥当之处，并简要说明理由。

8. ABC会计师事务所承接甲公司2016年度财务报表审计业务，其业务的性质和经营规模与其常年审计客户乙公司相类似，ABC会计师事务所在制定总体审计策略和具体审计计划时，作出下列判断：

(1) 由于甲公司业务性质和规模与常年审计客户乙公司相似，因此确定的重要性水平与乙公司相同。

(2) 制订完成审计计划后，应按照计划执行审计程序，不能够改变计划。

(3) 因对甲公司内部控制存在疑虑，拟不执行控制测试，而直接执行实质性程序。

(4) 因甲公司存货存放于外省市，监盘成本较高，拟不进行监盘，直接实施替代审计程序。

(5) 注册会计师应当合理设计审计程序的性质、时间安排和范围，并有效执行审计程序，以控制检查风险。

要求：请简要回答上述事项是否存在不当之处，如存在，请简要说明理由。

9. 确定M公司2016年度财务报表各认定层次的重要性水平时，A注册会计师基于所了解的具体情况，并与以前各期情况进行比较后，决定从严确定本期财务报表中交易性金融资产项目的重要性水平。请回答：

(1) 这一决定对交易性金融资产项目的可接受审计风险及可接受检查风险有何种影响？简要说明原因。

(2) 针对(1)中情况，A注册会计师应采取何种相应的对策。这种对策对审计证据的数量、审计时间的长短和审计程序的范围有何影响？

(3) 指出(2)中决策对具体审计程序的影响。

10. A注册会计师在对D公司2016年度财务报表进行审计时，收集到以下六组审计证据：

(1) 收料单与购货发票。

(2) 销货发票副本与产品出库单。

(3) 领料单与材料成本计算表。

(4) 工资计算表与工资发放单。

(5) 存货盘点表与存货监盘记录。

（6）银行询证函回函与银行对账单。

要求：请分析说明每组审计证据中哪项审计证据较为可靠，并简要说明理由。

11. 审计人员在对A公司2016年度的财务报表进行审计，实施了下列审计程序：

（1）抽样重新计算2016年度甲材料的计价是否正确。

（2）财务报表日后对大额应收账款进行函证。

（3）按照A公司内部控制规定的赊销审批手续独立执行该流程。

（4）对A公司库存现金进行监盘。

要求：完成下表。

审计程序	获取审计证据的方法	实现的主要审计目标
（1）		
（2）		
（3）		
（4）		

12. A注册会计师负责审计甲公司2016年度财务报表。甲公司2016年12月31日应收账款余额为3 000万元。A注册会计师认为应收账款存在重大错报风险，决定选取金额较大以及风险较高的应收账款明细账户实施函证程序，选取的应收账款明细账户余额合计为1 800万元。相关事项如下：

（1）审计项目组成员要求被询证的甲公司客户将回函直接寄至会计师事务所，但甲公司客户X公司将回函寄至甲公司财务部，审计项目组成员取得了该回函，将其归入审计工作底稿。

（2）对于审计项目组以传真件方式收到的回函，审计项目组成员与被询证方取得了电话联系，确认回函信息，并在审计工作底稿中记录了电话内容与时间、对方姓名与职位，以及实施该程序的审计项目组成员姓名。

（3）审计项目组成员根据甲公司财务人员提供的电子邮箱地址，向甲公司境外客户Y公司发送了电子邮件，询证应收账款余额，并收到了电子邮件回复。Y公司确认余额准确无误。审计项目组成员将电子邮件打印后归入审计工作底稿。

（4）甲公司客户Z公司的回函确认金额比甲公司账面余额少150万元。甲公司销售部人员解释，甲公司于2016年12月末销售给Z公司的一批产品，在2016年年末尚未开具销售发票，Z公司因此未入账。A注册会计师认为该解释合理，未实施其他审计程序。

（5）鉴于对60%应收账款余额实施函证程序未发现错报，A注册会计师推断其余40%的应收账款余额也不存在错报，无须实施进一步审计程序。

要求：针对上述事项（1）～（5），逐项指出甲公司审计项目组的做法是否恰当。

如不恰当，简要说明理由。

13. U会计师事务所为保证审计工作质量，结合本所的实际情况对审计工作底稿进行了规范，结合近期执行的审计业务对审计工作进行了检查。具体情况如下：

(1) 在编制控制测试工作底稿时，应当格式统一、语言精练，至少能使执行项目组内部复核的人员清楚地了解所执行的控制测试程序的性质、时间和范围。

(2) 考虑到对被审计单位的情况非常了解，认为发表不恰当审计意见的可能性较低，所以对审计工作底稿实施了项目组成员相互复核后，就发表了审计意见。

(3) 对实施项目质量控制复核的审计业务，不仅编制人、复核人要在每张审计工作底稿上签字，还要求项目质量控制复核人员在每张工作底稿上签字。

(4) 项目质量控制复核人员对审计工作底稿复核的主要内容是实施的审计程序是否适当，获取的审计证据是否足以支持审计结论。

(5) 对Y公司财务报表的某项认定实施实质性程序的结果表明：先前重大错报风险的评估结论完全正确，项目组将该结果作为重大事项列入工作底稿。

(6) Z公司项目组负责人不仅要求项目组成员及时记录与管理层、治理层和其他人员对重大事项的讨论内容和参加讨论的人员，而且要记录讨论的时间、地点。

要求：请逐一针对上述每种情况，指出U会计师事务所的规定和各项目组的做法是否符合审计准则对审计工作底稿的相关规定，并简要说明理由。

14. 审计人员对渝香食品有限公司2016年12月的会计报表进行审计，公司报表显示，2016年全年实现净利润800万元，资产总额4 000万元，审计人员在审查和阅读公司报表时发现：①公司10月份虚报冒领工资1 820元，被出纳占为已有。②11月15日，公司收到业务咨询费3 850元，列入小金库。③资产负债表中的存货低估16万元，原因不明。

要求：根据上述问题作出重要性的初步判断，并简要说明理由

15. ABC会计师事务所于2014年2月5日接受委托审计D公司2016年度财务报表，丁注册会计师任项目负责人，在对D公司初步了解之后，确定资产负债表的重要性水平为150万元，利润表的重要性水平为200万元。

要求：

(1) D公司2016年财务报表层次的计划重要性水平是多少？

(2) 在计划审计工作时和在评价审计程序结果时如何确定重要性水平？

(3) 重要性水平与审计风险之间存在何种关系？

(4) 随着审计过程的推进，丁注册会计师评价原来在计划阶段确定的重要性水平不合理，他根据在审计执行过程中进一步获取的信息，决定接受100万元的重要性水平，丁注册会计师接下来应当采取何种措施？

16. 甲集团公司拥有乙公司等6家全资子公司。ABC会计师事务所负责审计

甲集团公司2016年度财务报表，确定甲集团公司合并财务报表整体的重要性水平为500万元。

集团项目组在审计工作底稿中记录了集团审计策略，部分内容摘录如下：

组成部分	(1)	(2)	(3)	(4)	(5)
公司	是否为重要组成部分(是/否)	是否由其他会计师事务所执行相关工作(是/否)	拟执行工作的类型	组成部分重要性	说明
乙公司	是	否	审计	500万元	确定该组成部分实际执行的重要性水平为300万元
丙公司	是	是	审计	200万元	该组成部分实际执行的重要性由其他会计师事务所自行确定，无须评价
丁公司	是	是	审计	100万元	确定该组成部分实际执行的重要性水平为60万元
戊公司	否	否	审阅	不适用	执行审阅工作，无须确定组成部分重要性水平
戊公司	否	否	集团层面分析程序	不适用	执行集团层面分析程序，无须确定组成部分重要性水平
庚公司	否	否	审计	400万元	确定该组成部分实际执行的重要性水平为240万元

要求：假定不考虑其他条件，结合上表中(1)、(2)和(3)列，分别指出(4)列所列内容是否恰当。如不恰当，简要说明理由。

17. 注册会计师A和B为识别和评估X公司2016年度财务报表的重大错报风险，需要了解X公司及其环境。为此决定专门实施风险评估程序：

(1) 询问被审计单位管理层和内部其他相关人员。

(2) 观察和检查。

要求：

(1) 注册会计师A和B应当从哪些方面对X公司及其环境进行了解？

(2) 在进行风险评估时，除了实施上述两类专门程序外，注册会计师A和B还可以实施哪些程序？

(3) 在了解X公司及其环境，以评估重大错报风险时，注册会计师A和B可以向X公司管理层和财务负责人询问哪些主要情况或事项？

(4) 在了解X公司及其环境，以评估重大错报风险时，注册会计师实施的观察和检查程序的具体内容包括哪些方面？

18. 玉风公司为我国江西景德镇地区的一家大型企业，主要业务为生产和销售青花瓷器。该公司2016年年末未经审计的财务报表显示的资产总额为35 543万元,销售收入为12 560万元,利润总额为2 300万元。自2013年以来,玉风公司历年的财务报表均由中天华正会计师事务所审计。2016年3月,在执行完玉风公司2015年度财务报表审计业务、提交了无保留意见审计报告后,中天华正会计师事务所与玉风公司签订了其2016年度财务报表的审计业务约定书,并委派执行2015年度财务报表审计的注册会计师A和B继续负责该项审计业务。基于玉风公司2016年度的经营计划,该公司在本年度将进行全方位的改革。新的管理层上任时,向公司治理层及股东代表大会作出了将本年度销售收入比上年增加20%,否则将扣发全体高层管理人员全年奖金的承诺。中天华正事务所的业务负责人意识到这些情况将全面影响玉风公司的环境,故特别要求注册会计师A和B对玉风公司及其环境进行全面、深入的了解,并根据了解的情况于2016年年末制订玉风公司2016年度财务报表的审计计划。

在了解玉风公司及其环境、评估重大的错报风险时,注册会计师A和B发现玉风公司2016年度主要发生了下列事项和情况:

(1) 2015年以来,玉风公司所在地用于生产优质瓷器所需的特殊泥土初步显现出枯竭的迹象。为维持正常的经营,玉风公司自2015年8月起派出专家在全国各地寻找该种特殊泥土。2016年2月,经专家建议,并经董事会决定,玉风公司出资5 000万元在四川省广远地区设立分公司,利用当地泥土生产瓷器。

(2) 2016年年初,为提高存货管理水平,玉风公司出资200万元为各个仓储部门配置了计算机信息系统,该系统使玉风公司各仓库之间实现了内部联网,出库单、入库单由原先的人工填写改为计算机打印。

(3) 为寻找新的生产原料,玉风公司决定出资1 000万元建立F研究基地,用于研究在当地泥土中添加化学原料,以改善泥土的品质的试验。该基地已于2016年4月份开始运行。

(4) 2016年5月,为开展多种经营,玉风公司与L、G两家上市公司签订合作协议,联合开发新型卫浴产品。协议规定L公司出资8 000万元作为研发及宣传经费、G公司出资3 000万元建立营销网络,而玉风公司则以其拥有专利权的高新技术使用权出资,并派出5名工程师作为研发的主要人员。这5名工程师的工资仍由玉风公司负责。开发成功后,玉风公司应获得税后利润的30%。

(5) 2016年6月,为充分利用闲置资金,降低公司的经营风险,玉风公司向新疆和田地区某玉石开采企业投资4 000万元,开展和田玉开采与收藏与销售业务。

(6) 为提高会计核算质量,预防重大差错的发生,2016年6月30日,财务部门按公司分管财务的副总经理的指示在财务部门内部进行了定期的人员轮换,此次轮换变更了所有财务人员的工作内容。为配合此次财务人员内部轮换,内部审计在轮换后的连续3个月内加大了复核与核查的力度。

(7) 玉风公司设在香港的销售分公司连续多年来业绩不佳，2015年全年亏损达到125万元。2016年第一季度亏损额达到82万元。2016年5月，公司董事会决定出售该分公司。9月，已同当地T公司办理出售该分公司的全部手续，由此取得的3 500万元款项已被直接用作玉风公司的流动资金。

(8) 2016年年末，玉风公司F研究基地周边的居民联名向当地环保机构举报，要求查处该基地大面积污染当地土质、致使周边数十平方公里农作物大量枯死、地下水源受到污染的情况。当地环保部门已立案调查。

(9) 2016年12月20日，玉风公司将库存的300万元生产必需的C化学添加剂返销给该原料的供应商K公司，双方为此签订了相关的协议。但到2016年12月31日，该批材料仍存放在玉风公司的仓库。注册会计师向销售部门负债人询问该笔材料转让业务时，相关人员出示了K公司提供的要求玉风公司2006年前暂不发货的文件。

(10) 为实现2016年年初向董事会作出的本年度销售收入比上年增加20%，否则扣发全体管理人员全年奖金的承诺，2016年12月中旬，玉风公司总经理亲自参与销售部门的工作，并以诱人的优惠条件吸引新、老客户于2016年年底之前签订销售合同、预付部分货款。部分客户受优惠条件的吸引，已提前预付了货款，并同意次年提货。对于这一阶段的发生的新的销售业务，财务人员根据总经理的批示进行了特殊处理。

要求：

(1) 逐一分析资料一中各种情况，指出每种情况是否表明或导致玉风公司财务报表存在重大错报风险？对于导致或存在重大错报风险的情况，请进一步指出是否导致玉风公司经营风险的增加。简要说明原因。

(2)事项(1)～(10)中哪些情况会导致特别风险？如属于特别风险，请指出其最可能的原因。

19. A注册会计师负责对甲公司2016年度财务报表进行审计。与审计工作底稿相关的部分事项如下：

(1) 由于在审计过程中识别出重大错报并提出审计调整建议，A注册会计师重新评估并修改了重要性水平，并将记录计划阶段评估的重要性水平的工作底稿删除，代之以记录重新评估的重要性水平的工作底稿。

(2) 对于需要系统化抽样的审计程序，A注册会计师通过记录样本的来源来识别已选取的样本。

(3) A注册会计师在审计过程中无法就关联方关系及交易获取充分、适当的审计证据，并因此出具了保留意见审计报告。A注册会计师将该事项作为重大事项记录在审计工作底稿中。

(4) 2016 年 2 月 15 日，A 注册会计师完成审计工作，并于 5 月 15 日将审计工作底稿规整为最终审计档案。

(5) 2016 年 5 月 20 日，A 注册会计师意识到甲公司存在舞弊行为，私下修改了部分审计工作底稿，并没有做任何记录。

(6) 2016 年 7 月 1 日，甲公司财务舞弊案件曝光，A 注册会计师擅自销毁了甲公司审计工作底稿。

针对上述事项(1)～(6)，逐项指出 A 注册会计师的做法是否恰当。如不恰当，简要说明理由。

20. Y 公司系公开发行 A 股的上市公司，2016 年 3 月 20 日，北京 ABC 会计师事务所的注册会计师 A 和 B 负责完成了对 Y 公司 2015 年度会计报表的外勤审计工作。假定 Y 公司 2015 年度财务报告于 2016 年 3 月 27 日经董事会批准和管理当局签署，于同日报送证券交易所。2016 年 4 月 30 日，Y 公司召开 2015 年度股东大会，审议通过了 2015 年度财务报告。Y 公司采用应付税款法核算所得税，所得税税率为 25%，每年分别按净利润的 10%和 5%提取法定盈余公积和法定公益金。其他相关资料如下：

……

资料一：在应付票据项目的审计中，为了确定应付票据余额所对应的业务是否真实，会计处理是否正确，注册会计师 A 和 B 拟从 Y 公司应付票据备查簿中抽取若干笔应付票据业务，检查相关的合同、发票、货物验收单等资料，并检查会计处理的正确性。Y 公司应付票据备查簿显示，应付票据项目 2015 年 12 月 31 日的余额为 15 000 000 元，由 72 笔应付票据业务构成。根据具体审计计划的要求，注册会计师 A 和 B 须从中选取 6 笔应付票据业务进行检查。

要求：针对资料一，假定应付票据备查簿中记载的 72 笔应付票据业务是随机排列的，注册会计师 A 和 B 采用系统选样法选取 6 笔应付票据业务样本，并且确定随机起点为第 7 笔，请判断其余 5 笔应付票据业务分别是哪几笔(要求列示计算过程)。如果上述 6 笔应付票据业务的账面价值为 1 400 000 元，审计后认定的价值为 1 680 000 元，Y 公司 2015 年 12 月 31 日应付票据账面总值为 15 000 000 元，并假定误差与账面价值成比例关系，请运用比率估计抽样法推断 Y 公司 2015 年 12 月 31 日应付票据的总体实际价值(要求列示计算过程)。

21. ABC 会计师事务所指派 A 注册会计师对 X 股份有限公司(以下简称 X 公司)2016 年度财务报表进行审计，在对存货项目审计时发现其业务总体规模数量为 1 000 个，存货项目账面金额为 1 000 000 元，假设 A 注册会计师利用审计抽样模型计算的样本规模为 200 个，经过对 200 个样本逐一实施审计程序后得到样本平均审定金额为 980 元，同时，A 注册会计师在计划审计阶段评估的存货项目重要性水平为 15 000 元。

要求：

(1) 请代 A 注册会计师采用均值估计抽样方法推断存货项目的总体金额。

(2) 请根据存货项目的重要性水平对其抽样结果进行评价。

22. A 注册会计师负责审计甲公司 2016 年度财务报表。在针对应收账款实施细节测试时，A 注册会计师决定采用传统变量抽样方法实施统计抽样。甲公司 2016 年 12 月 31 日应收账款账面余额合计为 300 000 000 元。A 注册会计师确定的总体规模为 6 000，样本规模为 200，样本账面余额合计为 12 000 000 元，样本审定金额合计为 9 000 000 元。

要求：代 A 注册会计师分别采用均值估计抽样、差额估计抽样和比率估计抽样三种方法计算推断的总体错报金额。

23. 某会计师事务所注册会计师孟某、姜某于 2017 年 2 月 10 日完成了对 CA 股份有限公司 2016 年度会计报表的外勤审计工作，正在准备撰写审计报告。在本次审计过程中，两位注册会计师发现该公司存在以下情况：

(1) 原承接 CA 股份有限公司 2015 年报审计的诚信会计师事务所对其年报出具了保留意见的审计报告。保留的原因是 CA 股份有限公司的一项未决诉讼对报表的影响无法判定，也未得到律师的任何信息。该诉讼至 2017 年 2 月 10 日仍未宣判，且律师拒绝提供有关信息。

(2) CA 股份有限公司销售部 2016 年 7 月购入计算机 3 台，共 30 000 元，公司将其全部列入 7 月份的管理费用(折旧年限为 5 年，净残值率 5%)。

(3) CA 股份有限公司 2016 年的存货发出由后进先出法改为先进先出法，此变更未在报表附注中披露。

要求：

(1) 针对上述情况，注册会计师应分别出具什么类型意见的审计报告？如果需要调整，请列出调整分录。

(2) 如果被审计单位接受注册会计师的调整和披露建议，请草拟审计报告。

24. 审计人员王敏在对 BD 公司 2016 年度会计报表审计时，通过与该公司管理当局和前任注册会计师沟通，察觉到可能存在导致该公司年度会计报表失实的错误与舞弊。

要求：

(1) 王敏对查明 BD 公司可能存在的错误与舞弊的责任。

(2) 王敏对 BD 公司存在的错误与舞弊的报告责任。

25. ABC 会计师事务所首次接受委托，负责审计上市公司甲公司 2016 年度财务报表，并委派 A 注册会计师担任审计项目合伙人。相关事项如下：

（1）ABC会计师事务所委派B注册会计师担任该项目质量控制复核合伙人，并负责甲公司某重要子公司的审计。

（2）在接受委托后，A注册会计师向甲公司前任注册会计师询问甲公司变更会计师事务所的原因，得知原因是甲公司在某一重大会计问题上与前任注册会计师存在分歧。

（3）A注册会计师拟在审计完成阶段实施针对特定项目（包括持续经营、法律法规、关联方等）的必要程序。

（4）在签署审计报告前，A注册会计师授权会计师事务所另一合伙人C注册会计师复核了所有审计工作底稿，并就重大事项与其进行了讨论。

（5）A注册会计师就某一重大审计问题咨询会计师事务所技术部门，但直至审计报告日（2017年3月2日），仍未与技术部门达成一致意见。经与B注册会计师讨论，A注册会计师出具了审计报告。

（6）B注册会计师在2017年3月5日完成了项目质量控制复核。

要求：针对上述事项（1）～（6），逐项指出ABC会计师事务所及甲公司审计项目组成员存在哪些可能违反审计准则和质量控制准则的情况，并简要说明理由。

26. 甲公司是ABC会计师事务所的常年审计客户，主要从事日用消费品的生产和销售。A注册会计师负责审计甲公司2016年度财务报表。2016年度甲公司财务报表整体重要性为税前利润的5%，即500万元。（本题资料包括：资料一、资料二、资料三、资料四）

资料一：

A注册会计师在审计工作底稿中记录了所了解的甲公司情况及其环境，部分内容摘录如下：

（1）2016年度，甲公司主要原材料价格有所上涨。为稳定采购价格，甲公司适当增加部分新供应商，供应商数量由2015年年末的40家增加到2016年年末的45家。经审核批准后，所有新增供应商的信息被输入采购系统的供应商信息主文档。以前年度审计中对与供应商数据维护相关的控制测试未发现控制缺陷。

（2）2016年3月，甲公司向乙公司采购合同总价为1 000万元的原材料，原材料已入库。双方因原材料质量问题产生争议，甲公司未记录该笔采购交易。2011年11月，乙公司根据合同约定提出仲裁申请，要求甲公司全额支付货款并赔偿利息。截至2016年12月31日，该案件仍在听证过程中。

（3）2015年12月31日，甲公司采购的金额为800万元的原材料已入库，但因未收到供应商发票，未确认应付账款。A注册会计师在审计甲公司2015年度财务报表时，提出了相应的审计调整建议，甲公司予以采纳。

（4）由于原材料和人工成本的上涨，甲公司产品的生产成本较去年同期平均上涨10%。甲公司在2015年3月全线提高产品销售价格。为保持市场占有率，甲公司在2016年度加大了促销活动力度。甲公司董事会批准的2016年度销售费用预算比2015年度实际销售费用增长15%。

(5) 甲公司举办的各类产品促销活动为期3个月到6个月。财务部根据市场部上报的经批准的促销活动预算按月预提促销费。甲公司的市场营销管理制度规定，市场部应当在每一项促销活动结束后一个月内统计该促销活动的实际支出，并办理核算手续，财务部据此补提或冲转预提费用。

(6) 甲公司内部审计部门2016年对甲公司各主要业务流程的控制执行了检查。内部审计报告指出，销售部门员工预支款长期挂账，未按公司规定定期结算，余额合计30万元。

(7) 甲公司自2016年1月1日起推行新的付款预算管理制度，规定各部门必须在每月20日之前提交下月付款预算，超出预算的付款申请必须由部门经理、财务总监和总经理批准。

资料二：

A注册会计师在审计工作底稿中记录了所获取的甲公司的财务数据，部分内容摘录如下：

金额单位：万元

项　目	未审数	已审数
	2016年	2015年
存货——原材料	8 400	7 700
应付账款		
——发票已收	5 000	4 500
——发票未收	200	800
预提费用——促销活动费	6 300	3 900
销售费用	15 000	12 000

资料三：

A注册会计师在审计工作底稿中记录了拟实施的控制测试和实质性程序，部分内容摘录如下：

(1) 对于2016年度新增的供应商，检查相关的审核批准手续是否按规定执行。

(2) 从2016年度应付账款—发票已收明细账贷方发生额中选取60笔采购交易，测试三单核对(订购单、入库验收单和供应商发票)控制的运行是否有效，并检查订购单是否得到适当的批准。

(3) 获取2016年12月31日应付账款未收账户明细清单，与相关订购单和入库验收单进行核对。

(4) 获取 2016 年 12 月和 2015 年 1 月的原材料入库记录，抽样检查相关的应付账款是否计入正确的期间。

(5) 获取期后销售费用明细账，检查是否存在与 2016 年度销售费用相关的调整事项。

(6) 对 2016 年度按明细类别及按月列示的销售费用实施分析程序，评估销售费用的合理性，并调查异常情况。

(7) 向甲公司的外部法律顾问发出法律意见询证函，询问诉讼、索赔及评估情况。

资料四：

A 注册会计师在审计过程中发现，甲公司管理层将 2016 年度发生的材料采购运输费用直接计入当年营业成本，未纳入存货采购成本进行核算，导致 2016 年度营业成本高估 600 万元，2016 年 12 月 31 日的存货余额低估 600 万元。A 注册会计师提出审计调整建议，甲公司管理层拒绝作出调整。

要求：

(1) 针对资料一中事项(1)～(7)，结合资料二，假定不考虑其他条件，逐项指出资料一所列事项是否可能表明存在重大错报风险。如果认为存在重大错报风险，简要说明理由，并说明该风险主要与哪些财务报表项目(仅限于存货、应付账款、预付款项、其他应收款、预提费用、营业成本和销售费用)的哪些认定相关。

事项序号	是否可能表明存在 重大错报风险(是/否)	理 由	财务报表项目名称及认定
(1)			
(2)			
(3)			
(4)			
(5)			
(6)			
(7)			

(2) 针对资料三中事项(1)～(7)，假定不考虑其他条件，逐项指出审计程序与根据资料一(结合资料二)识别的重大错报风险是否直接相关。如果直接相关，指出对应的是识别的哪一项重大错报风险；如果不直接相关，指出该审计程序与哪个财务报表项目的哪一项认定最相关。

审计程序序号	是否与根据资料一(结合资料二)识别出的重大错报风险直接相关(是/否)	与该审计程序直接相关的财务报表项目和认定
(1)		
(2)		
(3)		
(4)		
(5)		
(6)		
(7)		

(3) 针对资料四,假定不考虑其他条件,判断A注册会计师判断应出具何种类型的审计报告,并续编审计报告。在答题区处填列,若有不适用,则填写“不适用”。

审计报告

甲公司全体股东:

一、对财务报表出具的审计报告

(一)(略)

(二)(略)

(三) 关键审计事项

关键审计事项是根据我们的职业判断,认为对本期财务报表审计最为重要的事项。这些事项是在对财务报表整体进行审计并形成意见的背景下进行处理的,我们不对这些事项提供单独的意见。除“形成保留意见的基础”部分所述事项外,我们确定下列事项是需要在审计报告中沟通的关键审计事项。

(按照《中国注册会计师审计准则第1504号——在审计报告中沟通关键审计事项》的规定描述每一关键审计事项。)

(四) 管理层和治理层对财务报表的责任(略)

(五) 注册会计师对财务报表审计的责任(略)

二、按照相关法律法规的要求报告的事项

(本部分的格式和内容,取决于相关法律法规对其他报告责任的性质的规定。)

ABC会计师事务所　　　　中国注册会计师:×××

(盖章)　　　　(签名并盖章)

中国××市　　　　中国注册会计师:×××

(签名并盖章)

2017年×月×日

27. A 注册会计师负责对甲公司 2016 年 12 月 31 日的财务报告内部控制进行审计。A 注册会计师了解到，甲公司将客户验货签收作为销售收入确认的时点。部分与销售相关的控制内容摘录如下：

(1) 每笔销售业务均需与客户签订销售合同。

(2) 赊销业务需由专人进行信用审批。

(3) 仓库只有在收到经批准的发货通知单时才能供货。

(4) 负责开具发票的人员无权修改开票系统中已设置好的商品价目表。

(5) 财务人员根据核对一致的销售合同、客户签收单和销售发票编制记账凭证并确认销售收入。

(6) 每月月末，由独立人员对应收账款明细账和总账进行调节。

要求：

(1) 针对上述事项(1)至(6)项所列控制，逐项指出是否与销售收入的发生认定直接相关。

(2) 从所选出的与销售收入的发生认定直接相关的控制中，选出一项最应当测试的控制，并简要说明理由。

28. A 注册会计师负责对甲公司 2016 年度财务报表进行审计。在审计过程中，A 注册会计师对甲公司销售业务流程内部控制各环节进行了解、识别和评估。部分与销售业务流程相关的内部控制内容摘录如下：

(1) 每笔赊销业务均由信用管理经理对赊销信用进行审核，同时对超过公司信用额度的还需要总经理审核或公司集体决策。

(2) 每笔销售业务均由销售经理根据销售政策审核。

(3) 仓库部门根据已批准的销售单供货，并且编制连续编号的出库单。

(4) 发运部门按照审核批准的销售单供货。

(5) 负责开具发票的人员在编制每张销售发票之前，独立检查是否存在发运凭证和相应的经批准的销售单，并根据已授权批准的商品价目表的价格开具销售发票。

(6) 记账会计根据发运凭证、销售单和销售发票编制记账凭证并确认当期主营业务收入。

要求：

(1) 针对事项(1)～(6)项所列控制，请逐项指出是否与营业收入相关，如相关，指出主要与营业收入的什么认定相关。

(2) 从选出的与营业收入的发生认定直接相关的控制中，选出一项最应当测试的控制，简要说明理由。

29. ABC 会计师事务所接受委托审计甲股份有限公司(以下简称甲公司)2016 年的财务报表，A 注册会计师作为审计项目合伙人负责该项目并对财务报表发表审计意见。A注册会计师对甲公司2016年度财务报表进行审计。该公司2016年度未发生购并、分立和债务重组行为,供产销形势与上年相当。该公司提供的未经审计的2016年度合并财务报表附注的部分内容如下:

(1) 坏账核算的会计政策:坏账核算采用备抵法。坏账准备按期末应收账款余额的5%计提。资产减值损失明细表显示甲公司2016年已经计提的坏账准备是530万元。

(2) 甲公司应收账款账龄情况如下:

应收账款账龄分析表

金额单位:万元

账龄	2016年1月1日	2016年12月31日
1年以内	8 392	10 915
1~2年	1 186	1 399
2~3年	1 161	1 365
3年以上	1 421	2 874
合计	12 160	16 553

要求:

(1) 请依据以上资料分析甲公司2015年12月31日应收账款坏账准备估计是否恰当,简要说明理由,并指出影响资产负债表应收账款项目的相关认定。

(2) 请依据甲公司应收账款账龄分析表分析是否存在错报,并简要说明理由。

30. A注册会计师负责审计甲公司2016年度财务报表。在对甲公司的应付账款项目进行审计时,根据需要,决定对甲公司下列四个明细账户中的两个进行函证。

甲公司四个明细账户 金额单位:元

项目	应付账款年末余额	本年度供货总额
A公司	42 650	66 100
B公司	—	2 880 000
C公司	85 000	95 000
D公司	289 000	3 032 000

要求:

(1) 针对应付账款,A注册会计师拟实施分析程序识别和评估其重大错报风险,分析程序的内容有哪些?

(2) A注册会计师应选择哪两位供应商进行函证?为什么?

31. A注册会计师负责对甲公司2016年度财务报表进行审计。甲公司为玻璃制造企业，2016年年末存货余额占资产总额比重重大。存货包括玻璃、煤炭、烧碱、石英砂，其中60%的玻璃存放在外地公用仓库。甲公司对存货核算采用永续盘存制，与存货相关的内部控制比较薄弱。甲公司拟于2016年11月25日至27日盘点存货，盘点工作和盘点监督工作分别由熟悉相关业务且具有独立件的人员执行。存货盘点计划的部分内容摘录如下：

(1) 存货盘点范围、地点和时间安排(见下表)。

地　　点	存货类型	估计占存货总额的比例	盘点时间
A仓库	烧碱、煤炭	烧碱10%、煤炭5%	2016年11月25日
B仓库	烧碱、石英砂	烧碱10%、石英砂10%	2016年11月26日
C仓库	玻璃	玻璃26%	2016年11月27日
外地公用仓库	玻璃	玻璃39%	—

(2) 存放在外地公用仓库存货的检查，对存放在外地公用仓库的玻璃，检查公用仓库签收单，请公用仓库自行盘点，并提供2016年11月27日的盘点清单。

(3) 存货数量的确定方法：对于烧碱、煤炭和石英砂等堆积型存货，采用观察以及检查相关的收、发、存凭证和记录的方法确定存货数量；对于存放在C仓库的玻璃，按照包装箱标明的规格和数量进行盘点，并辅以适当的开箱检查。

(4) 盘点标签的设计、使用和控制对存放在C仓库玻璃的盘点，设计预先编号的一式两联的盘点标签。使用时，由负责盘点存货的人员将一联粘贴在已盘点的存货上，另一联由其留存；盘点结束后，连同存货盘点表交存财务部门。

(5) 盘点结束后，对出现盘盈或盘亏的存货，由仓库保管员将存货实物数量和仓库存货记录调节相符。

要求：针对上述存货盘点计划第(1)至第(5)项，逐项判断上述存货盘点计划是否存在缺陷。如果存在缺陷，简要提出改进建议。

32. XYZ会计师事务所接受委托对N股份有限公司(N股份有限公司系煤炭生产企业，存货主要是煤)2016年度的财务报表进行审计。根据审计计划的要求，由审计小组中的L注册会计师负责对N公司的存货进行监盘。在观察N公司的盘点过程后，L注册会计师正在考虑与抽查相关的问题。请指出，L注册会计师应就以下问题作出何种专业判断：

(1) 对于煤这种存货通常采用何种审计程序实施监盘？

(2) 可供选择的监盘程序包括哪些方式？在不同的方式下，对盘点结果进行抽查的目的分别是什么？

(3) 对于将要抽查测试的存货项目,L注册会计师是否应当与N公司进行沟通?如未能观察到N公司对重要存货的盘点,L注册会计师应实施何种程序?

(4) 对于通过实施抽查程序发现的差异,L注册会计师应实施何种审计程序?

(5) 存货盘点表与存货监盘记录哪一个更可靠?

33. C注册会计师正在拟订对Q公司存货的监盘计划,由助理人员实施监盘程序。

(1) C注册会计师在制订监盘计划时,应与Q公司沟通,确定抽查的重点。

(2) 对已作销售处理但尚未发货的存货,未单独摆放。C注册会计师未要求纳入盘点范围,助理人员也未实施其他审计程序。

(3) 在抽查存货盘点结束时,助理人员从存货实物选取项目追查至存货盘点记录,目的是测试存货盘点记录的完整性。

(4) Q公司的一批重要存货,已经被银行质押,助理人员通过电话询问了其真实性。

(5) 对Q公司存放在露天的原材料——钢材,助理人员认为全部过磅工作量大,仅检查原材料的收发记录。

(6) Q公司有一批辐射性化学品,无法进行正常监盘,助理人员仅询问了相关人员就确认了这批化学品的存在。

要求:针对事项(1)~(6),分别指出监盘计划和监盘工作有无不妥之处,若有,请予以更正。

34. 注册会计师在对被审计单位存货进行监盘时,需要运用相关的职业判断,请回答下列问题:

(1) 注册会计师可供选择的监盘程序包括哪些?

(2) 对于将要检查的存货项目,注册会计师是否应当与被审计单位进行沟通?

(3) 对于通过实施检查程序发现的差异,注册会计师应实施何种审计程序?

(4) 存货监盘结束前注册会计师应该怎么做?

35. 某注册会计师接受委托,对常年审计客户丙公司2016年度财务报表进行审计。丙公司为玻璃制造企业,存货主要有玻璃、烧碱和煤炭,其中少量玻璃存放于外地公用仓库。另有丁公司部分水泥存放于丙公司的仓库。丙公司拟于2016年12月29日至31日盘点存货,以下是注册会计师撰写的存货监盘计划的部分内容。

存货监盘计划

一、存货监盘目标

检查丙公司2016年12月31日存货数量是否真实完整。

二、存货监盘范围

2016年12月31日库存的所有存货，包括玻璃、煤炭、烧碱和水泥。

三、监盘时间

存货监盘与检查时间均为2016年12月31日。

四、存货监盘的主要程序

1. 与管理层讨论存货监盘计划。

2. 观察丙公司盘点人员是否按照计划盘点。

3. 检查相关凭证以证实盘点截止日前所有已确认为销售但尚未装运出库的存货均已纳入盘点范围。

4. 对于存放外地公用仓库的玻璃，主要实施检查货运文件、出库记录等替代程序。

要求：

(1) 请指出存货监盘计划中的目标、范围和时间存在的错误，并简要说明理由。

(2) 请判断存货监盘计划中列示的主要程序是否恰当，如不恰当，请予以修改。

36. 在对G公司2016年度会计报表进行审计时，M注册会计师负责审计货币资金项目。G公司在总部和营业部均设有出纳部门。为顺利监盘库存现金，M注册会计师在监盘前一天通知G公司会计主管人员做好监盘准备。考虑到出纳日常工作安排，对总部和营业部库存现金的监盘时间分别定在上午10点和下午3点。监盘时，出纳把现金放入保险柜，并将已办妥现金收付手续的交易登入现金日记账，结出现金日记账余额；然后，M注册会计师当场盘点现金，在与现金日记账核对后填写“库存现金盘点表”，并在签字后形成审计工作底稿。

要求：请指出上述库存现金监盘工作中有哪些不当之处，并提出改进建议。

37. ABC会计师事务所承接了甲公司2016年度财务报表审计工作，A、B注册会计师在审计银行存款过程中，有如下事项：

(1) 与银行存款函证相关审计计划部分内容如下：A、B注册会计师向甲公司在本期存过款的银行发函，但不包括零余额账户和在本期内注销的账户；A、B注册会计师直接认定银行在回函工作中不会与企业合谋向注册会计师发出带有虚假陈述的回函，认定无须考虑与此相关的舞弊导致的重大错报风险；A、B注册会计师决定以ABC会计师事务所的名义向银行寄发询证函。

(2) ABC会计师事务所收到A银行回函后，发现A银行回函表明企业银行存款日记账金额与回函金额有差异。

(3) E银行账户的银行对账单余额为1 585 000元，甲公司银行存款日记账余额为 1 665 000 元，在检查该账户银行存款余额调节表时，A、B 注册会计师注意到以下事项：在途存款 150 000 元；未提现支票 50 000 元；未入账的银行存款利息收入 45 000 元；未入账的银行代扣水电费 25 000 元。

要求：

（1）请针对事项（1），指出银行存款函证相关审计工作计划中的不当之处。并简单说明理由。

（2）针对事项（2）中函证回函所表明的差异，分析产生该差异的主要原因有哪些。

（3）针对甲公司 A 银行账户的银行对账单余额与银行存款日记账余额不符，注册会计师实施的最有效的审计程序是什么？

（4）针对事项（3），请填写下列银行存款余额调节表。假定不考虑其他因素，请指出 E 银行账户审定后的金额是多少。

银行存款余额调节表

2016 年 12 月 31 日　　　　单位：元

银行调节项目	金　额	企业调节项目	金　额
银行对账单余额		银行存款日记账余额	
加：企业已收，银行未收		加：银行已收，企业未收	
减：企业已付，银行未付		减：银行已付，企业未付	
实际存款金额		实际存款金额	

38. ABC 会计师事务所于 2016 年 2 月 12 日首次承接了 X 公司（属于上市公司）2015 年度财务报表审计业务，委派 A、B 注册会计师负责审计。A、B 注册会计师向前任了解情况，并阅读了前任审计工作底稿。得知 X 公司已经两年连续亏损，如果继续亏损可能导致退市的严重后果，但前任注册会计师对管理层、治理层诚信评价很高。注册会计师 A、B 在审计中了解到 X 公司 2015 年年末与一家未经本会计师事务所及其他会计师事务所审计的客户发生了大额销售交易，从而扭转了上年亏损的局面，出现少额盈利。请回答下列问题：

（1）A、B 注册会计师能否直接假定 X 公司收入存在舞弊风险？

（2）一般而言，A、B 注册会计师应对舞弊的总体应对措施包括哪些？

（3）注册会计师 A、B 了解到 X 公司管理层凌驾于控制之上的舞弊风险很大，注册会计师的具体审计思路是怎样的？

39. 已知：（1）甲公司拥有 3 家子公司，分别生产不同的饮料产品。甲公司所处行业整体竞争激烈，市场处于饱和状态，同行业公司的主营业务收入年增长率低于 5%，但甲公司董事会仍要求管理层将 2016 年度主营业务收入增长率确定为

8%。管理层编制的甲公司2016年度财务报表显示，已按计划实现收入。

(2) 甲公司管理层除领取固定工资外，其奖金金额与当年完成主营业务收入的情况挂钩。

(3) 在以前年度审计中，A注册会计师没有发现甲公司收入确认方面存在舞弊行为，因此，在2016年度审计中，A注册会计师未将收入确认作为由于舞弊导致的重大错报风险领域。

(4) 在对日常会计核算过程中编制的会计分录以及编制财务报表过程中作出的其他调整进行测试时，A注册会计师向参与财务报告编制过程的人员询问了与处理会计分录和其他调整相关的不恰当或异常的活动。

要求：

(1) 针对事项(1)和(2)，分析甲公司是否存在舞弊风险因素，并简要说明理由。

(2) 针对事项(3)，分析A注册会计师未将收入确认作为由于舞弊导致的重大错报风险领域是否适当，并简要说明理由。

(3) 针对事项(4)，简要说明A注册会计师除实施询问程序外，还应当实施哪些程序。

40. A公司是一家集种猪繁育、生猪养殖、屠宰加工、肉制品深加工及物流配送于一体的企业。M事务所所负责审计A公司2016年度财务报表，委派注册会计师李某担任项目合伙人。在审计过程中，注册会计师遇到下列事项：

(1) A公司所处行业整体竞争激烈，市场处于饱和状态，同行业公司的主营业务收入增长率低于5%，但A公司董事会仍要求管理层将2016年度主营业务收入增长率确定为8%，管理层编制的A公司2016年度财务报表显示，已按计划实现收入。

(2) A公司因一项海外投资决策失误于2015年发生巨额亏损，导致银行借款申请展期，按协议约定，如2016年度不能扭亏为盈，A公司将以一条主要生产线偿还借款。

(3) 在以前年度审计中，注册会计师李某未将收入确认为由于舞弊导致的重大错报风险领域。

要求：

(1) 针对事项(1)和(2)，分析A公司是否存在舞弊风险因素，并简要说明理由。

(2) 针对事项(3)，分析注册会计师李某未将收入确认为由于舞弊导致的重大错报风险领域是否适当，并简要说明理由。

41. D集团公司拥有A公司等3家子公司。ABC会计师事务所负责审计D

集团公司2016年度财务报表，对3家子公司的审计或审阅工作由组成部分注册会计师（非ABC会计师事务所）执行。集团项目组在审计工作底稿中记录了对参与组成部分注册会计师工作的考虑，部分内容摘录如下：

组成部分	是否为重要组成(是/否)	确定为重要组成部分的原因	拟执行工作的类型	对参与组成部分注册会计师工作的考虑
A公司	是	具有可能导致集团财务报表发生重大错报的特别风险	审计	参加组成部分注册会计师实施的风险评估程序，根据对组成部分注册会计师的了解，拟不再参加进一步审计程序
B公司	否		审阅	根据对组成部分注册会计师的了解，拟不参与组成部分注册会计师的工作

要求：

(1) 逐项指出集团项目组对参与组成部分注册会计师工作的考虑是否恰当。如不恰当，简要说明理由。将答案填于表格内。

组成部分	是否恰当(是/否)	理　由

(2) C公司是具有财务重大性的组成部分。请回答集团项目组是否应当参与组成部分注册会计师的风险评估工作。如果参与，至少应当实施哪些程序？

42. ABC会计师事务所拟承接D集团2016年财务报表审计业务，同时拟指派A注册会计师为D集团项目合伙人。相关资料如下：

D集团持有合营企业40%的股权，2016年度按权益法核算确认的投资收益占当年审计前利润总额的30%。合营企业2016年度财务报表由其他注册会计师审计。

要求：如果A注册会计师拟参与其他注册会计师对合营企业的风险评估工作，指出通常应当实施哪些审计程序。

43. A和B注册会计师首次接受委托，负责审计上市公司甲公司2016年度财务报表。相关资料如下：

资料一：甲公司持有联营企业40%的股权，2016年度按权益法核算确认的投资收益占当年未审利润总额的30%。联营企业2016年度财务报表由其他注册会计师审计。

资料二：A注册会计师从固定资产明细账的期初余额中选取样本，检查采购合同和发票等原始单证，以获取与固定资产原值的期初余额相关的各项认定的审计证据。

资料三：B注册会计师对主营业务收入的发生认定进行审计，编制了审计工作底稿，部分内容摘录如下（金额单位：万元）：

记账凭证日期	记账凭证编号	记账凭证金额	发票日期	出库单日期
2016 年 1 月 5 日	转字 10	12	2016 年 1 月 8 日	2016 年 1 月 8 日
2016 年 2 月 20 日	转字 30	—120	2016 年 2 月 20 日	不适用
2016 年 2 月 28 日	转字 45	7	2016 年 2 月 27 日	2016 年 2 月 27 日
2016 年 3 月 20 日	转字 40	8	2016 年 3 月 19 日	2016 年 3 月 19 日
（略）				
2016 年 11 月 3 日	转字 4	10	2016 年 11 月 2 日	2016 年 11 月 2 日
2016 年 11 月 15 日	转字 28	200	2016 年 11 月 14 日	2016 年 11 月 14 日
2016 年 12 月 10 日	转字 50	250	2016 年 12 月 10 日	2016 年 12 月 10 日

审计说明：

（1）根据销售合同约定，在客户收到货物、验收合格并签发收货通知后，甲公司取得收取货款的权利。审计中已检查销售合同。

（2）已检查记账凭证日期、发票日期和出库单日期，未发现异常。发票和出库单中的其他信息与记账凭证一致。

（3）11 月转字 28 号和 12 月转字 50 号记账凭证反映的销售额较高，财务经理解释系调整售价所致。

（4）2 月转字 30 号记账凭证反映，甲公司在 2015 年度销售并确认收入的一笔交易，于 2016 年 2 月发生销售退回。甲公司未按规定调整 2015 年度财务报表，前任注册会计师于 2016 年 3 月对甲公司 2015 年度财务报表出具了标准审计报告。

资料四：因主导产品不符合国家环保要求，政府部门于 2016 年 12 月要求甲公司在 2017 年 9 月 30 日前停止生产和销售该类产品。A 和 B 注册会计师复核了管理层对持续经营能力作出的评估和拟采取的应对措施，认为在编制财务报表时运用持续经营假设是适当的，但可能导致对持续经营能力产生重大疑虑的事项或情况存在重大不确定性。甲公司已在财务报表附注中作出充分披露。

要求：

（1）针对资料一，如果 A 和 B 注册会计师拟参与其他注册会计师对联营企业的风险评估工作，指出通常应当实施哪些审计程序。

（2）针对资料二，假定不考虑其他条件，就给出的与固定资产原值的期初余额相关的认定，逐项指出 A 注册会计师实施的审计程序是否可以获取充分、适当的审计证据；如果不能获取充分、适当的审计证据，指出针对这些认定应当实施的一项主要实质性程序和审计路径起点。将答案直接填入相应的表格内。

（3）针对资料三中的审计说明第（1）至第（3）项，逐项指出注册会计师实施的审计程序中存在的不当之处，并简要说明理由。

（4）针对资料三中的审计说明第（4）项，假定不考虑其他条件，如果拟对 2013 年度财务报表出具标准审计报告，按照《中国注册会计师审计准则第 1511 号——比较数据》的要求，指出管理层和注册会计师分别应当采取哪些措施。

（5）假定只存在资料四所述情况，代为编写以下审计报告：

审计报告

甲公司全体股东：

一、对财务报表出具的审计报告

（一）（略）

（二）（略）

（三）（略）

（四）管理层和治理层对财务报表的责任（略）

（五）注册会计师对财务报表审计的责任（略）

二、按照相关法律法规的要求报告的事项

（本部分的格式和内容，取决于相关法律法规对其他报告责任的性质的规定。）

×××会计师事务所	中国注册会计师：A
（盖章）	（签名并盖章）
中国××市	中国注册会计师：B
	（签名并盖章）
	2017 年×月×日

44. 公开发行 A 股的乙股份有限公司（以下简称乙公司）系 ABC 会计师事务所的常年审计客户。C 和 D 注册会计师负责对乙公司 2016 年度财务报表进行审计，在对甲公司的审计过程中，C 和 D 注册会计师注意到以下事项：

（1）乙公司 2016 年 1 月 1 日售出大型设备一套，协议约定采用分期收款方式，从 2016 年起，分 5 年分期收款，每年 1 000 万元，于每年年末收取，合计 5 000 万元，成本为 3 000 万元。不考虑增值税。假定销货方在销售成立日应收金额的公允价值为 4 000 万元，银行同期贷款利率为 5%。乙公司在 2016 年末确认收入，乙公司的会计处理如下：

借：银行存款	1 000	
贷：长期应收款		1 000
借：分期收款发出商品	3 000	
贷：库存商品		3 000

（2）乙公司于 2016 年 10 月 20 日与 A 公司签订一项购销合同，合同规定，乙公司为 A 公司建造安装两台电梯。合同价款为 1 000 万元，成本 800 万元。按合同规定，A 公司在乙公司交付商品前预付价款的 20%，其余价款将在乙公司将商品运抵 A 公司并安装检验合格后才予以支付，于发出商品时开出增值税专用发票。乙公司于本年度 12 月 25 日将完成的商品运抵 A 公司，并收到 20%的款项，

预计于次年 1 月 31 日全部安装完成。乙公司确认了 1 000 万元的收入，结转成本 800 万元。乙公司的会计处理如下：

借：银行存款	200	
贷：预收账款		200
借：预收账款	1 170	
贷：主营业务收入		1 000
应交税费——应交增值税		170
借：主营业务成本	800	
贷：库存商品		800

(3) 2016 年 12 月 1 日，乙公司与 B 公司签订销售合同，向 B 公司销售一批商品。合同规定：商品的销售价格为 700 万元，乙公司于 2017 年 4 月 30 日以 740 万元的价格购回该批商品。2016 年 12 月 1 日，乙公司根据销售合同发出商品，开出的增值税专用发票上注明的商品销售价格为 700 万元，增值税额为 119 万元；款项已收到并存入银行；该批商品的实际成本为 600 万元。

甲公司的会计处理如下：

借：银行存款	819	
贷：主营业务收入		700
应交税费——应交增值税(销项税额)		119
借：主营业务成本	600	
贷：库存商品		600

(4) 乙公司采用以旧换新方式销售给 C 公司产品 4 台，单位售价为 50 万元，单位成本为 30 万元；同时收回 4 台同类旧商品，每台回收价为 5 万元(不考虑增值税)，款项尚未收到，乙公司的会计处理是：

借：应收账款	234	
贷：主营业务收入		200
应交税费——应交增值税(销项税额)		34
借：主营业务成本	100	
贷：库存商品		100

要求：如果不考虑审计重要性水平，针对资料中的事项(1)至事项(4)，请分别回答 C 和 D 注册会计师是否需要提出审计处理建议？若需提出审计调整建议，请直接列示审计调整分录(审计调整分录均不考虑对乙公司 2016 年度的企业所得税、期末结转损益及利润分配的影响，下同)。

45. 甲公司系股份有限公司,每年的年度财务报告均于次年的4月对外公布,2016年度发生的相关交易和事项及其会计处理如下:

(1) 甲公司会计政策规定,采用平均年限法计提固定资产折旧,每年年度终了对固定资产进行逐项检查,考虑是否计提固定资产减值准备。甲公司的办公大楼于2015年1月启用,原值4 000万元,预计使用年限为20年,预计净残值为400万元。2015年12月31日经审计的该项固定资产的净值为3 835万元,该项固定资产的减值准备余额为458万元。由于自2016年1月起该项固定资产因故停用,甲公司因此未计提其2016年度的折旧。

(2) 甲公司2016年12月31日应付账款账户余额为贷方余额800万元,其明细组成如下:

应付账款——a公司	500
应付账款——b公司	350
应付账款——c公司	−150
应付账款——d公司	100
合计	800

(3) 在建工程中有房屋建筑物(办公楼)2 000万元,本年6月已完工交付使用,但甲公司未结转固定资产。(该公司房屋建筑物的残值率3%,使用年限30年)

(4) 甲公司与东奥公司于2016年8月1日签订协议,东奥公司同意甲公司以其持有的交易性金融资产支付所欠800万元贷款。交易双方已于当月办妥相关的法律手续。甲公司交易性金融资产的账面余额为500万元。假定不考虑该交易应支付的相关税费,甲公司对该交易作了如下会计处理:

借:应付账款——东奥公司	800	
贷:交易性金融资产		500
资本公积——其他资本公积		300

(5) 2013年1月1日,甲公司以银行存款6 000万元购入一项无形资产。2013年年末未发生减值,2014年年末和2015年年末,丙公司预计该项无形资产的可收回金额分别为4 000万元和3 556万元。该项无形资产的预计使用年限为10年,按月采用直线法摊销。甲公司于每年年末对无形资产计提减值准备;计提减值准备后,原预计使用年限不变。甲公司2016年未摊销该无形资产。

要求:若应当建议作出审计调整的,请按年度直接列示全部相应的审计调整分录(包括重分类调整分录)。在编制审计调整分录时,不考虑调整分录对所得税和期末结转损益的影响。

46. C注册会计师对H公司2016年度会计报表进行审计,H公司总资产

2 500万应收账款项目在资产负债表上列示为1 000万元，控制风险评价为低水平；应付账款项目在资产负债表上列示为610万元，控制风险评价为高水平，请分析注册会计师是否需要对应收、应付账款进行函证？原因何在？

47. X公司2016年度1～12月份未审主营业务收入、主营业务成本列示如下：

金额单位：万元

月　份	主营业务收入	主营业务成本
1	7 800	7 566
2	7 600	6 764
3	7 400	6 512
4	7 700	6 768
5	7 800	6 981
6	7 850	6 947
7	7 950	7 115
8	7 700	6 830
9	7 600	6 832
10	7 900	7 111
11	8 100	7 280
12	18 900	15 139
合计	104 300	91 845

要求：为确定重点审计领域，注册会计师拟对上述资料实施实质性分析程序。请指出主营业务收入和主营业务成本的重点审计领域，并简要说明理由。

48. 注册会计师张明对远东公司存货项目的相关内部控制进行研究评价以后，发现存在以下五种可能导致错误的情况：

(1) 所有存货都未经认真盘点。

(2) 委托明光公司加工的甲材料可能不存在。

(3) 财务报表日前已验收入库但发票未到的部分原材料，已列入盘点存货内，但在财务报表日后作了相应会计处理。

(4) 本年度对存货发出计价方法由加权平均法改为先进先出法。

(5) 远东公司的存货以前年度未经审计。

要求：为了证实上述情况是否会导致错报，注册会计师张明应分别执行的最主要的实质性程序是什么？

49. ABC会计师事务所接受甲股份有限公司(上市公司,后简称甲公司)委托,连续审计甲公司2016年度财务报表。A注册会计师担任审计项目合伙人。甲公司2014年度、2015年度经营均是亏损状态,2016年度实现扭亏为盈,实现盈利15万元。A注册会计师对甲公司实施风险评估程序后,初步了解到甲公司财务报表存在多记2016年营业收入的风险。A注册会计师要求审计项目组将利润表的营业收入项目作为重大错报风险领域,拟订了重点测试计划。

要求:根据甲公司的以上情形,请分析并回答:

(1) A注册会计师了解甲公司相关内部控制后,决定将开具销售发票这一环节作为控制测试的重点。为了降低开具销售发票过程中出现重复、遗漏、错误计价或其他差错,甲公司应当对此建立哪些控制活动?

(2) A注册会计师拟定的重点测试计划中,甲公司高估营业收入主要有哪些类型?针对每一种类型,请写出简要审计程序,并填入表1。

表1

高估收入主要的三类情形	相应的程序

(3) 如果A注册会计师拟重点实施营业收入截止测试,请分别回答截止测试的三条审计路线中的起点分别是什么?每条审计路线的截止测试程序分别是什么?每条审计路线主要测试的目的分别是什么?并将答案填入表2。

表2

截止测试路线	测 试 起 点	实施的截止测试程序	实施的主要目的
1			
2			
3			

50. ABC会计师事务所首次承接甲公司2016年度财务报表审计业务,A注册会计师担任审计项目合伙人。A注册会计师了解到甲公司2015年以及以前年度是C会计师事务所的审计客户,C会计师事务所对甲公司2015年度财务报表出具了否定意见的审计报告,审计事项涉及甲公司收入确认可能存在虚假信息。A注册会计师同时了解到,国家证券监管部门正在对甲公司连续几年财务报表收入增长、股价增长等问题进行监督检查,但一直未公布最终检查结果。A注册会计师根

据其了解的情况制订了以下具体审计计划：

（1）A注册会计师直接将甲公司的销售与收款循环作为重点审计领域。

（2）A注册会计师在进行存货监盘前，与甲公司管理层讨论甲公司的存货盘点计划和审计项目组存货监盘计划。

（3）A注册会计师在对应收账款函证前，向甲公司索取债务人联系方式，以便尽早实施函证。

（4）A注册会计师与甲公司签订审计业务约定书时，提请甲公司应允许审计项目组接触与编制财务报表相关的所有财务信息、非财务信息，以及应允许审计项目组不受限制地接触其认为必要的内部人员和其他相关人员。

（5）A注册会计师提请甲公司就财务报表是否不存在舞弊提供书面声明，如果书面声明中回答甲公司财务报表不存在舞弊，则减少对甲公司各业务流程了解的范围，主要依赖控制测试。减少实质性程序，以便提高审计质量的同时降低审计成本。

要求：请根据审计准则的相关规定，结合了解到的甲公司具体情况。对A注册会计师以上事项（1）～（5）的具体审计计划进行分析，判断是否恰当，并简要说明理由。

综合案例分析题参考答案

1. 事项(1)不符合规定。会计师事务所主任会计师对质量控制制度承担最终责任。

事项(2)不符合规定。所有上市公司审计项目均应执行质量控制复核。

事项(3)符合规定。重大问题分歧未解决前不应出具审计报告。

事项(4)不符合规定。业务检查的周期不得超过3年,每3年至少应检查每个合伙人的业务一次。

事项(5)不符合规定。应将有关客户关系和审计业务的接受与保持的评估结论形成审计工作底稿。

事项(6)不符合规定。归档后,可以增加和修改、但不能删除或废弃审计工作底稿。

2. (1) 该项业务作为鉴证业务,属于基于责任方认定的历史性财务信息审计业务;注册会计师为此应提供合理保证,并采用积极的方式提出审计意见。

(2) 三方关系中的注册会计师是指K会计师事务所、责任方是指U公司管理层、预期使用者是指H银行。

(3) 鉴证对象:U公司偿还H银行债务的能力,鉴证对象信息:U公司2016年12月31日资产负债表中的资产和负债类项目;标准:财政部颁布的《企业会计准则》。

(4) 在初步了解业务环境后,只有认为符合独立性和专业胜任能力等相关职业道德的要求,并且拟承接的业务具备下列特征时,K会计师事务所才能承接该鉴证业务:

① 鉴证对象适当。

② 使用的标准适当且预期使用者能够获得该标准。

③ 注册会计师能够获取充分、适当的证据以支持其结论。

④ 注册会计师的结论以书面报告形式表述,且表述形式与所提供的保证程度相适应。

⑤ 业务具有合理的目的。

3. 事项(1)不违反。担任甲公司关键审计合伙人没有超过五年,不违反有关独立性要求。

事项(2)违反。会计师事务所不得向审计客户(甲公司)支付业务介绍费。

事项(3)违反。审计项目组成员B授权给理财顾问管理的经济利益(股票投资)属于B所拥有的直接经济利益,审计项目组成员不得在其审计客户拥有直接经济利益,否则对独立性产生严重不利影响。

事项(4)违反。审计项目组成员C的妻子曾在2016年财务报表审计涵盖期间担任能对财务报表的编制施加重大影响的职务,对独立性产生严重不利影响。

事项(5)违反。该交易不属于公平交易,将对独立性产生不利影响。

事项(6)违反。财务经理涉及管理层职责,短期借调员工不得承担甲公司的管理层职责,否则对独立性产生不利影响。

4. (1) 对独立性构成威胁。项目组负责人A注册会计师与审计客户的高级管理人员副总经理H之间存在长期交往,产生密切关系对独立性的威胁。

(2) 对独立性构成威胁。项目组成员B与审计客户的基建处处长I关系密切,而且因为I是基建处处长,所以很可能会对财务报表中的在建工程等产生重大影响。同时项目组成员B是按照甲公司职工的付款标准付款的,并不是市场上的公允价,所以构成对独立性的威胁。

(3) 对独立性不构成威胁。项目组成员C与审计客户甲公司的财务经理是校友关系,但不构成密切关系,所以不构成对独立性的影响。

(4) 对独立性不构成威胁。项目组成员D的朋友拥有甲公司的债券,并不能够视同是D拥有审计客户的经济利益关系,也没有说是密切的朋友,所以不构成对独立性的影响。

(5) 对独立性不构成威胁。原会计师事务所行政部经理E进入审计客户担任办公室主任的职务。由于E在会计师事务所没有具体从事过对甲公司的审计业务,同时在审计客户担任的职务对财务报表审计业务也没有影响,而且时间已经相隔3年,所以不构成对独立性的影响。

对独立性产生威胁。项目组成员F的父亲可以对审计客户甲公司施加控制的乙上市公司拥有直接经济利益,并且甲公司对乙公司重要(由于甲是乙的子公司),则将产生重大的自身利益威胁。

5. (1) 审计工作底稿归整期不符合审计准则。理由:审计工作底稿归档期限是审计报告日后60天内,ABC会计师事务所至少应当在4月15日前归档。

(2) 审计工作底稿归整期后的变动不符合审计准则。理由:A注册会计师在2014年5月20日意识到甲公司存在舞弊行为属于“例外事项实施新的或追加的审计程序”导致修改底稿的情形。A注册会计师应当记录以下内容:

①修改或增加审计工作底稿的时间和人员,以及复核的时间和人员。②修改

或增加审计工作底稿的具体理由。③修改或增加审计工作底稿对审计结论产生的影响。

(3) ABC会计师事务所销毁甲公司审计工作底稿严重违背审计准则要求。理由:①会计师事务所应当自审计报告日起,对审计工作底稿至少保存10年。②注册会计师不得在规定的保存期届满前删除或废弃审计工作底稿。

ABC会计师事务所应当对审计工作底稿实施的控制程序包括:①安全保管业务工作底稿并对业务工作底稿保密。②保证业务工作底稿的完整性。③设计和实施控制便于使用和检索业务工作底稿。④按照规定的期限保存业务工作底稿。

6.

状况序号	审计程序	审计目标	审计证据类型
①	对期末现金进行重盘	报表反映适当性	实物证据
②	对期末存货截止期进行测试	存在性,会计记录完整性	书面证据
③	询问管理当局,函证X公司	存在性,会计记录完整性,所有权	口头证据 书面证据
④	询问管理当局,函证Y公司审阅相应有关合同与信函	所有权归属,报表反映适当性	口头证据 书面证据
⑤	对上一年度的会计记录进行适当审阅并与前任CPA沟通	报表反映适当性	书面证据

7. (1) 存在不当之处。在承接业务前,项目负责人A注册会计师应在取得甲公司的书面授权后,与前任注册会计师进行沟通。XYZ会计师事务所和DFG会计师事务所均属于前任注册会计师,均应进行沟通。

(2) 存在不当之处。按照质量控制准则和职业道德的规定,能否承接业务,除了考虑管理层是否诚信外,还要评价是否具有专业胜任能力和独立性。

(3) 存在不当之处。在通过查阅前任的工作底稿获取期初余额的证据时,注册会计师不能直接得出结论,必须考虑前任的独立性和专业胜任能力,不能完全依赖前任的工作底稿。

(4) 存在不当之处。如果期初余额存在对本期财务报表产生重大影响的错报,注册会计师应当告知被审计单位管理层,并提请管理层调整;如果上期财务报表由前任注册会计师审计,注册会计师还应当考虑提请被审计单位管理层告知前任注册会计师,必要时安排三方会谈。

(5) 存在不当之处。查阅前任注册会计师工作底稿获取的信息可能影响后任注册会计师实施审计程序的性质、时间和范围,但后任注册会计师应当对自身实施的审计程序和得出的审计结论负责。后任注册会计师不应在审计报告中表明,其审计意见全部或部分地依赖前任注册会计师的审计报告或工作。

8. 事项(1)存在不当之处。重要性的确定是根据具体环境作出的，不能仅根据两个公司的业务性质和规模相似，而使用相同的重要性水平。

事项(2)存在不当之处。计划审计工作不是一个孤立的阶段，而是一个持续不断修正的过程，贯穿于审计业务的始终。

事项(3)无不当之处。

事项(4)存在不当之处。除非监盘程序不可行的，否则注册会计师应对存货实施监盘程序。注册会计师不能由于时间、成本等原因，减少必要的审计程序。

事项(5)无不当之处。

9. (1) 降低交易性金融资产项目的重要性水平将导致本项目可接受检查风险提高，但不影响本项目可接受审计风险。因为可接受检查风险是注册会计师未能发现本项目存在的重大错报的可能性，而重要性水平是界定错报是否重大的重要标准。随着重要性水平的降低，本项目中存在的重大错报风险随之增加，注册会计师应根据更低的可接受检查风险水平确定应实施的审计程序和应获取的审计证据，以便查出更多的重大错报。可接受审计风险代表了审计业务的保证程度，不随具体情况的变化而变化。

(2) 针对上述情况，注册会计师应增加审计证据的数量，这将增加所耗费的审计时间，并导致审计程序实施范围的扩大。

(3) 在审计程序的种类上，注册会计师应着重增加监盘、函证两种审计程序的范围。具体来说，对于 M 公司自行保管的与交易性金融资产相关的有价证券，应实施更为广泛的监盘程序，对由金融机构代管的证券，应增加函证的数量。

10. (1) 购货发票较为可靠。购货发票是注册会计师从被审计单位以外的单位获取的审计证据，比被审计单位提供的收料单更可靠。

(2) 销货发票副本较为可靠。销货发票副本属于在被审计单位外部流传的证据，比仅在被审计单位内部流传的产品出库单更可靠。

(3) 领料单较为可靠。材料成本计算表所依据的原始凭证是领料单，因此，领料单比材料成本计算表更可靠。

(4) 工资发放单较为可靠。工资发放单上有受领人的签字。所以，工资发放单较工资计算单更可靠。

(5) 存货监盘记录较为可靠。存货盘点表是被审计单位对存货盘点的记录，而存货监盘记录是注册会计师实施存货监盘程序的记录，所以，存货监盘记录较存货盘点表更可靠。

(6) 银行询证函回函较为可靠。注册会计师直接获取的银行存款函证回函较被审计单位提供的银行对账单更可靠。

11.

审计程序	获取审计证据的方法	实现的主要审计目标
(1)	重新计算	计价和分摊
(2)	函证	存在
(3)	重新执行	测试内部控制是否得到有效执行
(4)	监盘	存在、权利和义务

12. (1) 不恰当。注册会计师应当对函证的全过程保持控制/可靠性不足。

(2) 恰当。

(3) 不恰当。注册会计师应当核实被询证者的信息;/电子回函的可靠性存在风险,注册会计师和回函者要采用一定的程序创造安全环境。

(4) 不恰当。函证的差异不能仅以口头解释为证据,/应实施其他审计程序核实不符事项。

(5) 不恰当。选取特定项目的方法不能以样本的测试结果推断至总体/仍然可能存在重大错报风险。

13. (1) 不符合。按规定,审计工作底稿编制应使未曾接触该项审计工作的有经验的专业人士清楚地了解所实施的审计程序的性质、时间和范围。

(2) 不符合。审计工作底稿的复核应由项目组内经验较多的人员(包括项目负责人)复核经验较少人员的工作,相互复核是不正确的。

(3) 不符合。项目质量控制复核人对审计工作底稿的复核不是逐张复核,故只需在所复核的工作底稿上签字,无需逐张签字。

(4) 不符合。项目质量控制复核的重点内容是项目组做出的重大判断和项目在准备审计报告时得出的结论。

(5) 不符合。当审计程序结果表明需要修正对重大错报风险的评估,而且要修改相应的应对措施时,才将该结果列为重大事项。

(6) 符合。注册会计师应当及时记录与管理层、治理层和其他人员对重大事项的讨论,包括讨论的内容、时间、地点和参加人员。

14. (1) 该事项不重要。1 820/40 000 000×100%=0.004 55%,占比很小,达不到重要性水平。在审计实施阶段,审计人员可获取相关证据,出具管理建议书,将相关内控存在的问题报告给管理层,并提出建议措施。在出具报告阶段,无需进行调整与披露。但可以就该内控事宜与管理层沟通,可以与管理层商讨就该内控事项做出的调整计划与步骤。

(2) 该单独事项不重要。3 850/8 000 000×100%=0.0481 25%,未达重要性水平。但该事项性质比较重要。审计人员在审计实施阶段应注意增加审计程序,搜集相关证据,看有无类似收入列入小金库的事项,并汇总进行统计。如果金额较大,要做出调整。如果被审计单位拒绝调整,如果汇总金额较大,审计人员拟出具保留意见的审计报告。同样,审计人员在审计实施阶段可就该事项出具管理建议书,与管理层商讨加强内控措施。

(3) 该事项构成重大事项,对存货这个资产负债表项目来说,已超过其重要性水平。

15. (1) 在制订计划时,注册会计师应使用被认为对任何一张财务报表都重要的最小的错报总体水平,所以应选择 150 万元作为所有财务报表的计划重要性水平,即财务报表层次的重要性水平。

(2) 在计划审计工作时,注册会计师应当考虑导致财务报表发生重大错报的原因。注册会计师应当在了解被审计单位及其环境的基础上确定重要性,并随着审计过程的推进,通过计划阶段确定的重要性水平,评估出注册会计师可接受的审计风险及需要获取的审计证据的数量。注册会计师应当对各类交易、账户余额、列报认定层次的重要性进行评估,以有助于进一步确定审计程序的性质、时间和范围,将审计风险降至可接受的低水平。在评价审计程序结果时,注册会计师确定的重要性和审计风险,可能与计划审计工作时评估的重要性和审计风险存在差异。在这种情况下,注册会计师应当重新确定重要性和审计风险,并考虑实施的审计程序是否充分。

(3) 重要性与审计风险之间存在反向关系。重要性水平越高,审计风险越低;重要性水平越低,审计风险越高。注册会计师在确定审计程序的性质、时间和范围时应当考虑这种反向关系。

(4) 此时注册会计师修正的这一重要性水平 100 万元,比原先确定的 150 万元低,审计风险将增加。注册会计师应当选用下列方法将审计风险降至可接受的低水平:①如有可能,通过扩大控制测试范围或实施追加的控制测试,降低评估的重大错报风险,并支持降低后的重大错报风险水平。②通过修改计划实施的实质性程序的性质、时间和范围,降低检查风险。

16.

组成部分	是否恰当(是/否)	理　　由
乙公司	否	组成部分重要性应当低于集团财务报表整体的重要性
丙公司	否	如果实际执行的重要性由组成部分注册会计师确定,应当评价其适当性
丁公司	是	
戊公司	否	如果对组成部分财务信息执行审阅,应当确定组成部分重要性
戊公司	是	
庚公司	是	

17. (1) 相关行业状况、法律环境与监管环境以及其他外部因素;被审计单位的性质;被审计单位对会计政策的选择和运用;被审计单位的目标、战略以及相关

经营风险；被审计单位财务业绩的衡量和评价；被审计单位的内部控制。

（2）A 和 B 注册会计师还可以实时分析程序。

（3）询问如下事项：

① 管理层所关注的主要问题。如新的竞争对手、主要客户和供应商的流失、新的税收法规的实施以及经营目标或战略的变化等。

② 被审计单位最近的财务状况、经营成果和现金流量。

③ 可能影响财务报告的交易和事项，或者目前发生的重大账务处理问题。如重大的购并事宜等。

④ 观察被审计单位的经营活动；检查文件、记录和内部控制手册；阅读由管理层和治理层编制的报告；实地查看被审计单位的生产经营场所和厂房、设备；追踪交易在财务报告信息系统中的处理过程。

18.（一）

情况(1)：玉风公司开辟了新的经营场所。尽管经过了专家的把关，但在新基地生产的产品能否得到市场的认可，仍有待观察。本情况可能影响公司的财务状况，进而导致财务报表产生重大错报，并将增加玉风公司的经营风险。

情况(2)：虽然仓储部门安装了新的信息系统，但该系统并未与玉风公司的财务报告工作直接发生联系，不会导致财务报表产生重大错报风险。

情况(3)：本情况表明玉风公司在开发新的原材料。由于尚处于试验阶段，玉风公司可能存在新的经营风险，进而导致财务报表产生重大错报。

情况(4)：通常情况下，开发新产品将导致重大经营风险的增加，但在本合作协议中，玉风公司以无形资产的使用权出资，除了负责 5 名工程师的工资外，并未有任何资金投入，从而不导致财务报表产生重大错报风险。

情况(5)：稀有玉石的开采是一种风险极高、安全保障较低并严重污染环境的行业。玉风公司在这种高风险、高波动的市场行业开展业务，将导致财务报表重大错报风险以及经营风险的增加。

情况(6)：正常的财务人员轮换有助于降低财务信息的重大错报风险。本情况不属于重大错报风险增加的情形。

情况(7)：出售分支机构属于导致重大错报风险增加的情况之一，预示着玉风公司市场的萎缩，可能导致重大的经营风险。

情况(8)：经营活动受到监管机构的调查可能对经营状况产生严重影响，从而导致财务报表产生重大错报风险和经营风险。

情况(9)：此交易属于重大的非常规交易。很可能直接导致财务报表中利润总额的重大错报，产生重大错报风险。

情况(10)：按照管理层的特定意图记录交易，很可能导致财务报表产生重大错报风险。

（二）

情况(3)导致的重大错报风险属于特别风险。化学试验的性质不仅表明了该情况很可能导致污染环境，而且超出本行业正常生产经营的范围。

情况(5)导致的重大错报风险属于特别风险。玉风公司在高风险、高波动的市场行业开展

情况(8)导致的重大错报风险属于特别风险。经营活动受到监管机构的调查属于重大的或有事项，可能导致玉风公司难以实施有效控制的后果。

情况(9)导致的重大错报风险属于特别风险。具体来说，属于由重大的非常规交易导致的特别风险。

情况(10)导致的重大错报风险属于特别风险。按照管理层的特定意图记录交易，属于管理层过多地干预账户记录的特别风险。

19. (1) 不恰当。应当记录对重要性作出的修改以及理由，因此应当保留原重要性和重新评估的重要性的修改痕迹。

(2) 不恰当。对于需要系统化抽样的审计程序，注册会计师可能会通过记录样本的来源、抽样的起点及抽样间隔来识别已选取的样本。仅仅通过样本的来源，不足以识别已选取的样本。

(3) 恰当。

(4) 不恰当。应当在报告日后 60 天内将工作底稿归档。

(5) 不恰当。在归整审计档案后，如果有必要修改或增加底稿，应记录修改或增加底稿的时间和人员，以及复核的时间和人员；记录修改或增加底稿的理由。

(6) 不恰当。在完成归档后，不应在规定保管期限届满前删除或废弃任何审计工作底稿。

20. (1)抽样间隔＝总体容量÷样本规模＝72÷6＝12，选取的 6 笔应付票据业务分别第 7、19、31、43、55、67 笔业务。实际价值与账面价值的比率＝1 680 000 元÷1 400 000 元＝1.2，Y 公司 2012 年 12 月 31 日应付票据的总体实际价值应推断为(15 000 000 元×1.2)＝18 000 000 元。

21. (1) 估计的存货项目审定金额 ＝980×1 000 ＝ 980 000(元)

(2) 推断的存货项目总体错报 ＝1 000 000－980 000＝20 000(元)由于存货项目的重要性水平为 15 000 元，A 注册会计师推断的总体错报为 20 000 元，大于其重要性水平，说明存货项目存在重大错报，总体不能接受。

22.(1) 均值估计抽样。

9 000 000÷200＝45 000(元)
45 000×6 000＝270 000 000(元)
270 000 000－300 000 000＝－30 000 000(元)

(2) 差额估计抽样。

(9 000 000－12 000 000)÷200＝－15 000(元)
－15 000×6 000＝－90 000 000

(3) 比率估计抽样。

9 000 000÷12 000 000＝3/4
300 000 000×(3/4)＝225 000 000(元)
225 000 000－300 000 000＝－75 000 000

23. (1) 针对上述情况，注册会计师应分别出具的审计报告为：

① 出具保留意见审计报告。因为上期的未决诉讼，前任注册会计师签发了保留意见，而该诉讼到 2013 年 2 月 10 日仍未有结果，且律师还拒绝提供有关信息，所以，应出具保留意见的审计报告。

② 应建议该公司补提 8～12 月份折旧，同时冲减管理费用 30 000 元，并增加固定资产。

其调整分录为：

借：固定资产　　30 000
　　贷：管理费用　　30 000
借：管理费用[(30 000－30 000×5%)÷5÷12×5]　　2 375
　　贷：累计折旧　　2 375

③ 建议该公司在报表附注中披露存货计价方法的变更。如果该公司接受建议则出具无保留意见审计报告；如果拒绝接受建议则出具保留意见审计报告。

(2) 草拟审计报告如下：

审计报告

CA 股份有限公司全体股东：

一、对财务报表出具的审计报告

(一) 保留意见

我们审计了 CA 股份有限公司(以下简称“CA 公司”)财务报表，包括 2016 年 12 月 31 日的资产负债表、2016 年度的利润表、现金流量表和股东权益变动表以及财务报表附注。

我们认为，除“形成保留意见的基础”部分所述事项产生的影响外，后附的财务报表在所有重大方面按照企业会计准则的规定编制，公允反映了CA公司2016年12月31日的财务状况以及2016年度的经营成果和现金流量。

（二）形成保留意见的基础

CA公司2015年度会计报表系由其他会计师事务所审计，而于2016年2月25日出具保留意见的审计报告。由于该未决诉讼案件截至2016年12月31日仍未确定，因此，无法估计其对贵公司2016年度会计报表的影响。

我们按照中国注册会计师审计准则的规定执行了审计工作。审计报告的“注册会计师对财务报表审计的责任”部分进一步阐述了我们在这些准则下职业道德方面的责任。按照中国注册会计师职业道德守则，我们独立于CA公司，并履行了职业道德方面的其他责任。我们相信，我们获取的审计证据是充分、适当的，为发表保留意见提供了基础。

（三）关键审计事项

关键审计事项是根据我们的职业判断，认为对本期财务报表审计最为重要的事项。这些事项是在对财务报表整体进行审计并形成意见的背景下进行处理的，我们不对这些事项提供单独的意见。除“形成保留意见的基础”部分所述事项外，我们确定下列事项是需要在审计报告中沟通的关键审计事项。

（按照《中国注册会计师审计准则第1504号——在审计报告中沟通关键审计事项》的规定描述每一关键审计事项。）

（四）管理层和治理层对财务报表的责任

管理层负责按照企业会计准则的规定编制财务报表，使其实现公允反映，并设计、执行和维护必要的内部控制，以使财务报表不存在由于舞弊或错误导致的重大错报。

在编制财务报表时，管理层负责评估CA公司的持续经营能力，披露与持续经营相关的事项（如适用），并运用持续经营假设，除非计划清算CA公司、停止运营或别无其他现实的选择。

治理层负责监督CA公司的财务报告过程。

（五）注册会计师对财务报表审计的责任

我们的目标是对财务报表整体是否不存在由于舞弊或错误导致的重大错报获取合理保证，并出具包含审计意见的审计报告。合理保证是高水平的保证，但并不能保证按照审计准则执行的审计在某一重大错报存在时总能发现。错报可能由于舞弊或错误导致，如果合理预期错报单独或汇总起来可能影响财务报表使用者依据财务报表作出的经济决策，则通常认为错报是重大的。

在按照审计准则执行审计的过程中，我们运用了职业判断，保持了职业怀疑。我们同时：

(1) 识别和评估由于舞弊或错误导致的财务报表重大错报风险;对这些风险有针对性地设计和实施审计程序;获取充分、适当的审计证据,作为发表审计意见的基础。由于舞弊可能涉及串通、伪造、故意遗漏、虚假陈述或凌驾于内部控制之上,未能发现由于舞弊导致的重大错报的风险高于未能发现由于错误导致的重大错报的风险。

(2) 了解与审计相关的内部控制,以设计恰当的审计程序,但目的并非对内部控制有效性发表意见。

(3) 评价管理层选用会计政策的恰当性和作出会计估计及相关披露的合理性。

(4) 对管理层使用持续经营假设的恰当性得出结论。同时,根据获取的审计证据,就可能导致对CA公司持续经营能力产生重大疑虑的事项或情况是否存在重大不确定性得出结论。如果我们得出结论认为存在重大不确定性,审计准则要求我们在审计报告中提请报表使用者注意财务报表中的相关披露;如果披露不充分,我们应当发表非无保留意见。我们的结论基于审计报告日可获得的信息。然而,未来的事项或情况可能导致CA公司不能持续经营。

(5) 评价财务报表的总体列报、结构和内容(包括披露),并评价财务报表是否公允反映相关交易和事项。

我们与治理层就计划的范围、时间安排和重大审计发现(包括我们在审计中识别的值得关注的内部控制缺陷)等事项进行沟通。

我们还就遵守关于独立性的相关职业道德要求向治理层提供声明,并就可能被合理认为影响我们独立性的所有关系和其他事项,以及相关的防范措施(如适用)与治理层进行沟通。

从与治理层沟通的事项中,我们确定哪些事项对本期财务报表审计最为重要,因而构成关键审计事项。我们在审计报告中描述这些事项,除非法律法规禁止公开披露这些事项,或在极其罕见的情形下,如果合理预期在审计报告中沟通某些事项造成的负面后果超过在公众利益方面产生的益处,我们确定不应在审计报告中沟通该事项。

二、按照相关法律法规的要求报告的事项

(本部分的格式和内容,取决于相关法律法规对其他报告责任的性质的规定。)

×××事务所　　中国注册会计师:孟某

(盖章)　　(签名并盖章)

中国××市　　中国注册会计师:姜某

(签名并盖章)

2017年2月10日

24.（1）王敏对查明BD公司可能存在的错误与舞弊的责任是：①评估公司可能发生的错误与舞弊导致会计报表严重失实的风险。②在规划审计工作时，提供能查明会计报表中可能存在重大错误与舞弊的合理保证。③在编制和实施审计计划时，应以应有的职业怀疑态度取得能查明导致会计报表严重失实的重大错误与舞弊的合理保证。

（2）王敏对BD公司存在的错误与舞弊的报告责任是：①以适当方式向公司管理当局告知审计过程中发现的重大错误及所有舞弊，并详细记录于工作底稿。②对于涉嫌重大错误或舞弊的人员，应当向公司高层管理人员报告。③当怀疑公司最高层管理人员涉及舞弊时，应当考虑采取适当的措施；必要时应当征求律师意见或解除业务约定。

25.（1）不符合规定。项目质量控制复核人在复核期间不以其他方式参与审计业务，否则影响其客观性。

（2）不符合规定。应在接受委托前与前任注册会计师沟通变更事务所的原因，判断是否适宜接受委托。

（3）不符合规定。应在计划阶段针对特定项目实施准则要求在计划阶段应实施的程序。

（4）不符合规定。项目合伙人应复核工作底稿，而不应委托他人复核。

（5）不符合规定。只有在项目组与被咨询方分歧解决后才能出具审计报告

（6）不符合规定。项目质量控制复核应在报告日或之前完成。

26.（1）

事项序号	是否可能表明存在重大错报风险（是/否）	理由	财务报表项目名称及认定
（1）	否		
（2）	是	管理层应根据仲裁进展情况作出会计估计，在财务报表中确认或披露该事项。可能存在未恰当确认或披露的重大错报风险	应付账款（权利与义务/完整） 存货（权利与义务/完整）
（3）	是	2013年年末应付账款一发票未收余额明显低于2012年年末已审数，不合理。上年审计出现低估应付账款的重大错报，本年度可能出现类似重大错报	存货（完整性） 应付账款（完整性）
（4）	是	销售费用实际增长25%，明显超过预算增长率15%，且金额重大，可能存在多计销售费用的重大错报风险	销售费用（发生）

（续表）

事项序号	是否可能表明存在重大错报风险(是/否)	理 由	财务报表项目名称及认定
(5)	是	按预算计提可能导致费用计量不准确。年末预提余额比上年年末增加 61%。可能存在多预提促销活动费的重大错报风险	销售费用(发生) 预提费用(存在)
(6)	否		
(7)	否		

(2)

审计程序序号	是否与根据资料一(结合资料二)识别的重大错报风险直接相关(是/否)	与根据资料一哪一项(结合资料二)识别的重大错报风险直接相关(资料一序号)	如果不直接相关，与该审计程序最相关的项目名称及认定
(1)	否		应付账款(存在)
(2)	否		应付账款(存在/准确性)
(3)	否		应付账款(存在/准确性)
(4)	是	(3)	
(5)	是	(4)(5)	
(6)	是	(4)	
(7)	是	(2)	

(3)

① 审计报告意见类型：A 注册会计师应出具保留意见的审计报告。

② 续编审计报告：

审计报告

甲公司全体股东：

一、对财务报表出具的审计报告

(一) 保留意见

我们审计了甲公司财务报表，包括 2016 年 12 月 31 日的资产负债表、2016 年度的利润表、现金流量表和股东权益变动表以及财务报表附注。

我们认为，除"形成保留意见的基础"部分所述事项产生的影响外，后附的财务报表在所有重大方面按照企业会计准则的规定编制，公允反映了甲公司 2016 年 12 月 31 日的财务状况以及 2016 年度的经营成果和现金流量。

(二) 形成保留意见的基础

甲公司将材料采购的运输费用直接计入当年营业成本，不符合企业会计准则的规定。如计入存货采购成本，存货将增加 600 万元，营业成本将减少 600 万元，净利润和所有者权益将增加 600 万元。

我们按照中国注册会计师审计准则的规定执行了审计工作。审计报告的“注册会计师对财务报表审计的责任”部分进一步阐述了我们在这些准则下职业道德方面的责任。按照中国注册会计师职业道德守则，我们独立于 CA 公司，并履行了职业道德方面的其他责任。我们相信，我们获取的审计证据是充分、适当的，为发表保留意见提供了基础。

（三）关键审计事项

关键审计事项是根据我们的职业判断，认为对本期财务报表审计最为重要的事项。这些事项是在对财务报表整体进行审计并形成意见的背景下进行处理的，我们不对这些事项提供单独的意见。除“形成保留意见的基础”部分所述事项外，我们确定下列事项是需要在审计报告中沟通的关键审计事项。

（按照《中国注册会计师审计准则第 1504 号——在审计报告中沟通关键审计事项》的规定描述每一关键审计事项。）

（四）管理层和治理层对财务报表的责任（略）

（五）注册会计师对财务报表审计的责任（略）

二、按照相关法律法规的要求报告的事项

（本部分的格式和内容，取决于相关法律法规对其他报告责任的性质的规定。）

ABC 会计师事务所　　中国注册会计师：×××

（盖章）　　（签名并盖章）

中国××市　　中国注册会计师：×××

（签名并盖章）

2017 年×月×日

27.（1）事项(1)与销售收入的发生认定直接相关。事项(2)与销售收入的发生认定不直接相关。事项(3)与销售收入的发生认定不直接相关。事项(4)与销售收入的发生认定不直接相关。事项(5)与销售收入的发生认定直接相关。事项(6)与销售收入的发生认定不直接相关。

（2）注册会计师最应当选择事项(5)进行控制测试。客户签收单是确认销售收入发生的关键环节，同时它也是外部来源的证据，因而与事项(1)的控制相比，事项(5)的控制应对销售收入发生认定的错报最有力。

28.（1）事项(1)与营业收入认定无关。事项(2)与营业收入发生认定相关。事项(3)与营业收入的发生和完整性认定相关。事项(4)与营业收入的发生认定相关。事项(5)与营业收入的发生和准确性认定相关。事项(6)与营业收入的发生认定相关。

(2) 注册会计师最应当选择事项(6)进行控制测试。因为甲公司记账会计同时根据发运凭证销售单和销售发票编制记账凭证并确认当期营业收入,能够有效降低虚构销售业务的错报风险。

29. (1) 坏账准备估计不足。坏账准备年末余额 530 万元÷应收账款年末余额 16 553 万元=3.2%,与甲公司披露的 5%的坏账准备计提比例不符,应收账款坏账准备计提不足,影响 12 月 31 日应收账款的"计价和分摊"认定。

(2) 存在错报。

① 2016 年 12 月 31 日 2～3 年应收账款 1 365 万元高于 2016 年 1 月 1 日 1～2 年的应收账款1 186万元。在未发生债务重组的情况下,账龄越长,余额应当越小。

② 同理,应收账款账龄分析中,"2～3 年"和"3 年以上"这两部分的年初数之和仅 2 582 万元,而"3 年以上"的年末数却为 2 874 万元,通常,在甲公司 2014 年度未发生购并、分立和债务重组行为等的前提下是不可能的。

③ 2016 年 12 月 31 日 1 年以内的应收账款比 2016 年 1 月 1 日 1 年以内的应收账款增长 30%,在甲公司 2016 年度未发生购并、分立和债务重组行为,供产销形势与上年相当的前提下是不可能的。

30. (1) 根据甲公司实际情况,拟对应付账款设计以下的实质性分析程序:

① 将甲公司 2016 年应付账款期末余额与期初余额进行比较,分析波动原因。

② 分析长期挂账的应付账款,要求甲公司作出解释,判断甲公司是否缺乏偿债能力或利用应付账款隐瞒利润,并注意其是否可能无须支付。对确实无须支付的应付账款的会计处理是否正确,依据是否充分;关注账龄超过 3 年的大额应付账款在财务报表日后是否偿还,检查偿还记录、单据及披露情况。

③ 计算应付账款与存货的比率,应付账款与流动负债的比率,并与以前年度相关比率对比分析,评价应付账款整体的合理性。

④ 分析存货和营业成本等项目的增减变动,判断应付账款增减变动的合理性。

(2) A 注册会计师应选择 B 公司和 D 公司进行函证。因为应付账款函证对象的确定时应当考虑选择那些可能存在较大余额(D 公司)或财务报表日金额不大,甚至为零,但为甲公司重要供应商的债权人(B 公司)。函证的目的在于查实甲公司有无未入账负债。本年度甲公司从 B、D 两家公司采购了大量商品,漏记负债错报风险比较高。

31. (1) 第(1)项中,甲公司确定的存货整体盘点时间不正确。因与存货相关的内部控制比较薄弱,应当在期末实施盘点。甲公司确定的烧碱存货盘点时间不正确,烧碱分别存放在 A、B 仓库,应在同一时点进行盘点,而不应安排在不同日期。甲公司确定的玻璃存货盘点范围不正确。对存放在外地的占存货总量 39%

的玻璃应当纳入盘点范围，制定盘点程序。

(2) 第(2)项中，对存放在外地公用仓库的玻璃盘点方式不正确。因存放在外地公用仓库的玻璃占存货金额比重较大，应当考虑实地盘点。

(3) 第(3)项中，对堆积型存货数量的确定方法不正确。对于烧碱、煤炭和石英砂，应当运用工程估测、几何计算等计量方法，并依赖详细的存货记录。

(4) 第(4)项中，盘点标签的使用和控制不正确。由负责盘点存货的人员将一套标签粘贴在已盘点的存货上，另一套由其返还给存货盘点监督人员，由监督人员将盘点标签连同存货盘点表交存财务部门。

(5) 第(5)项中，对出现的盘盈或盘亏的存货处理不正确，在盘点结束后，应由甲公司组成调查小组，对盘盈或盘亏的存货进行分析和处理(复核确认)，并将存货实物数量和仓库记录调节相符。

32. (1) 注册会计师可运用工程估测、几何计算、高空调研，并信赖详细的存货记录；如果堆场中的存货不高，可进行实地盘点，或通过旋转存货堆加以估计。

(2) 监盘程序的实施方式包括控制测试与实质性程序两种方式。在控制测试方式下，抽查的目的主要是确证N公司的盘点计划是否得到了适当的执行；在实质性程序方式下，抽查的主要目的是证实N公司的存货实物总额。

(3) 对于将要抽查测试的存货项目，L注册会计师不应与N公司进行沟通，而应尽可能避免N公司了解将要抽查测试的存货项目，如未能观察到N公司对重要存货的盘点，L注册会计师应实施实质性盘点程序。

(4) 对于抽查发现差异，一方面注册会计师应查明原因，及时提请N公司更正；另一方面考虑错误潜在的范围和重大程度，在可能的情况下，增加抽查范围，以减少错误的发生；注册会计师可要求N公司就某一特定领域或特定盘点小组的盘点范围进行重新盘点。

(5) 存货监盘记录比存货盘点表可靠。理由：存货监盘记录是注册会计师自行编制的，而存货盘点表是被审计单位提供的。

33. (1) 不妥当。为了有效地实施存货的监盘，注册会计师应与被审计单位就有关问题达成一致意见，但注册会计师应尽可能避免被审计单位了解自己将抽查盘点的存货项目。

(2) 不妥当。对所有权不属于被审计单位的存货，注册会计师应当取得其规格、数量等有关资料，确定是否已分别存放、标明，且未纳入盘点范围。注册会计师还应当追加审计程序，查阅有关的购销协议、结算凭证，以证实其所有权。

(3) 妥当。在抽查时，注册会计师应当从存货盘点记录中选取项目追查至存货实物，以测试盘点记录的准确性；注册会计师还应当从存货实物中选取项目追查至存货盘点记录，以测试存货盘点记录的完整性。

(4) 不妥当。如果存货已作质押，注册会计师应当向债权人函证与被质押的存货有关的内容，取得书面证据，必要时到银行实施监盘程序。

(5) 不妥当。使用磅秤测量的存货的监盘程序：在监盘前和监盘过程中均应检验磅秤的精准度，并留意磅秤的位置移动与重新调校程序；将检查和重新称量程序相结合；检查称量尺度的换算问题。仅仅检查原材料的收发记录是不够的。

(6) 不妥当。此时注册会计师应当考虑能否实施替代审计程序，获取有关期末存货数量和状况的充分、适当的审计证据。注册会计师实施的替代程序主要包括：检查进货交易凭证或生产记录以及其他相关资料；检查财务报表日后发生的销货交易凭证；向顾客或供应商函证。仅仅实施询问程序是不够的。

34. (1) 在存货盘点现场实施监盘时，注册会计师应当实施下列审计程序：①评价管理层用以记录和控制存货盘点结果的指令和程序。②观察管理层制定的盘点程序(如对盘点时及其前后的存货移动的控制程序)的执行情况。③检查存货。④执行抽盘。⑤针对需要特别关注的情况实施相应程序。⑥针对存货监盘结束时实施相应程序。

(2) 对于将要检查的存货项目，注册会计师不应与被审计单位进行沟通，而是应该尽可能地避免让被审计单位事先了解将抽取检查的存货项目。

(3) 对于检查发现的差异，注册会计师一方面应当查明原因，并及时提请被审计单位更正；另一方面，注册会计师应当考虑错误的潜在范围和重大程度，在可能的情况下，扩大检查范围以减少错误的发生。注册会计师还可以要求被审计单位重新盘点，重新盘点的范围可限于某一特殊领域的存货或特定盘点小组。

(4) 在被审计单位存货盘点结束前，注册会计师应当：①再次观察盘点现场，以确定所有应纳入盘点范围的存货是否均已盘点。②取得并检查已填用、作废及未使用盘点表单的号码记录，确定其是否连续编号，查明已发放的表单是否均已收回，并与存货盘点的汇总记录进行核对。

35. (1) 存货监盘的目标不正确，应该是获取丙公司 2016 年 12 月 31 日有关存货数量和状况的审计证据，检查存货的数量是否真实完整，是否归属被审计单位，存货有误毁损、陈旧、残次和短缺等状况。

存货监盘的范围不正确，应该是 2016 年 12 月 31 日库存的玻璃、煤炭和烧碱，但是并不应该包括其他公司存放在本公司的水泥。

存货监盘的时间不正确，存货监盘的时间应该包括实地察看盘点现场的时间、观察存货盘点的时间和对已盘点存货实施检查的时间等，应当与被审计单位实施存货盘点的时间相协调，所以应该是 2016 年 12 月 29 日至 12 月 31 日。

(2)“与管理层讨论存货监盘计划”是不恰当的，应该是与被审计单位管理层讨论其存货盘点计划。

“观察丙公司盘点人员是否按照盘点计划盘点”是恰当的。

“检查相关凭证以证实盘点截止日前所有已确认为销售但尚未装运出库的存货均已纳入盘点范围”是不恰当的，应该是检查所有在截止日以前装运出库的存货项目是否均未包括在盘点范围内，且未包括在截止日的存货账面余额中。

“对于存放在外地公用仓库的玻璃，主要实施检查装运文件、出库纪录等替代程序”是不恰当的，应该主要采用通过函证方式查验。

36. (1) 现金盘点应实施突击检查，不能预先告知。

(2) 企业的各部门保管的所有现金均应同时盘点，若不能同时盘点，则应先封存再监盘。

(3) 盘点时间一般选择上午上班前或下午下班时。

(4) 参加盘点人员应有出纳员、被审计单位会计主管人员、注册会计师。

(5) 应由出纳进行现金盘点，注册会计师监盘。

(6) “库存现金盘点表”应由公司相关人员和注册会计师共同签字。

37. (1) ① 仅向本期存过款的银行发函是不当的。应当向甲公司在本年存过款的所有银行发函，包括零余额账户和在本年内注销的账户。② 直接认定银行在回函工作中不会与企业合谋向注册会计师发出带有虚假陈述的回函以及认定无须考虑与此相关的舞弊导致的重大错报风险是不当的。注册会计师应当在考虑银行回函工作相关舞弊导致的财务报表重大错报风险的基础上，谨慎对待银行存款函证工作。③ A、B 注册会计师决定以 ABC 会计师事务所的名义向银行寄发询证函是不当的。应当以甲公司的名义向银行寄发询证函。

(2) 差异产生的主要原因有：可能是由于双方登记入账的时间不同，或是由于一方或双方记账错误，也可能是甲公司的舞弊。

(3) 注册会计师可以自行编制银行存款余额调节表，或从被审计单位获取银行存款余额调节表，以验证这些不符事项。编制银行存款余额调节表可以检查调节后银行存款日记账金额与银行对账单余额是否一致。

(4)

银行调节项目	金　额	企业调节项目	金　额
银行对账单余额	1 585 000.00	银行存款日记账余额	1 665 000.00
加：企业已收，银行未收	150 000.00	加：银行已收，企业未收	45 000.00
减：企业已付，银行未付	50 000.00	减：银行已付，企业未付	25 000.00
实际存款金额	1 685 000.00	实际存款金额	1 685 000.00

假定不考虑其他因素，E 银行账户审定后的金额是 1 685 000 元。

38. (1) A、B 注册会计师可以直接假定 X 公司收入存在舞弊风险。

(2) 考虑人员的适当分派和督导;考虑被审计单位采用的会计政策;在选择进一步审计程序的性质、时间和范围时,应当注意使某些程序不为被审计单位预见或事先了解。

(3) 测试日常会计核算过程中编制的会计分录以及为编制财务报表作出的调整分录是否适当。复核会计估计是否有失公允,从而可能产生的舞弊导致的重大错报。对于注意到的、超出正常经营过程或基于对被审计单位及其环境的了解显得异常的重大交易,了解其商业理由的合理性。

39. (1) 存在舞弊风险因素。事项(1),甲公司所处行业竞争激烈且市场处于饱和状态,甲公司主营业务收入年增长率超过行业平均增长率,管理层受收入增长期望过高的压力;事项(2),管理层报酬中相当一部分取决于收入的完成情况。

(2) 不适当。注册会计师应在整个审计过程中保持职业怀疑态度,不应受到以前对管理层正直和诚信形成判断的影响,且在识别和评估由于舞弊导致的重大错报风险时,注册会计师应假定收入存在舞弊风险。

(3) 注册会计师应选择在报告期末对编制的会计分录和其他调整进行测试,并考虑是否有必要测试整个会计期间的会计分录和其他调整。

40. (1) 事项(1)存在舞弊风险。A公司所处行业竞争激烈且市场处于饱和状态,主营业务收入增长率超过行业平均增长率,管理层受收入增长期望过高的压力。

事项(2)存在舞弊风险。A公司的经营亏损导致用主要固定资产偿还债务的风险,可能导致持续经营存在的问题。

(2) 不适当。注册会计师应在整个审计过程中保持职业怀疑态度,不应受到以前对管理层正直和诚信形成判断的影响,且在识别和评估由于舞弊导致的重大错报风险时,注册会计师应假定收入存在舞弊风险。

41. (1) A公司,否。应评价组成部分注册会计师对特别风险拟采取进一步审计程序的恰当性。B公司,是。

(2) 集团项目组应当参与组成部分注册会计师实施的风险评估程序。与组成部分注册会计师或组成部分管理层讨论重要的组成部分业务活动;与组成部分注册会计师讨论因舞弊或错误导致组织部分财务信息发生重大错报的可能;复核组成部分注册会计师对识别出的导致集团财务报表发生重大错报的特别风险形成的审计工作底稿。

42. 集团项目组应当实施下列程序:

(1) 与组成部分注册会计师或组成部分管理层讨论对集团而言重要的组成部分业务活动。

(2) 与组成部分注册会计师讨论由于错误或舞弊导致组成部分财务信息发生

重大错报的可能性。

(3) 复核组成部分注册会计师对已识别出的导致集团财务报表发生重大错报的特别风险形成的审计工作底稿。

43. (1) 注册会计师通常可以实施下列程序参与其他注册会计师对联营企业的风险评估的工作：①与其他注册会计师或联营企业的管理层讨论对甲公司有重要影响的联营企业的业务活动。②与其他注册会计师讨论错误或舞弊导致的联营企业的财务信息出现重大错报的风险。③复核其他注册会计师对已识别的重大错报风险所做的工作记录。

(2)

相关认定	是否可以获取充分、适当的审计证据(是/否)	主要实质性程序	审计路径起点
存在	否	实地检查期初已存在的固定资产	从期初固定资产明细账选取项目追查到实物
完整性	否	检查上期注册会计师审计工作底稿	上期固定资产工作底稿实地盘点记录
权利和义务	是		
计价和分摊	是		

(3) 审计程序设计恰当性分析：

① 第(1)项，注册会计师的审计程序存在不当之处，因为已经说明“在客户收到货物、验收合格并签发收货通知后，甲公司才取得收取货款的权利”，所以此时注册会计师在审计中仅仅检查了销售合同是不够的，还应该检查客户签发的收货通知单。

② 第(2)项，注册会计师的审计程序存在不当之处，因为已经说明“在客户收到货物、验收合格并签发收货通知后，甲公司才取得收取货款的权利”，所以此时注册会计师在审计中仅仅检查了发票和出库单中其他信息与记账凭证的一致，是不够的，还应该检查客户签发的收货通知单的日期。

③ 第(3)项，注册会计师的审计程序存在不当之处。不能够根据获取的财务经理的询问结果得出审计结论，应当进一步的了解行业状况、市场价格变化信息，并检查被审计单位关于价格调整的会议记录和相关文件。必要时向被审计单位的客户函证销售合同中的价格条款。

(4) 针对第(4)项，属于注册会计师注意到的可能影响上期财务报表的重大错报，而以前未就该重大错报出具非无保留意见的审计报告，则这种情况下：

① 注册会计师应当与管理层讨论，要求进行三方会谈，将该事项告知前任注

册会计师，并请管理层重新出具 2015 年度的财务报表，请前任注册会计师重新出具审计报告。

在前任注册会计师重新出具审计报告后，注册会计师应当关注本期财务报表中的比较数据是否已经得到了恰当调整和列报，与更正后的上期财务报表是否一致，且在附注中已经对更正情况作出了充分披露。

注册会计师对本期财务报表中的该事项应当建议被审计单位作出修改，并实施充分、适当的审计证据。

② 管理层应该根据注册会计师的要求安排与前任注册会计师的三方会谈，并根据注册会计师的意见修改上期和本期财务报表，并获取前任注册会计师重新出具的审计报告。

(5) 续写审计报告：

(一) 审计意见

我们审计了甲公司财务报表，包括 2016 年 12 月 31 日的资产负债表、2016 年度的利润表、现金流量表、股东权益变动表以及财务报表附注。

我们认为，后附的财务报表在所有重大方面按照企业会计准则的规定编制，公允反映了甲公司 2016 年 12 月 31 日的财务状况以及 2016 年度的经营成果和现金流量。

(二) 形成审计意见的基础

我们按照中国注册会计师审计准则的规定执行了审计工作。审计报告的“注册会计师对财务报表审计的责任”部分进一步阐述了我们在这些准则下职业道德方面的责任。按照中国注册会计师职业道德守则，我们独立于甲公司，并履行了职业道德方面的其他责任。我们相信，我们获取的审计证据是充分、适当的，为发表审计意见提供了基础。

(三) 强调事项

我们提醒财务报表使用者关注，如财务报表附注×所述，甲公司由于主导产品不符合国家环保要求，被政府部门于 2016 年 12 月要求在 2017 年 9 月 30 日前停止生产和销售该类产品。甲公司已在财务报表附注×中充分披露了拟采取的改善措施，但其持续经营能力仍然存在重大不确定性。本段内容不影响已发表的审计意见。

44. (1) 乙公司对分期收款销售按照约定的收款日期确认收入不正确。

分期收款销售实质上具有融资性质，应在发出商品时，按照应收的合同或协议价款的公允价值(现值)确定销售商品收入金额。应收的合同或协议价款与其公允价值之间的差额，应当在合同或协议期间采用实际利率法进行摊销，冲减财务费用。

借：长期应收款	4 200	
贷：营业收入		4 000
财务费用		200
借：营业成本	3 000	
贷：存货		3 000

乙公司正确的会计处理：

借：长期应收款	5 000	
贷：主营业务收入		4 000
未实现融资收益		1 000
借：主营业务成本	3 000	
贷：库存商品		3 000
借：银行存款	1 000	
贷：长期应收款		1 000
借：未实现融资收益	(4 000×5%)200	
贷：财务费用		200

(2) 注册会计师认为不能确认该销售，该销售属于需要安装的销售。在2016年12月31日，安装尚未完成，所以商品所有权上的主要风险和报酬尚未转移。建议调整分录：

借：营业收入	1 000	
贷：应收账款		970
预收款项		30
借：存货	800	
贷：营业成本		800

(3) 注册会计师建议的调整分录为：

借：营业收入	700	
贷：其他应付款		700
借：存货	600	
贷：营业成本		600
借：财务费用	8	
贷：其他应付款		8

(4) 按照企业会计准则的规定，以旧换新销售时，销售的商品应当按照销售商品收入确认条件确认收入，回收的旧商品作为购进商品处理。建议的调整分录为：

借：营业成本　20

　贷：应收账款　20

45. 交易和事项(1)，注册会计师应提请甲公司编制如下调整分录：

借：管理费用——折旧 [(3 835－458－400)/(20×12－11)×12=156]　156

　贷：固定资产　156

交易和事项(2)，注册会计师应提请甲公司编制如下调整分录：

借：预付款项——C 公司　150

　贷：应付账款——C 公司　150

交易和事项(3)，注册会计师应提请甲公司编制如下调整分录：

借：固定资产　2 000

　贷：在建工程　2 000

借：管理费用——累计折旧[2 000×(1－3%)/30/12×6]　32.33

　贷：固定资产　32.33

交易和事项(4)，注册会计师应提请甲公司编制如下调整分录：

借：资本公积——其他资本公积　300

　贷：营业外收入　300

交易和事项(5)，注册会计师应提请甲公司编制如下调整分录：

借：管理费用　500

　贷：无形资产　500

46. 注册会计师应对 H 公司的应收账款和应付账款应实施函证。

(1) 实施应收账款的函证是应收账款审计非常重要的程序。通过函证能获取十分有说服力的外部证据，以证明应收账款的真实存在性及正确性等情况。尽管被审计单位的应收账款内部控制良好，控制风险较低，可接受的检查风险高，注册会计师只能减少函证客户的数量，但不能省略函证程序。

(2) 一般情况下，审计应付账款不需要函证。但是，如果被审计单位控制风险较高，某应付账款户金额较大或被审计单位处于经济困难阶段，则应进行应付账款的函证。H 公司应付账款的控制风险较高，则也应实施函证程序。

47. 在实质性分析程序后，应将以下月份主营业务收入和主营业务成本作为重点审计领域：1 月份。该月份毛利率(为 3%，)远远低于全年平均毛利率和其他各月毛利率。12 月份。该月份主营业务收入占全年主营业务收入比例较高(达 18.12%)；毛利率相对较高(达 19.90%)。

48. (1)监盘期末存货。

(2) 函证。

(3) 截止。

(4) 计价测试。

(5) 检查/分析程序等。

49. (1)为了降低开具销售发票过程中出现重复、遗漏、错误计价或其他差错，甲公司应设立如下控制程序：

① 在开具每张销售发票之前，开票人员应独立检查是否存在装运凭证和相应的经批准的销售单。

② 应依据已授权批准的商品价目表开具销售发票。

③ 独立检查销售发票的计价和计算的正确性。

④ 将装运凭证上的商品总数与相对应的销售发票上的商品总数进行比较。

(2) 见表1。

表1　　高估收入的三类情形及相应程序

高估收入主要的三类情形	相应的程序
未曾发货却已将销售交易登记入账	注册会计师可以从主营业务收入明细账中抽取若干笔分录，追查有无发运凭证及其他佐证。借以查明有无事实上没有发货却已登记入账的销售交易
销售交易重复入账	注册会计师可以检查企业销售交易记录清单以确定是否存在重号、缺号的情况
向虚构的客户发货并登记入账	注册会计师应当检查主营业务收入明细账中与销售分录相应的销货单，以确定销售是否履行赊销批准手续和发货审批手续

(3) 见表2。

表2　　截止测试路线

截止测试路线	测试起点	实施的截止测试程序	实施的主要目的
1	账簿记录	从财务报表日前后若干天的账簿记录查至记账凭证，检查发票存根与发运凭证，证实已入账收入是否在同一期间已开具发票并发货	主要是为了防止多计收入
2	销售发票	从财务报表日前后若干天的发票存根查至发运凭证与账簿记录，确定已开具发票的货物是否已发货并于同一会计期间确认收入	主要是为了防止少计收入
3	发运凭证	从财务报表日前后若干天的发运凭证查至发票开具情况与账簿记录，确定主营业务收入是否已记入恰当的会计期间	主要是为了防止少计收入

50.（1）恰当。由于C会计师事务所已对甲公司2015年度财务报表出具了否定意见审计报告，行业监管部门也正在对其财务业绩以及股价操纵等方面是否涉嫌违规行为进行监督检查，说明甲公司2016年营业收入及利润存在较高重大错报风险，包括可能存在舞弊的特别风险。

（2）不恰当。A注册会计师应当与甲公司就存货盘点计划进行讨论，但不适合与甲公司讨论存货监盘计划，因为注册会计师应当增强审计程序的不可预见性。

（3）恰当。A注册会计师应当尽早实施函证，因为实施函证时间太晚影响审计项目组对应收账款询证函回函结果的分析。

（4）恰当。甲公司允许审计项目组接触与编制财务报表相关信息以及接触必要的相关人员是注册会计师执行审计工作的前提。

（5）不恰当。书面声明的内容虽然包括是否存在舞弊，但管理层书面声明本身不能直接证明相关问题，注册会计师还应当获取其他审计证据进行佐证；同时，注册会计师不能假定管理层书面声明的真实性，应当实施必要的风险评估程序，了解各业务流程，包括了解内部控制，识别、评估与应对相关风险。

模拟测试题(一)

一、单项选择题(本题型共25题,每题1分,共25分,每题只有一个正确答案)

1. 催生了对注册会计师审计最初需求的原因是(　　)。
   A. 所有权和经营权的分离
   B. 英国《公司法》的颁布
   C. 美国公共会计师协会成立
   D. 股份公司制度的形成
2. 以下关于注册会计师审计的说法中,不正确的是(　　)。
   A. 注册会计师审计是随着企业的所有权和经营权的分离而产生的
   B. 美国式注册会计师审计主要是了解企业的信用的资产负债表审计
   C. 注册会计师的规模是随着企业规模的扩大而日益重要
   D. 注册会计师审计可以提高财务信息的可信度
3. 以下关于各种注册会计师审计业务的说法中,错误的是(　　)。
   A. 财务报表审计是注册会计师通过执行审计工作,对财务报表是否按照适用的财务报告编制基础发表审计意见
   B. 经注册会计师审计后的财务报表通常由被审计单位管理层提供给外部利益相关者使用,内部决策不会利用注册会计师的审计结果
   C. 合规性审计是注册会计师确定被审计单位是否遵循了特定的法律、法规、程序和规则,或者是否遵守将影响经营或报告的合同的要求
   D. 合规性审计的结果通常报送给被审计单位管理层或外部特定使用者
4. 下列关于各种注册会计师审计方法的说法中,不正确的是(　　)。
   A. 账项基础审计主要针对会计账簿进行,将大部分审计时间用于会计凭证和会计账簿的详细检查
   B. 制度基础审计是以企业内部控制的测试和评价作为审计的重点,花费大量的时间进行控制测试
   C. 风险导向审计综合考虑企业与财务报表审计相关的各个方面,以全面降低审计风险
   D. 在审计发展的历史上,先有制度基础审计,才有账项基础审计,最后才发展为风险导向审计

5. 关于注册会计师审计方法的演进过程的说法中，不正确的是（　　）。
   A. 审计的方法从账项基础审计发展到风险导向审计，都是注册会计师为了适应审计环境的变化而作出的调整
   B. 账项基础审计的重心是在资产负债表，旨在发现和防止错误和舞弊
   C. 账项基础审计花大量的时间进行检查、对账，没有采用审计抽样技术
   D. 制度基础审计阶段开始将审计视角转向企业的内部控制，将内部控制和抽样审计结合起来
6. 法律责任的出现，通常是因为（　　）。
   A. 注册会计师没有保持应有的职业谨慎
   B. 注册会计师没有查出所有的错报
   C. 审计风险始终存在
   D. 被审计单位舞弊
7. 下列关于被审计单位经营失败和注册会计师审计失败的说法中，正确的是（　　）。
   A. 经营失败会导致审计失败
   B. 如果没有保持应有的职业谨慎，就可能会出现审计失败，审计风险就会变成实际的损失
   C. 审计失败是指财务报表中存在重大错报，而注册会计师发表不恰当审计意见的可能性
   D. 审计失败是指财务报表中不存在重大错报，而注册会计师发表不恰当审计意见的可能性
8. 下列与司法解释相关的说法中，不正确的是（　　）。
   A. 使用会计师事务所出具的不实报告，与被审计单位进行交易而遭受损失的自然人，应认定为利害关系人
   B. 只有违反了法律法规的审计报告，才是不实报告
   C. 会计师事务所在执业的过程中，要遵守法律法规、执业准则和诚信公允原则
   D. 存在虚假记载、误导性陈述和重大遗漏的审计报告，有可能是不实报告
9. 判断注册会计师有无故意和过失的重要依据是是否遵守了（　　）。
   A. 法律
   B. 行政法规
   C. 执业准则的要求
   D. 诚信公允的原则
10. 审计工作底稿的归档期限是（　　）。

A. 审计报告日或审计业务中止后 60 天内
B. 审计报告日后 30 天
C. 审计业务中止后 90 天
D. 审计业务约定书后 60 天

11. 在审计风险模型中,审计风险取决于重大错报风险和检查风险,下列表述不正确的是(　　)。
A. 在既定的审计风险水平下,可接受的检查风险水平与认定层次重大错报风险的评估结果是反向关系
B. 注册会计师应当合理设计审计程序的性质、时间安排和范围,并有效执行审计程序,以控制检查风险
C. 注册会计师应当合理设计审计程序的性质、时间安排和范围,并有效执行审计程序,以消除检查风险
D. 注册会计师应当获得认定层次充分、适当的审计证据,以便在完成审计工作时,能够以可接受的低审计风险对财务报表整体发表意见

12. 在会计师事务所因过失出具不实报告而承担补充赔偿责任情形下,下列关于赔偿顺位和最高限额的说法中,不正确的是(　　)。
A. 应先由被审计单位的出资人赔偿利害关系人的损失
B. 被审计单位的出资人虚假出资、不实出资或者抽逃出资,事后未弥补,且依法强制执行被审计单位财产后仍不足以赔偿损失的,出资人应在虚假出资、不实出资或者抽逃出资数额范围内向利害关系人承担补充赔偿责任
C. 对被审计单位、出资人的财产依法强制执行后仍不足以赔偿损失的,会计师事务所应当是在其不实审计范围内承担相应的赔偿责任,承担的赔偿责任应以不实审计金额为限
D. 会计师事务所对一个或者多个利害关系人承担的赔偿责任,以不实审计金额为限

13. 注册会计师在与治理层就计划的审计范围和时间安排进行沟通时,不宜沟通(　　)。
A. 在审计中对重要性概念的运用
B. 拟如何应对由于舞弊导致的特别风险
C. 存货监盘过程中拟抽盘的存货
D. 对与审计相关的内部控制采取的方案

14. 注册会计师查明被审计单位 2015 年度的净利润为－200 万元,但利润表表上列示的净利润为 100 万元。如果注册会计师出具了(　　)审计报告,则最可能被判定为欺诈。

A. 无保留意见　　B. 保留意见
C. 否定意见　　D. 无法表示意见

15. 注册会计师可以通过实施实质性程序改变(　　)。
A. 实际的固有风险
B. 实际的控制风险
C. 评估的重大错报风险
D. 可接受的审计风险

16. 在执行审计业务时,注册会计师应当确定合理的重要性水平。下列做法正确的是(　　)。
A. 通过调高重要性水平,降低评估的重大错报风险
B. 通过调低重要性水平,降低评估的重大错报风险
C. 在确定计划的重要性水平时,应当考虑对被审计单位及其环境的了解
D. 在确定计划的重要性水平时,应当考虑实施进一步审计程序的结果

17. 以下各项不属于职业道德基本原则的是(　　)。
A. 诚信　　B. 保密
C. 专业胜任能力和应有的关注　　D. 成本效益原则

18. 以下针对独立性原则的说法中,不正确的是(　　)。
A. 独立性原则是针对注册会计师而不是对非执业会员提出的要求
B. 在执行鉴证业务时,注册会计师必须保持独立性
C. 注册会计师只需要从实质上保持独立性
D. 注册会计师既需要从实质上保持独立,也需要从形式上保持独立

19. 注册会计师应当对职业活动中获知的涉密信息保密,以下对保密原则的陈述不恰当的是(　　)。
A. 在法律法规允许的情况下,可以向会计师事务所以外的第三方披露其所获知的涉密信息
B. 禁止利用所获知的涉密信息为自己谋取利益
C. 在终止与客户的关系后,注册会计师仍然应当对以前执业活动中获知的涉密信息保密
D. 注册会计师在与近亲属的交往过程中无须遵守保密原则

20. 在本期审计业务开始时,A 注册会计师应当开展的初步业务活动是(　　)。
A. 就审计范围与甲公司管理层沟通
B. 获取甲公司管理层声明书
C. 就审计责任与甲公司治理层沟通
D. 评价项目组成员的独立性

21. 在制定总体审计策略的初始阶段，A注册会计师应当做的工作是(　　)。
A. 识别可能防止、发现并纠正舞弊的特定内部控制活动
B. 评价甲公司会计估计的合理性
C. 与甲公司管理层讨论实施审计程序的时间
D. 向律师询问是否存在尚未披露的诉讼

22. 如果X公司的竞争对手开发的新产品上市并获得消费者的高度认可，最可能导致X公司(　　)的重大错报风险上升。
A. 固定资产闲置
B. 存货跌价
C. 应收账款难以收回
D. 原材料短缺

23. 注册会计师一般无须从(　　)方面考虑与进一步审计程序的时间安排有关的问题。
A. 下期审计可以利用本期收集的哪些证据
B. 期末审计可否利用期中审计获得的证据
C. 本期审计能否利用上期审计获得的证据
D. 具体应获取什么期间或什么时点的证据

24. X公司存在的下列(　　)情况最可能导致资产被侵占的舞弊风险。
A. 公司管理层或治理层存在违反证券或其他方面法律法规的不良记录，或是因涉嫌舞弊或违反法律法规而遭起诉
B. 管理层由一人或少数人，如控股股东代表，也可能是股东以外的经理人掌控，缺乏共同决策或制衡措施
C. 在免税区或税收优惠地区设置重要的银行账户或组成部分，往往难以判断此类业务或交易是否具有正当的商业理由
D. 存在大量单位价值高、体积小、易于变现且不易识别所有权归属的存货、固定资产或其他资产

25. 注册会计师在审计“应付账款”余额时，下列属于管理层明示性认定的是(　　)。
A. 存在　　B. 完整性
C. 权利和义务　　D. 分类与可理解性

二、多项选择题(本题型共10题，每题2分，共20分。每题均有多个正确答案，请从每题的备选答案中选出你认为正确的答案，每题所有答案选择正确的得分；不答、错答、漏答均不得分)

26. 以下关于注册会计师审计方法的演进的表述中，正确的有(　　)。

A. 在审计发展的早期使用的审计方法是详细审计，主要是围绕会计凭证、会计账簿和财务报表的编制过程来进行的，旨在发现和防止错误与舞弊

B. 19 世纪即将结束时，会计和审计步入快速发展时期，注册会计师开始运用审计风险模型为基础进行审计

C. 制度基础审计改变了传统的审计方法，强调对内部控制的测试和评价

D. 风险导向审计是现在审计中使用的重要审计方法

27. 以下关于注册会计师审计的说法中，正确的有（　　）。

A. 注册会计师审计具有独立、客观、公正的特点

B. 在财务报表审计中，财务报表编制依据的“既定标准”通常是会计准则和会计制度

C. 审计的本质是一个系统化的过程，这个系统过程中涉及审计主体、审计对象、审计依据、审计目标、审计结论

D. 注册会计师必须获取基于财务报表认定的充分适当的审计证据才能对财务报表发表审计意见

28. 以下关于注册会计师审计方法的表述中，正确的有（　　）。

A. 审计的目标和审计方法随着审计环境变化而变化

B. 账项基础审计的重心在资产负债表上，旨在发现和防止错误和舞弊

C. 制度基础审计是以内部控制为基础的审计方法，内部控制测试和评价是该方法的核心

D. 在风险导向审计方法下，注册会计师以审计风险模型为基础设计审计程序

29. 以下关于不同阶段的审计方法的说法中，正确的有（　　）。

A. 账项基础审计方法旨在防止错误和消除舞弊

B. 制度基础审计的重点由检查资产的有效性转向检查企业的资产负债表和利润表

C. 风险导向审计是以审计风险模型为基础进行的审计

D. 在风险导向审计中如果测试内部控制运行有效，注册会计师可以减少实质性程序

30. 关于审计风险模型下列说法中，正确的有（　　）。

A. 控制风险是某类交易、账户余额或披露的某一认定发生错报，该错报单独或连同其他错报可能是重大的，但没有被内部控制及时防止或发现并纠正的可能性

B. 审计风险是指当财务报表存在重大错报时注册会计师发表不恰当审计意见的可能性

C. 固有风险是在考虑相关的内部控制之前，某类交易、账户余额或披露的某

一认定易于发生错报的可能性

D. 检查风险是指如果存在某一错报,该错报单独或连同其他错报可能是重大的,注册会计师为将审计风险降至可接受的低水平而实施审计程序后没有发现这种错报的风险

31. 注册会计师在对被审计单位整体层面的风险评估过程进行了解和评估时,考虑的主要因素可能包括(　　)。

A. 被审计单位是否已建立并沟通其整体目标,并辅以具体策略和业务流程层面的计划

B. 被审计单位是否已建立风险评估过程,包括识别风险、估计风险的重大性、评估风险发生的可能性以及确定需要采取的应对措施

C. 被审计单位是否已建立某种机制,识别和应对可能对被审计单位产生重大且普遍影响的变化

D. 会计部门是否建立了某种流程,以识别会计准则的重大变化

32. 下列关于审计报告日期的相关说法中,正确的有(　　)。

A. 审计报告日不应早于注册会计师获取充分、适当的审计证据(包括管理层认可对财务报表的责任且已批准财务报表的证据),并在此基础上对财务报表形成审计意见的日期

B. 构成整套财务报表的所有报表(包括相关附注)编制完成的日期为审计报告日期

C. 注册会计师签署审计报告的日期通常与管理层签署已审计财务报表的日期为同一天,或晚于管理层签署已审计财务报表的日期

D. 如果构成整套财务报表的所有报表(包括相关附注)已编制完成,且管理层批准并签署已审计财务报表,注册会计师即可签署审计报告,进而确定审计报告日期

33. 下列情形中,A注册会计师认为可能为管理层提供实施舞弊机会的有(　　)。

A. 甲公司从事科技含量高、研发周期长的经营业务

B. 甲公司大量采用分销渠道销售产品

C. 甲公司高级管理人员变更频繁

D. 管理层拥有甲公司10%的股份

34. 在组织审计项目组讨论舞弊风险时,A注册会计师认为应当讨论的内容有(　　)。

A. 甲公司发生舞弊导致的重大错报风险的领域及方式

B. 甲公司存在的舞弊风险因素

C. 甲公司管理层凌驾于内部控制之上的可能性

D. 审计项目组应对舞弊导致的重大错报风险的审计程序

35. 下列各项中，A 注册会计师应在业务约定书中予以明确的内容有（　　）。

A. 审阅业务的目标

B. 预期提交的报告样本

C. 预期发表的审阅意见类型

D. 有关不能信赖财务报表审阅提示错误、舞弊和违反法规行为的说明

三、简答题（本题型共 4 题，每题 9 分，共 36 分）

36. ABC 会计师事务所在 2016 年年底续接了甲商业银行（上市公司）2016 年度财务报表审计业务，重新签订了业务约定书。执业过程中，假设分别存在以下情况：

（1）ABC 会计师事务所针对审计过程中发现的问题，向甲商业银行提出了会计政策选用和会计处理调整的建议，并协助其解决相关账户调整问题。

（2）甲商业银行向 ABC 会计师事务所借用一名注册会计师，由该注册会计师将经会计主管审核后的记账凭证录入计算机信息系统。该注册会计师不是甲商业银行 2016 年度财务报表审计的项目组成员。

（3）A 注册会计师初步接受 2017 年年初加盟 X 公司财务部门任财务副经理一职。

（4）甲商业银行的年报审计收入连续两年占到 ABC 会计师事务所全年收入的 31.5%。

（5）在执行甲商业银行 2016 年度财务报表审计业务时，项目组成员 B 注册会计师持有某基金公司 5 000 股基金，市值 3 500 元。该基金公司的投资业务中，购买了甲商业银行的 15%的股份，市值 15 000 万元。

（6）在以前年度审计业务中，C 注册会计师连续担任了甲商业银行 5 年审计业务的项目合伙人。2016 年度审计业务中，ABC 会计师事务所轮换了项目合伙人，B 注册会计师也不再是项目组成员。考虑到 B 注册会计师熟悉甲商业银行实际情况，由 B 注册会计师及另一位未参加甲商业银行审计业务的注册会计师执行项目质量控制复核工作。

（7）ABC 会计师事务所在执行甲商业银行 2016 年度财务报表审计业务的同时也为甲商业银行公司提供了与财务报表相关的内部审计服务，提供内部审计服务的工作人员未参加财务报表审计业务。同时为了保证两项审计业务的质量，ABC 会计师事务所在执行财务报表审计业务时，不但没有利用此次内部审计业务工作，还用财务报表审计业务工作结果与内部审计业务工作结果进行比较，以防止工作中出现重大失误。

要求：请分别针对上述 7 种情况，指出上述各项是否对独立性产生不利影响，

并简要说明理由。

37. ABC会计师事务所于2017年2月12日首次承接了X公司(属于上市公司)2016年度财务报表审计业务,委派A、B注册会计师负责审计。A、B注册会计师向前任了解情况,并阅读了前任审计工作底稿。得知X公司已经两年连续亏损,如果继续亏损可能导致退市的严重后果,但前任注册会计师对管理层、治理层诚信评价很高。注册会计师A、B在审计中了解到X公司2016年年末与一家未经本会计师事务所及其他会计师事务所审计的客户发生了大额销售交易,从而扭转了上年亏损的局面,出现少额盈利。

要求:

(1) A、B注册会计师能否直接假定X公司收入存在舞弊风险?

(2) 一般而言,A、B注册会计师应对舞弊的总体应对措施包括哪些?

(3) 注册会计师A、B了解到X公司管理层凌驾于控制之上的舞弊风险很大,注册会计师的具体审计思路是怎样的?

38. C注册会计师正在拟订对Q公司存货的监盘计划,由助理人员实施监盘程序。

(1) C注册会计师在制订监盘计划时,应与Q公司沟通,确定抽查的重点。

(2) 对已作销售处理但尚未发货的存货,未单独摆放。C注册会计师未要求纳入盘点范围,助理人员也未实施其他审计程序。

(3) 在抽查存货盘点结束时,助理人员从存货实物选取项目追查至存货盘点记录,目的是测试存货盘点记录的完整性。

(4) Q公司的一批重要存货,已经被银行质押,助理人员通过电话询问了其真实性。

(5) 对Q公司存放在露天的原材料——钢材,助理人员认为全部过磅工作量大,仅检查原材料的收发记录。

(6) Q公司有一批辐射性化学品,无法进行正常监盘,助理人员仅询问了相关人员就确认了这批化学品的存在。

要求:针对事项(1)~(6),分别指出监盘计划和监盘工作有无不妥之处,若有,请予以更正。

39. ABC会计师事务所在2016年年底首次承接了甲公司(上市公司)2016年度财务报表审计业务,在承接业务前和执行审计业务过程中,假设分别存在以下情况:

(1) 在承接业务前,项目负责人A注册会计师在取得甲公司的口头授权后,与审计甲公司2015年度财务报表的XYZ会计师事务所进行了沟通,但未与承接了甲公司2016年度财务报表审计业务但已解除业务约定的DFG会计师事务所进行沟通，项目负责人A注册会计师认为DFG会计师事务所未完成审计业务，因此不是ABC会计师事务所的前任注册会计师，无需进行沟通。

(2) 在与前任注册会计师沟通并查阅了前任的工作底稿后，A注册会计师认为甲公司管理层的诚信不存在影响承接意愿的情况，符合质量控制准则的和职业道德的规定，因此决定承接业务，并签订了业务约定书。

(3) 在审计过程中，A注册会计师认为有责任审计2016年财务报表的期初余额，以获取期初余额不存在重大错报的证据。实施的主要程序是在取得甲公司书面授权后查阅前任的工作底稿后直接得出结论，期初余额不存在重大错报。

(4) 在审计本期财务报表数据的过程中，A注册会计师发现前任注册会计师审计的财务报表存在重大错报，A注册会计师只提请被审计单位调整该重大错报，甲公司管理层拒绝了A注册会计师的要求，A注册会计师考虑发表非标准的审计报告。

(5) 为明确责任，A注册会计师在审计报告中指出，期初余额的审计依赖了前任注册会计师的审计工作底稿，期初余额如果还存在其他重大错报，该审计责任由前任注册会计师承担。

要求：请针对事项(1)～(5)，分别指出是否存在不妥当之处，并简要说明理由。

四、综合题（本题型共1题，共19分。答案中的金额用人民币万元表示，有小数的保留两位小数，小数点两位后四舍五入）

40. ABC会计师事务所审计常年客户甲公司(上市公司)2016年的财务报表。ABC会计师事务所指派A注册会计师作为项目负责人。

资料一：

A注册会计师确定的财务报表层的重要性水平为500万元。2017年3月10日，审计项目组完成了外勤审计工作回到了会计师事务所，3月11日至3月15日完成了对财务报表的最后复核，3月20日，A注册会计师向甲公司管理层提出了调整建议，当天管理层作出了答复并签署了财务报表。3月25日，ABC会计师事务所出具了审计报告并提交给了甲公司，甲公司于4月1日对外报出财务报表和审计报告。A注册会计师针对期后事项的审计时间的安排在了接近财务报表日。

资料二：

A注册会计师在审计时，发现甲公司存在下列事项（假定各事项之间并无关联）：

(1) 2017年2月5日，A注册会计师发现，2016年年末甲公司实现一笔销售，确认营业收入2 000万元，确认应收账款2 340万元，确认营业成本为1 200万元，2017年2月1日，该销售因质量问题被退回。甲公司2016年度未审计的净利润为5 000万元，未审计总资产为20 000万元。

(2) 2017 年 2 月 10 日，在审计 2016 年财务报表的过程中，A 注册会计师发现 2015 年财务报表中存在重大错报，而上期报表的审计报告发表的是无保留意见。A 注册会计师提请甲公司调整 2015 年的财务报表，并调整 2016 年财务报表的比较数据，甲公司管理层接受了 A 注册会计师的要求。

(3) 2017 年 3 月 18 日，A 注册会计师发现与财务报表即将一同报出的其他信息中含有与财务报表的重大不一致，经过注册会计师的调查，要求甲公司调整其他信息，但甲公司管理层拒绝调整其他信息。

(4) A 注册会计师审计过程中发现的错报(160 万元)与推断的错报(360 万元)汇总。并提请甲公司管理层进行调整。由于管理层拒绝进行任何调整，A 注册会计师拟发表保留意见。

(5) 在最大程度上扩大审计程序并查清了推断的错报后，甲公司管理层意识到问题的严重性，调整了部分错报，财务报表中发现的错报降低到 498 万元。由于这一金额已低于 500 万元的重要性水平，注册会计师决定发表无保留意见审计报告。

(6) 在审计管理层的持续经营假设时。A 注册会计师通过审计发现甲公司存在多项导致持续经营能力存在重大疑虑的事项，甲公司已在财务报表附注中进行了充分披露，A 注册会计师拟出具带强调事项段的无保留意见

(7) ABC 会计师事务所于 2017 年 6 月 1 日归档了审计工作底稿。

资料三：

在审计报告、财务报表报出后，A 注册会计师又发现下列事实：

(1) 2016 年 12 月 31 日，甲公司就某笔金额为 1 500 万元应收账款计提了 200 万元的坏账准备，原因是该客户长期经营不善导致无力偿还。A 注册会计师于 2017 年 4 月 5 日得知，2017 年 3 月 28 日，该客户破产倒闭，全部的应收账款都无法收回。甲公司未调整 2009 年的财务报表。

(2) 2016 年 12 月 31 日，甲公司发生一起未决诉讼。甲公司在咨询了律师意见后确认了预计负债 800 万元，并在报表中进行了披露。A 注册会计师于 2017 年 6 月 5 日得知，2017 年 3 月 12 日该诉讼判决，甲公司须赔偿 1 500 万元。甲公司未调整 2016 年的财务报表。A 注册会计师提请甲公司调整已发表的财务报表，甲公司同意调整财务报表。

要求：

(1) 针对资料一，请指出在审计报告阶段对财务报表进行总体复核时主要使用何种审计程序？是否是审计准则的强制性要求？如果在对财务报表进行总体复核时发现了以前未识别出的异常，注册会计师应考虑采取何种措施？

(2) 针对资料一，请判断 A 注册会计师对期后事项的时间安排是否适当，并简

要说明理由。

(3) 针对资料二事项(1),请指出A注册会计师是应采取何种措施?并指出可能的审计报告的意见类型?

(4) 针对资料二事项(2),请指出A注册会计师应对2015年的调整后的财务报表、2016年财务报表分别发表何种意见。

(5) 针对资料二事项(3),请指出A注册会计师应发表何种审计意见。

(6) 针对资料二事项(4),请判断A注册会计师的做法是否适当,并简要说明理由。(扩大审计程序)

(7) 针对资料二事项(5),请判断A注册会计师的做法是否适当,并简要说明理由。

(8) 针对资料二事项(6),请判断A注册会计师的做法是否适当,并简要说明理由。

(9) 针对资料二事项(7),请判断ABC会计师事务所的归档时间是否适当,并简要说明理由。

(10) 针对资料三事项(1),请问A注册会计师是否有责任采取进一步的措施?请简述理由。

(11) 针对资料三事项(2),请指出注册会计师应采取哪些进一步的措施并指出新审计报告的意见类型。

(12) 针对事资料三项(2),A注册会计师对已归档的审计工作底稿进行了修改,增加记录了采取的进一步程序,请问A注册会计师对已归档的工作底稿进行修改是否适当,并简要说明理由。

模拟测试题(一)答案解析

一、单项选择题

1	2	3	4	5	6	7	8	9	10
A	C	B	D	C	A	B	B	C	A
11	12	13	14	15	16	17	18	19	20
C	A	C	A	C	C	D	C	D	D
21	22	23	24	25					
C	B	A	D	A					

二、多项选择题

26	27	28	29	30	31	32	33	34	35
ACD	ABCD	BCD	BCD	ABCD	ABCD	ACD	ABC	ABCD	ABD

三、简答题

36.(1)不对独立性产生不利影响,按照注册会计师职业道德的规定,会计师事务所针对审计过程中发现的问题,向审计客户提出了会计政策选用和会计处理调整的建议,并协助其解决相关账户调整问题,不影响独立性。

(2)对独立性产生不利影响,按照注册会计师职业道德的规定,会计师事务所不应向属于公众利益实体的审计客户提供日常性和机械性的会计服务。

(3)对独立性产生不利影响,按照注册会计师职业道德的规定,项目组成员拟加入审计客户,且仍在参与审计业务,将产生自身利益不利影响。

(4)对独立性产生不利影响,按照注册会计师职业道德的规定,如果会计师事务所连续两年从属于公众利益实体的某一审计客户所收取的全部费用占其从所有客户收取全部费用的比重超过15%,除非该会计师事务所向审计客户治理层披露这一事实,并与之讨论采取防范措施以将不利影响降至可接受水平,否则,所产生的自身利益不利影响将非常重大。

(5)不对独立性产生不利影响,按照注册会计师职业道德的规定,该项目组成员持有甲基金公司市值3 500元基金,对甲商业银行仅构成了间接经济利益,因其不重大，不对独立性产生不利影响。

(6) 对独立性产生不利影响，按照注册会计师职业道德的规定，为公众利益实体的审计客户，会计师事务所虽然定期轮换了关键审计合伙人，但该注册会计师仍执行项目质量控制复核工作，对独立性产生不利影响。

(7) 对独立性产生不利影响，按照注册会计师职业道德的规定，在审计客户属于公众利益实体的情况下，会计师事务所不应提供与财务报表相关的内部审计服务。

37. (1) A、B注册会计师可以直接假定X公司收入存在舞弊风险。

(2) 考虑人员的适当分派和督导；考虑被审计单位采用的会计政策；在选择进一步审计程序的性质、时间和范围时，应当注意使某些程序不为被审计单位预见或事先了解。

(3) 测试日常会计核算过程中编制的会计分录以及为编制财务报表编制的调整分录是否适当。复核会计估计是否有失公允，从而可能产生的舞弊导致的重大错报。对于注意到的、超出正常经营过程或基于对被审计单位及其环境的了解显得异常的重大交易，了解其商业理由的合理性。

38. (1) 不妥当。为了有效地实施存货的监盘，注册会计师应与被审计单位就有关问题达成一致意见，但注册会计师应尽可能避免被审计单位了解自己将抽查复点的存货项目。

(2) 不妥当。对所有权不属于被审计单位的存货，注册会计师应当取得其规格、数量等有关资料，确定是否已分别存放、标明，且未纳入盘点范围。注册会计师还应当追加审计程序，查阅有关的购销协议、结算凭证，以证实其所有权。

(3) 妥当。在抽查时，注册会计师应当从存货盘点记录中选取项目追查至存货实物，以测试盘点记录的准确性；注册会计师还应当从存货实物中选取项目追查至存货盘点记录，以测试存货盘点记录的完整性。

(4) 不妥当。如果存货已作质押，注册会计师应当向债权人函证与被质押的存货有关的内容，取得书面证据，必要时到银行实施监盘程序。

(5) 不妥当。使用磅秤测量的存货的监盘程序：在监盘前和监盘过程中均应检验磅秤的精准度，并留意磅秤的位置移动与重新调校程序；将检查和重新称量程序相结合；检查称量尺度的换算问题。仅仅检查原材料的收发记录是不够的。

(6) 不妥当。此时注册会计师应当考虑能否实施替代审计程序，获取有关期末存货数量和状况的充分、适当的审计证据。注册会计师实施的替代程序主要包括：检查进货交易凭证或生产记录以及其他相关资料；检查财务报表日后发生的销货交易凭证；向顾客或供应商函证。仅仅实施询问程序是不够的。

39. (1) 存在不当之处。在承接业务前，项目负责人A注册会计师应在取得甲公司的书面授权后，与前任注册会计师进行沟通。XYZ 会计师事务所和 DFG 会计师事务所均属于前任注册会计师，均应进行沟通。

(2) 存在不当之处。按照质量控制准则和职业道德的规定，能否承接业务，除了考虑管理层是否诚信外，还要评价是否具有专业胜任能力和独立性。

(3) 存在不当之处。在通过查阅前任的工作底稿获取期初余额的证据时，注册会计师不能直接得出结论，必须考虑前任的独立性和专业胜任能力，不能完全依赖前任的工作底稿。

(4) 存在不当之处。如果期初余额存在对本期财务报表产生重大影响的错报，注册会计师应当告知被审计单位管理层，并提请管理层调整；如果上期财务报表由前任注册会计师审计，注册会计师还应当考虑提请被审计单位管理层告知前任注册会计师，必要时安排三方会谈。

(5) 存在不当之处。查阅前任注册会计师工作底稿获取的信息可能影响后任注册会计师实施审计程序的性质、时间和范围，但后任注册会计师应当对自身实施的审计程序和得出的审计结论负责。后任注册会计师不应在审计报告中表明，其审计意见全部或部分地依赖前任注册会计师的审计报告或工作。

四、综合题

40. (1) 在审计报告阶段对财务报表进行总体复核时主要使用分析程序，是审计准则的强制性要求。如果在对财务报表进行总体复核时发现了以前未识别出的异常，注册会计师应考虑如果识别出以前未识别的重大错报风险，注册会计师应当重新考虑对全部或部分各类交易、账户余额、列报评估的风险是否恰当，并在此基础上重新评价之前计划的审计程序是否充分，是否有必要追加审计程序。

(2) A 注册会计师对期后事项的时间安排不适当，对期后事项的审计应尽量接近审计报告日。

(3) A 注册会计师应提请甲公司管理层调整 2016 年的财务报表。如果甲公司同意调整 2016 年的财务报表，A 注册会计师应发表无保留意见。如果甲公司不同意调整 2016 年的财务报表，A 注册会计师应发表保留意见。

(4) A 注册会计师应对 2015 年的调整后的财务报表发表带强调事项段的无保留意见，对 2016 年财务报表发表无保留意见。

(5) A 注册会计师应发表带强调事项段的无保留意见。

(6) A 注册会计师的做法不适当，尚未更正错报的汇总数超过重要性水平，对财务报表的影响可能是重大的，注册会计师应当考虑通过扩大审计程序的范围或要求管理层调整财务报表。如果甲公司管理层拒绝调整财务报表，注册会计师应扩大审计程序的范围，而不是直接发表非无保留意见。

(7) A 注册会计师的做法不适当。如果已识别但尚未更正错报的汇总数接近重要性水平，注册会计师应当考虑该汇总数连同尚未发现的错报是否可能超过重要性水平，并考虑通过实施追加的审计程序，或要求管理层调整财务报表降低审计风险，不能直接发表无保留意见。

(8) A注册会计师的做法不适当。A注册会计师应当发表无法表示意见的审计报告。

(9) ABC会计师事务所的归档时间不适当，审计工作底稿的归档期限为审计报告日后60天内。审计报告时2017年3月20日，2017年6月1日归档审计工作底稿，明显超过了归档的期限。

(10) A注册会计师没有责任采取进一步的措施。需要注册会计师在知悉后采取行动的第三时段期后事项是有严格限制的：①这类期后事项应当是在审计报告日已经存在的事实；②该事实如果被注册会计师在审计报告日前获知，可能影响审计报告。只有同时满足这两个条件，注册会计师才需要采取行动。该期后事项发生的时间是在2017年3月28日，审计报告日是2017年3月20日，所以该期后事项不是审计报告日已经存在的事实，属于第二时段(审计报告日至财务报表报出日)的期后事项，所以A注册会计师没有责任采取进一步的措施。

(11) A注册会计师应采取下列措施：①实施必要的审计程序，确定管理层对财务报表的修改是否恰当。②复核管理层采取的措施能否确保所有收到原财务报表和审计报告的人士了解这一情况。③针对修改后的财务报表出具新的审计报告。④新的审计报告日期不应早于董事会或类似机构批准修改后的财务报表的日期。相应地，注册会计师应当将用以识别期后事项的审计程序延伸至新的审计报告日。新审计报告的意见类型是带强调事项段的无保留意见。

(12) A注册会计师对已归档的工作底稿进行修改适当。

审计工作底稿归档后需要变动审计工作底稿的情形有两种：①注册会计师已实施了必要的审计程序，取得了充分、适当的审计证据并得出了恰当的审计结论，但审计工作底稿的记录不够充分。②审计报告日后，发现例外情况要求注册会计师实施新的或追加审计程序，或导致注册会计师得出新的结论。本题属于第二种情形。

模拟测试题(二)

一、单项选择题(本题型共25题,每题1分,共25分,每题只有一个正确答案)

1. 注册会计师可能因出具不实报告给利害关系人造成损失被追究补充责任的是(　　)。

A. 注册会计师与被审计单位恶意串通

B. 被审计单位示意作不实报告,而不予拒绝

C. 明知被审计单位对重要事项的财务会计处理与国家有关规定相抵触,而不予指明

D. 注册会计师没有按照审计准则的要求实施必要的审计程序而出具不实报告

2. 下列有关公众利益实体和关联实体的说法中,错误的是(　　)。

A. 并不是所有上市公司都属于公众利益实体

B. 法律法规规定按照上市公司审计独立性的要求接受审计的实体,如某些大型非上市金融企业,属于公众利益实体

C. 如果公众利益实体以外的其他实体拥有数量众多且分布广泛的利益相关者,注册会计师应当考虑将其作为公众利益实体对待

D. 如果认为客户存在的关系或情形涉及其他关联实体,且与评价会计师事务所独立性相关,审计项目组在识别、评价对独立性的不利影响以及采取防范措施时,应当将其他关联实体包括在内

3. 对于下列应收账款认定,通过实施函证程序,注册会计师认为最可能证实的是(　　)。

A. 计价和分摊　　B. 准确性

C. 存在　　D. 完整性

4. 在制订具体审计计划时,注册会计师应当考虑的内容是(　　)。

A. 计划实施的进一步审计程序的性质、时间安排和范围

B. 计划与管理层和治理层沟通的日期

C. 计划向高风险领域分派的项目组成员

D. 计划召开项目组会议的时间

5. 下列情形中,注册会计师可能认为不需要在审计过程中修改财务报表整体的重要性的是(　　)。

A. 被审计单位情况发生重大变化

B. 注册会计师获取新的信息

C. 通过实施进一步审计程序,注册会计师对被审计单位及其经营所了解的情况发生变化

D. 审计过程中累积错报的汇总数接近财务报表整体的重要性

6. 下列关于分析程序的相关说法中,错误的是(　　)。

A. 风险评估程序中运用分析程序的主要目的在于识别那些可能表明财务报表存在重大错报风险的异常变化

B. 风险评估过程中运用的分析程序,所使用的数据汇总性比较强,其对象主要是财务报表中账户余额及其相互之间的关系

C. 在总体复核阶段实施的分析程序,往往集中在认定层次

D. 在总体复核阶段实施的分析程序主要在于强调并解释财务报表项目自上个会计期间以来发生的重大变化,以证实财务报表中列报的所有信息与注册会计师对被审计单位及其环境的了解一致,与注册会计师取得的审计证据一致

7. 下列关于统计抽样和非统计抽样的说法中,错误的是(　　)。

A. 属性抽样属于非统计抽样方法

B. 统计抽样方法包括属性抽样和变量抽样

C. 不管统计抽样还是非统计抽样,两种方法都要求注册会计师在设计、实施和评价样本时运用职业判断

D. 统计抽样的优点在于能够客观地计量抽样风险,并通过调整样本规模精确地控制风险,这是与非统计抽样最重要的区别

8. 下列不属于审计工作底稿编制目的的是(　　)。

A. 提供充分、适当的记录,作为出具审计报告的基础

B. 提供证据,证明注册会计师已按照审计准则和相关法律法规的规定计划和执行了审计工作

C. 有助于项目组计划和执行审计工作

D. 审计工作底稿可以以纸质、电子或其他介质形式存在

9. 下列关于风险评估的作用的说法中,错误的是(　　)。

A. 确定重要性水平,并随着审计工作的进程评估对重要性水平的判断是否仍然适当

B. 考虑会计政策的选择和运用是否恰当,以及财务报表的列报是否适当

C. 识别需要特别考虑的领域,包括关联方交易、管理层运用持续经营假设的合理性,或交易是否具有合理的商业目的等

D. 设计和实施进一步审计程序，以便消除审计风险

10. 下列关于“与审计相关的控制”的说法中，错误的是(　　)。

A. 注册会计师需要了解和评价被审计单位所有的内部控制

B. 注册会计师在财务报表审计中，需要了解与审计相关的内部控制，但目的并非对被审计单位内部控制的有效性发表意见

C. 对于某些非财务数据(如生产统计数据)的控制，如果注册会计师在实施分析程序时使用这些数据，这些控制就可能与审计相关

D. 某些法规(如税法)对财务报表存在直接和重大的影响(影响应交税费和所得税费用)，为了遵守这些法规，被审计单位可能设计和执行相应的控制，这些控制也与注册会计师的审计相关

11. 下列关于重大错报风险的说法中，错误的是(　　)。

A. 特别风险通常与重大的非常规交易和判断事项有关

B. 在确定哪些风险是特别风险时，注册会计师应当在考虑识别出的控制对相关风险的抵消效果后，根据风险的性质、潜在错报的重要程度(包括该风险是否可能导致多项错报)和发生的可能性，判断风险是否属于特别风险

C. 在评估重大错报风险时，注册会计师应当将所了解的控制与特定认定相联系

D. 薄弱的控制环境带来的风险可能对财务报表产生广泛影响，难以限于某类交易、账户余额和披露，注册会计师应当采取总体应对措施

12. 下列关于函证的说法中，错误的是(　　)。

A. 询证函的设计服从于审计目标的需要

B. 询证函应该以事务所名义发出

C. 在对应付账款的完整性获取审计证据时，根据被审计单位的供货商明细表向被审计单位的主要供货商发出询证函，就比从应付账款明细表中选择询证对象更容易发现未入账的负债

D. 在函证应收账款时，可以在询证函中不列出账户余额，而是要求被询证者提供余额信息

13. 下列关于控制测试的表述中，错误的是(　　)。

A. 控制测试的性质是指控制测试所使用的审计程序的类型及其组合

B. 计划从控制测试中获取的保证水平是决定控制测试性质的唯一因素

C. 控制测试程序包括询问、观察、检查和重新执行

D. 当拟实施的进一步审计程序主要以控制测试为主，尤其是仅实施实质性程序无法或不能获取充分、适当的审计证据时，注册会计师应当获取有关控制运行有效性的更高的保证水平

14. 下列有关实质性程序的表述中，错误的是（　　）。
A. 由于实质性程序的目的在于更直接地发现重大错报，因此在期中实施实质性程序时需要权衡其成本与效益
B. 如果拟利用以前审计中实施实质性程序获取的审计证据，注册会计师应当在本期实施审计程序，以确定这些审计证据是否具有持续相关性
C. 将期中实施实质性程序得出的结论延伸至期末，注册会计师仅需在期末实施实质性程序
D. 如果针对剩余期间注册会计师可以通过实施实质性程序或将实质性程序与控制测试相结合，较有把握地降低期末存在错报而未被发现的风险，注册会计师可以考虑在期中实施实质性程序
15. 下列不属于注册会计师对被审计单位的采购与付款业务实施的控制测试的是（　　）。
A. 检查有无长期挂账的应付账款，注意其是否可能无需支付
B. 检查采购与付款业务授权批准手续是否健全，有无存在越权审批行为
C. 检查有关凭证上内部核查的标记
D. 检查订购单连续编号的完整性
16. 下列有关对内部控制了解的相关说法中，错误的是（　　）。
A. 了解内部控制时可以实施重新执行程序
B. 注册会计师在了解内部控制时，应当评价控制的设计，并确定其是否得到执行
C. 除非存在某些可以使控制得到一贯运行的自动化控制，否则注册会计师对控制的了解并不足以测试控制运行的有效性
D. 询问本身并不足以评价控制的设计以及确定其是否得到执行，注册会计师应当将询问与其他风险评估程序结合使用
17. 下列关于注册会计师与治理层的沟通的说法中，错误的是（　　）。
A. 在审计中，注册会计师需要与治理层保持有效的单向沟通
B. 良好的治理原则建议审计委员会每年至少一次在管理层不在场的情况下会见注册会计师
C. 注册会计师应当直接与治理层沟通的事项包括审计中发现的重大问题
D. 注册会计师应当与治理层沟通注册会计师与财务报表审计相关的责任，明确财务报表审计并不减轻管理层或治理层的责任
18. 下列关于审计风险、重要性、审计证据之间关系的说法中，错误的是（　　）。
A. 可接受的审计风险与审计证据的数量之间存在反向变动关系
B. 重要性和审计证据的数量之间存在反向变动关系

C. 重要性和审计证据的数量之间存在同向变动关系

D. 注册会计师不能通过不合理地人为调高重要性水平,降低审计风险

19. 如果注册会计师认为使用区间估计评价管理层的点估计是适当的,注册会计师在根据自己作出的区间估计评价管理层的错报大小时,下列说法中,正确的是(　　)。

A. 错报不小于管理层的点估计与注册会计师区间估计之间的最小差异

B. 错报不小于管理层的点估计与注册会计师区间估计之间的最大差异

C. 错报等于管理层的点估计与注册会计师区间估计之间的最大差异的75%

D. 错报不大于管理层的点估计与注册会计师区间估计之间的最小差异

20. 下列关于或有事项与期后事项的相关说法中,错误的是(　　)。

A. 注册会计师审计或有事项时,最关注或有事项的存在性

B. 注册会计师针对第一时段期后事项负有主动识别责任

C. 在财务报表报出日后,注册会计师没有义务针对财务报表实施任何审计程序

D. 注册会计师针对第二时段期后事项负有被动识别责任

21. 下列关于书面声明的相关说法中,错误的是(　　)。

A. 如果注册会计师未向管理层询问其是否提供了审计业务约定条款中要求提供的所有相关信息,也没有获得管理层的确认,注册会计师就不能认为管理层已提供了这些信息

B. 注册会计师可能还要求管理层在书面声明中再次确认其对自身责任的认可与理解

C. 再次确认管理层对自身责任的认可与理解,并不限于管理层已知的全部事项

D. 其他书面声明是对基本书面声明的补充,属于基本书面声明的组成部分

22. 下列关于审计报告中“其他报告责任”的说法中,错误的是(　　)。

A. 其他报告责任是注册会计师按照审计准则对财务报表出具审计报告的责任的补充

B. 针对其他报告责任,在另外一些情况下,相关法律法规可能要求或允许注册会计师在单独出具的报告中进行报告

C. 针对有其他报告责任的情形,通常情况下,审计报告应当区分为“对财务报表出具的审计报告”和“按照相关法律法规的要求报告的事项”两部分

D. 如果注册会计师在对财务报表出具的审计报告中履行其他报告责任,则注册会计师应当在单独出具的报告中进行报告

23. 下列有关说法中,错误的是(　　)。

A. 如果工作人员和被招聘人员存在亲属关系，工作人员应当自行回避
B. 会计师事务所应当对每项业务委派至少一名项目合伙人
C. 合伙人考核和晋升制度规定，连续两年业务收入额排名前三位的高级经理晋级为合伙人，连续两年业务收入额排名后三位的合伙人降级为高级经理
D. 对于高风险的审计项目，会计师事务所可以规定委派具有丰富经验的审计人员担任第二项目合伙人或质量控制复核负责人以加强风险控制

24. 注册会计师因违约、过失或欺诈给被审计单位或其他利害关系人造成损失的，对注册会计师而言，承担法律责任的种类不包括(　　)。
A. 警告　　B. 暂停执业
C. 没收违法所得　　D. 吊销注册会计师证书

25. 在确定风险的性质时，注册会计师不需要考虑的事项是(　　)。
A. 风险是否属于舞弊风险
B. 风险是否与近期经济环境、会计处理方法或其他方面的重大变化相关，因而需要特别关注
C. 注册会计师应当了解与审计相关的控制活动
D. 风险是否涉及重大的关联方交易

二、多项选择题(本题型共10题，每题2分，共20分。每题均有多个正确答案，请从每题的备选答案中选出你认为正确的答案，每题所有答案选择正确的得分；不答、错答、漏答均不得分)

26. 注册会计师在审计过程中未保持必要的职业谨慎，并导致报告不实的，针对下列情形，人民法院应当认定会计师事务所存在过失的有(　　)。
A. 未能合理地运用执业准则和规则所要求的重要性原则
B. 未根据审计的要求采用必要的调查方法获取充分的审计证据
C. 明知对总体结论有重大影响的特定审计对象缺少判断能力，未能寻求专家意见而直接形成审计结论
D. 错误判断和评价审计证据

27. 如果被要求提供第二次意见，注册会计师应当评价不利影响的严重程度，并在必要时采取下列(　　)防范措施消除不利影响或将其降低至可接受的水平。
A. 征得客户同意与前任注册会计师沟通
B. 在与客户沟通中说明注册会计师发表专业意见的局限性
C. 向前任注册会计师提供第二次意见的副本
D. 在本次审计报告中提及前任注册会计师的工作

28. 如果是新业务，集团项目组可以通过下列(　　)途径了解集团及其环境、集团组成部分及其环境。

A. 集团管理层提供的信息

B. 与集团管理层的沟通

C. 如适用,与前任集团项目组、组成部分管理层或组成部分注册会计师的沟通

D. 集团层面控制的变化

29. 注册会计师确定累积识别出的错报时,应包含的内容有(　　)。

A. 可容忍错报

B. 已经识别出的毋庸置疑的错报

C. 通过实质性分析程序推断出的估计错报

D. 管理层对会计估计的判断不合理导致与注册会计师作出的判断产生差异

30. 针对样本设计阶段,注册会计师持有下列观点,其中正确的有(　　)。

A. 测试用以保证所有发运商品都已开单的控制是否有效运行,注册会计师应将所有已发运的项目作为总体

B. 测试应付账款的低估,不能将应付账款清单定义为总体

C. 如果总体项目存在重大的变异性,注册会计师可以考虑将总体分层。分层可以降低每一层中项目的变异性,从而在抽样风险没有成比例增加的前提下减小样本规模,提高审计效率

D. 如果注册会计师将选择的实物和总体比较之后,认为代表总体的实物遗漏了应包含在最终评价中的总体项目,注册会计师应选择新的实物,或对被排除在实物之外的项目实施替代程序

31. 注册会计师在对被审计单位整体层面的风险评估过程进行了解和评估时,考虑的主要因素可能包括(　　)。

A. 被审计单位是否已建立并沟通其整体目标,并辅以具体策略和业务流程层面的计划

B. 被审计单位是否已建立风险评估过程,包括识别风险、估计风险的重大性、评估风险发生的可能性以及确定需要采取的应对措施

C. 被审计单位是否已建立某种机制,识别和应对可能对被审计单位产生重大且普遍影响的变化

D. 会计部门是否建立了某种流程,以识别会计准则的重大变化

32. 如果识别出管理层以前未识别出或未向注册会计师披露的关联方关系或重大关联方交易,注册会计师应当(　　)。

A. 立即将相关信息向项目组其他成员通报

B. 如果管理层不披露关联方关系或交易看似是有意的,因而显示可能存在由于舞弊导致的重大错报风险,评价这一情况对审计的影响

C. 对新识别出的关联方或重大关联方交易实施恰当的实质性程序

D. 在适用的财务报告编制基础对关联方作出规定的情况下,要求管理层识别与新识别出的关联方之间发生的所有交易,以便注册会计师作出进一步评价,并询问与关联方关系及其交易相关的控制为何未能识别或披露该关联方关系或交易

33. 下列关于审计报告日期的相关说法中,正确的有(　　)。

A. 审计报告日不应早于注册会计师获取充分、适当的审计证据(包括管理层认可对财务报表的责任且已批准财务报表的证据),并在此基础上对财务报表形成审计意见的日期

B. 构成整套财务报表的所有报表(包括相关附注)编制完成的日期为审计报告日期

C. 注册会计师签署审计报告的日期通常与管理层签署已审计财务报表的日期为同一天,或晚于管理层签署已审计财务报表的日期

D. 如果构成整套财务报表的所有报表(包括相关附注)已编制完成,且管理层批准并签署已审计财务报表,注册会计师即可签署审计报告,进而确定审计报告日期

34. 下列关于业务工作底稿的相关说法中,正确的有(　　)。

A. 业务工作底稿的所有权属于会计师事务所

B. 对鉴证业务,会计师事务所应当自业务报告日起,对业务工作底稿至少保存10年。如果法律法规有更高的要求,还应保存更长的时间

C. 任何情况下,会计师事务所不得泄露客户的信息给他人或利用客户信息谋取私利,否则将承担相应的法律后果

D. 如果针对客户的同一财务信息执行不同的委托业务,出具两个或多个不同的报告,会计师事务所应当将其视为不同的业务,根据制定的政策和程序,在规定的归档期限内分别将业务工作底稿归整为最终业务档案

35. 下列关于注册会计师对其他信息的责任的相关表述中,正确的有(　　)。

A. 注册会计师在对财务报表出具审计报告时,如果没有法定或约定的义务,不用考虑其他信息

B. 对于获取其他信息,注册会计师负有主动提请义务

C. 注册会计师没有专门责任对其他信息披露的适当性发表意见

D. 如果有法定或约定的义务对某些其他信息实施特别的程序,当这些其他信息存在遗漏或缺陷时,注册会计师应当考虑是否在审计报告中提及该事项

三、简答题(本题型共4题,每题9分,共36分)

36. 注册会计师通常依据各类交易、账户余额、列报和披露的相关认定确定审

计目标,根据审计目标设计审计程序。下表给出了应收账款的相关认定:

应收账款的相关认定	审计目标	审 计 程 序
存在		(1) (2)
完整性		(1) (2)
计价和分摊		(1) (2)

要求:根据表中给出的应收账款的相关认定确定审计目标,并针对每一审计目标简要设计两项审计程序。

37. A注册会计师负责对甲公司2016年度财务报表进行审计。与审计工作底稿相关的部分事项如下:

(1) 由于在审计过程中识别出重大错报并提出审计调整建议,A注册会计师重新评估并修改了重要性,并将记录计划阶段评估的重要性的工作底稿删除,代之以记录重新评估的重要性的工作底稿。

(2) 对于需要系统化抽样的审计程序,A注册会计师通过记录样本的来源来识别已选取的样本。

(3) A注册会计师在审计过程中无法就关联方关系及交易获取充分、适当的审计证据,并因此出具了保留意见审计报告。A注册会计师将该事项作为重大事项记录在审计工作底稿中。

(4) 2017年2月15日,A注册会计师完成审计工作,并于5月15日将审计工作底稿规整为最终审计档案。

(5) 2017年5月20日,A注册会计师意识到甲公司存在舞弊行为,私下修改了部分审计工作底稿,并没有作任何记录。

(6) 2017年7月1日,甲公司财务舞弊案件曝光,A注册会计师擅自销毁了甲公司审计工作底稿。

要求:针对上述(1)~(6)项,逐项指出A注册会计师的做法是否恰当。如不恰当,简要说明理由。

38. ABC会计师事务所承接了甲公司2016年度财务报表审计工作,A、B注册会计师在审计银行存款过程中,有如下事项:

(1) 与银行存款函证相关审计计划部分内容:A、B注册会计师向甲公司在本期存过款的银行发函,但不包括零余额账户和在本期内注销的账户;A、B注册会计师直接认定银行在回函工作中不会与企业合谋向注册会计师发出带有虚假陈述的回函,认定无须考虑与此相关的舞弊导致的重大错报风险;A、B注册会计师决定以ABC会计师事务所的名义向银行寄发询证函。

(2) ABC会计师事务所收到A银行回函后,发现A银行回函表明企业银行存款日记账金额与回函金额有差异。

(3) E银行账户的银行对账单余额为1 585 000元,甲公司银行存款日记账余额为1 665 000元,在检查该账户银行存款余额调节表时,A、B注册会计师注意到以下事项:在途存款150 000元;未提现支票50 000元;未入账的银行存款利息收入45 000元;未入账的银行代扣水电费25 000元。

要求:

(1) 请针对事项(1),指出银行存款函证相关审计工作计划中的不当之处。并简单说明理由。

(2) 针对事项(2)中函证回函所表明的差异,分析产生该差异的主要原因有哪些。

(3) 针对甲公司A银行账户的银行对账单余额与银行存款日记账余额不符,注册会计师实施的最有效的审计程序是什么?

(4) 针对事项(3),请填写下列银行存款余额调节表。假定不考虑其他因素,请指出E银行账户审定后的金额是多少。

银行存款余额调节表

2017年2月28日　　　　单位:元

银行调节项目	金　额	企业调节项目	金　额
银行对账单余额		银行存款日记账余额	
加:企业已收,银行未收		加:银行已收,企业未收	
减:企业已付,银行未付		减:银行已付,企业未付	
实际存款金额		实际存款金额	

39. 甲注册会计师作为ABC会计师事务所审计项目合伙人,在审计以下单位2016年度财务报表时分别遇到以下情况:

资料一:

(1) 经审计,发现影响A公司持续经营能力的事项,在财务报表附注12.4.1中所述,公司已经资不抵债,营运资金出现负数,2016年度发生经营亏损56 100万元,最大的股东占用公司资金28 416万元,逾期借款及票据25 680万元,涉及多起由于对外巨额担保等或有事项引起的诉讼和仲裁,部分资产被法院冻结,公司可能已经无法在正常的经营过程中清偿债务。对于这点,公司已经在财务报表附注中作出恰当的披露,甲注册会计师已经注意A公司发布了清算报告,但是A公司坚持按照持续经营假设编制了财务报表。

(2) 经查证,发现B公司从2015年度开始对投资性房地产采用公允模式计量的会计政策,在2015年度的审计中,发现B公司的投资性房地产并不存在活跃市场,按照公允价值模式计量并不恰当,所以建议其调整,但是B公司拒绝调整,故出具了非无保留意见的审计报告。在2016年度的财务报表审计中,该事项仍然存在,并对本期也有重大影响。

(3) C公司在2016年度向其控股股东Q公司以市场价格销售产品5 000万元,以成本加成价格(公允价格)购入原材料3 000万元,上述销售和采购分别占C公司当年销货、购货的比例为50%和40%,C公司已在财务报表附注中进行了适当披露。

(4) 在对D公司的审计中发现,D公司的营业收入虚增100万元,甲注册会计师确定的该公司财务报表层次的重要性水平是80万元,D公司对于该事项拒绝调整(假设不考虑其他因素的影响)。

(5) E公司2016年年利润总额5 000万元,其中属于来源于境外某国的全资子公司分回的投资收益2 400万元,由于该国正在发生战争,甲注册会计师无法对该国子公司的情况进行审计,也没有获取该子公司的审计报告。

资料二:

(1) F公司持续经营假设适当但存在重大不确定性,财务报表附注中对此未作充分披露,注册会计师拟在审计报告中增加强调事项段。

(2) 发现含有已审计财务报表的G公司年度报告中披露的年度营业收入总额与已审计财务报表中列示的营业收入金额存在重大不一致,并确定需要修改G公司年度报告而非已审计财务报表,G公司管理层拒绝修改公司年度报告。注册会计师认为,上述情形不会影响审计意见,因此无需采取任何行动。

要求:

(1) 针对资料一(1)~(5),分别分析注册会计师应该出具何种类型的审计报告,并简要说明理由。[提示:针对事项(2),请说明注册会计师对于比较数据和本期数据应该发表何种意见的审计报告,并简单说明在审计报告中如何体现]

(2) 针对资料二(1)和(2),分别指出A注册会计师采取的应对措施是否恰当。如不恰当,简要说明正确的应对措施。

40. A会计师事务所连续多年负责审计甲公司财务报表。2016年12月,甲公司董事会会议决定变更会计师事务所,改由B会计师事务所审计2016年度财务报表。

要求:

(1) 假定在接受委托前,B会计师事务所从A会计师事务所得到的答复是有限的或未得到答复，B会计师事务所应当分别怎样进行处理？

(2) 假定接受委托后，B会计师事务所发现A事务所审计的甲公司财务报表可能存在重大错报，按照审计准则的要求，B会计师事务所此时应如何应对？

41. ABC会计师事务所的A注册会计师作为审计项目合伙人负责审计甲公司2016年度财务报表。审计项目组针对甲公司应收账款实施函证程序时，决定采用PPS抽样方法实施抽样。甲公司应收账款包含2 000笔明细账户，账面总金额为1 000万元。A注册会计师确定的可接受误受风险为5%。其他相关事项如下：

(1) 在确定样本规模后，A注册会计师认为，PPS抽样方法的抽样单元是货币单元，而实施审计测试需要针对应收账款明细账户的实物单元。为了在选取样本时找到与被选中的特定货币单元相关联的明细账户的实物单元，A注册会计师逐项累计总体中所有项目的账面金额。

(2) 假设经过计算，样本规模是200，A注册会计师利用系统选样方法选取了200个样本。

(3) A注册会计师对这200个样本对应的应收账款明细账注明的甲公司的债权人分别发出积极式询证函，其中有三个债权人的回函始终没有收到，A注册会计师认为不存在错报，没有实施进一步审计程序。

(4) 假设A注册会计师对选出的200个样本项目分别发出积极式询证函都收到了回函，在进行测试后发现两个错报，一个是账面金额为1 000元的明细账户中存在500元的高估错报；另一个是账面金额为2 000元的明细账户中有1 400元的高估错报。A注册会计师利用样本错报的相关信息计算总体错报上限。在误受风险为5%的情况下，高估错报为0、1、2时的PPS抽样风险系数分别为：3.00、4.75、6.30。

要求：

(1) 简要说明A注册会计师利用PPS抽样方法在确定样本规模时需要考虑的因素。

(2) 针对上述(1)～(3)项，分别指出A注册会计师的做法是否存在不当之处。如果存在不当之处，请简要说明理由。

(3) 单独考虑事项(4)，代A注册会计师计算总体错报上限。

(4) 如果应收账款认定层次的实际重要性水平是20万元，请分析甲公司应收账款是否存在重大错报，如果存在重大错报，A注册会计师应实施什么应对措施？

四、综合题（本题型共1题，共19分。答案中的金额用人民币万元表示，有小数的保留两位小数，小数点两位后四舍五入）

42. Y公司为主要从事高科技电子产品的生产和销售的上市公司。Y公司日常交易采用自动化信息系统（以下简称系统）和手工控制相结合的方式。W注册会计师负责审计 Y 公司 2016 年度财务报告。

资料一:W 注册会计师在审计工作底稿中记录了所了解的 Y 公司情况及其环境,部分内容摘录如下:

(1) 在 2015 年实现销售收入增长 10%的基础上,Y 公司董事会确定的 2016 年销售收入增长目标为 20%。Y 公司管理层实行年薪制,总体薪酬水平根据上述目标的完成情况上下浮动。Y 公司所处行业 2016 年的平均销售增长率是 15%。

(2) Y 公司财务总监已经在 Y 公司工作超过 8 年,于 2016 年 10 月劳动合同到期后被 Y 公司竞争对手高薪聘请。由于工作压力大,Y 公司会计部门人员流动频繁,除了会计主管服务期超过 4 年外,其余人员的平均服务期少于 2 年。

(3) 2016 年年初,Y 公司启用新的财务信息系统,并计划同时使用原系统 6 个月。由于同时运行两个系统的工作量很大,Y 公司相关部门人员无法应对,2 个月后,Y 公司决定提前停用原系统。

(4) Y 公司于 2016 年 7 月发现在 2015 年 6 月购入的无形资产(管理用)没有记录,由于涉及金额 1 000 万元,所以在管理层审批前先进行了会计调整,然后管理层于 2016 年 12 月予以批准。

(5) 2016 年年末,Y 公司的当地政府环境管理部门,根据收到的群众投诉和调查结果,可能对 Y 公司作出停业整顿 1 年的处理。

资料二:W 注册会计师在审计工作底稿中记录了所获取的 Y 公司财务数据,部分内容摘录如下(单位:元):

项　　目	2016 年	2015 年
营业收入	70 176	58 480
营业成本	55 440	46 730
存货账面原价	8 892	8 723
减:存货跌价准备	370	480
存货账面价值	8 522	8 243

资料三:W 注册会计师在审计工作底稿中记录了所了解的有关存货与仓储循环的控制,部分内容摘录如下:

(1) 仓库管理员甲将原材料领用申请单编号、领用数量、规格等信息输入存货信息系统,经仓储经理乙复核并以电子签名方式确认后,系统自动更新材料明细台账。

(2) 系统每月末根据汇总的产成品销售数量及各产成品的加权平均单位成本自动计算主营业务成本,自动生成结转主营业务成本的会计分录并过入相应的账簿。

(3) 每月末进行存货盘点，仓库管理员根据盘点中发现的毁损、陈旧、过时及残次存货编制不良存货明细表，交采购经理丙和销售经理丁分析该存货的可变现净值，如需要计提存货跌价准备的，由会计主管编制存货价值调整表，并安排相关人员进行账务处理。

(1) 针对资料一(1)～(7)项，结合资料二，假定不考虑其他条件，逐项指出资料一所列事项是否可能表明存在重大错报风险。如果认为存在，简要说明理由，并分别说明该风险属于财务报表层次还是认定层次。如果认为属于认定层次，指出相关事项主要与哪些财务报表项目的哪些认定相关。

(2) 针对资料三(1)～(3)项，逐项指出上述控制的目标是什么，主要与哪些财务报表项目的哪些认定相关。

(3) 针对资料三(1)～(3)项，假定不考虑其他条件，逐项判断上述控制在设计上是否存在缺陷。如果存在缺陷，分别予以指出，并简要说明理由，提出改进建议。

模拟测试题(二)答案解析

一、单项选择题

1	2	3	4	5	6	7	8	9	10
D	A	C	A	D	C	A	D	D	A
11	12	13	14	15	16	17	18	19	20
B	B	B	C	A	A	A	C	A	A
21	22	23	24	25					
D	D	C	C	C					

二、多项选择题

26	27	28	29	30	31	32	33	34	35
ABCD	ABC	ABC	BCD	ABCD	ABCD	ABCD	ACD	ABD	BCD

三、简答题

36.

应收账款的相关认定	审计目标	审 计 程 序
存在	存在	(1) 向客户函证 (2) 从应收账款明细账账簿记录追查至记账凭证，检查销售合同、发票存根与发运凭证
完整性	完整性	(1) 选取发运凭证，追查至销售发票、记账凭证、应收账款明细账 (2) 选取销售发票，追查至发运凭证、记账凭证、应收账款明细账
计价和分摊	计价和分摊	(1) 检查期后已收回应收账款情况 (2) 分析应收账款账龄，确定坏账准备计提是否适当

37. (1) 不恰当。应当记录对重要性作出的修改以及理由，因此应当保留原重要性和重新评估的重要性的修改痕迹。

(2) 不恰当。对于需要系统化抽样的审计程序，注册会计师可能会通过记录样本的来源、抽样的起点及抽样间隔来识别已选取的样本。仅仅通过样本的来源，不足以识别已选取的样本。

(3) 恰当。

(4) 不恰当。应当在报告日后 60 天内将工作底稿归档。

(5) 不恰当。在归整审计档案后,如果有必要修改或增加底稿,应记录修改或增加底稿的时间和人员,以及复核的时间和人员;记录修改或增加底稿的理由。

(6) 不恰当。在完成归档后,不应在规定保管期限届满前删除或废弃任何审计工作底稿。

38. (1) ① 仅向本期存过款的银行发函是不当的。应当向甲公司在本年存过款的所有银行发函,包括零余额账户和在本年内注销的账户。

② 直接认定银行在回函工作中不会与企业合谋向注册会计师发出带有虚假陈述的回函以及认定无须考虑与此相关的舞弊导致的重大错报风险是不当的。注册会计师应当在考虑银行回函工作相关舞弊导致的财务报表重大错报风险的基础上,谨慎对待银行存款函证工作。

③ A、B 注册会计师决定以 ABC 会计师事务所的名义向银行寄发询证函是不当的。应当以甲公司的名义向银行寄发询证函。

(2) 差异产生的主要原因有:可能是由于双方登记入账的时间不同,或是由于一方或双方记账错误,也可能是甲公司的舞弊。

(3) 注册会计师可以自行编制银行存款余额调节表,或从被审计单位获取银行存款余额调节表,以验证这些不符事项。编制银行存款余额调节表可以检查调节后银行存款日记账金额与银行对账单余额是否一致。

(4)

银行调节项目	金　额	企业调节项目	金　额
银行对账单余额	1 585 000.00	银行存款日记账余额	1 665 000.00
加:企业已收,银行未收	150 000.00	加:银行已收,企业未收	45 000.00
减:企业已付,银行未付	50 000.00	减:银行已付,企业未付	25 000.00
实际存款金额	1 685 000.00	实际存款金额	1 685 000.00

39. (1) 事项(1)否定意见的审计报告。A 公司已发布了清算报告,但财务报表仍然按照持续经营假设基础编制,导致整套财务报表的失实,应发表否定意见的审计报告。

事项(2)保留或否定意见的审计报告。甲注册会计师在本年度审计报告的说明段中清楚说明未解决事项对比较数据和本期数据的重大影响。

事项(3)标准无保留意见的审计报告。C 公司与关联方 Q 公司的交易价格公允,且关联方关系及其交易已经恰当披露,符合企业会计准则和相关会计制度的规定。

事项(4)保留意见的审计报告。因为 D 公司拒绝调整的错报超过了财务报表层次的重要性水平,但不是远远超过,所以发表保留意见即可。

事项(5)无法表示意见的审计报告。由于E公司在外国的子公司分回的利润占利润总额的比例达到了48%,注册会计师对于高比例的利润无法采取审计程序,属于审计范围受到了非常严重和广泛的限制,应该发表无法表示意见的审计报告。

(2) 事项(1)不恰当。财务报表附注未作充分披露,应当发表保留或否定意见。

事项(2)不恰当。应当与治理层沟通;还应当采取下列三项措施之一:在审计报告中增加其他事项段;拒绝提交审计报告;解除业务约定。

40. (1) 如果B会计师事务所从A会计师事务所得到的答复是有限的,B会计师事务所需要判断是否存在由甲公司或潜在法律诉讼引起的答复限制,并考虑对接受委托的影响;如果B会计师事务所未得到答复,且没有理由认为变更会计师事务所的原因异常,B会计师事务所需要设法以其他方式与A会计师事务所再次进行沟通。如果仍得不到答复,B会计师事务所可以致函A会计师事务所,说明如果在适当的时间内得不到答复,将假设不存在专业方面的原因使其拒绝接受委托,并表明拟接受委托。

(2) ① 安排三方会谈。如果发现A会计师事务所审计的财务报表可能存在重大错报,B会计师事务所应当提请甲公司告知A会计师事务所。必要时,B会计师事务所可要求甲公司安排三方会谈。

② 无法参加三方会谈的处理。如果甲公司拒绝告知A会计师事务所,或A会计师事务所拒绝参加三方会谈,或B会计师事务所对解决问题的方案不满意,B会计师事务所应当考虑对审计报告的影响或解除业务约定。具体讲,B会计师事务所应当考虑:这种情况对当前审计业务的潜在影响,并根据具体情况出具恰当审计报告;是否退出当前审计业务。此外,B会计师事务所可考虑向法律顾问咨询,以便决定如何采取进一步措施。

41. (1) 结合PPS抽样样本规模公式可知,PPS抽样确定样本规模必须考虑的因素包括:总体账面价值、风险系数、可容忍错报、预计总体错报、扩张系数。

(2) 事项(1)正确。

事项(2)正确。

事项(3)不正确。注册会计师应当考虑与被询证者联系,要求对方作出回应或再次发函,如果仍未得到被询证者回复,应该实施替代审计程序。

(3) 总体错报上限=基本界限+第一个错报所增加的错报上限+第二个错报所增加的错报上限

基本界限=1 000×3.0÷200×1=15(万元)

t_1=1 400÷2 000=0.7

$t_2 = 500 \div 1\,000 = 0.5$

第一个错报所增加的错报上限＝1 000×(4.75－3.0)÷200×0.7＝6.125(万元)

第二个错报所增加的错报上限＝1 000×(6.30－4.75)÷200×0.5＝3.875(万元)

总体错报上限＝15＋6.125＋3.875＝25(万元)

(4) 由于计算的总体错报上限25万元超过了应收账款认定层次的可容忍错报20万元，表明应收账款存在重大错报，注册会计师不能接受应收账款账面金额，应扩大样本规模进一步检查。

四、综合题

42.

(1)

事项序号	是否可能表明存在重大错报风险(是/否)	理　　由	重大错报风险属于财务报表层次还是认定层次(财务报表层次/认定层次)	财务报表项目及相关认定
(1)	是	销售增长目标与同行业其他公司相比偏高，并且管理层的薪酬与销售增长目标挂钩，可能导致管理层多记销售收入	认定层次	应收账款/存在 营业收入/发生
(2)	是	关键人员的变动和缺乏有经验的会计人员可能表明存在重大错报风险	财务报表层次	
(3)	是	更换财务系统、缩短试运行的时间、增大了财务报表整体产生错报的风险	财务报表层次	
(4)	是	发生无形资产核算的重大会计调整，同时进行会计调整的处理原则上存在先调整后审批的问题，可能存在重大错报风险	认定层次	无形资产/存在、计价和分摊 管理费用/准确性
(5)	是	Y公司受到监管部门的调查，已经严重影响到企业正常生产经营活动，存在广泛、严重的重大错报风险	财务报表层次	

(2)

事项序号	目　标	财务报表项目	认　定
(1)	发出材料均已准确记录	存货	计价和分摊
(2)	已销售存货均已正确结转成本	营业成本、存货	准确性、计价和分摊
(3)	存货价值调整是真实发生的	存货	计价和分摊

(3)

事项序号	是否存在缺陷(是/否)	缺陷描述	理　由	改进建议
(1)	否			
(2)	否			
(3)	是	① 每月末存货盘点时,才根据发现的存货状况编制不良存货明细表。 ② 直接将不良存货明细表提交给其他部门经理进行分析。 ③ 确定需要调整存货价值时,会计主管直接安排人员进行调整	① 每月末进行存货盘点,才考虑编制不良存货明细表,对于存货价值反映不及时,容易出现存货价值已经发生损失,而没有及时反映到财务报表中。 ② 将没有经过审核的不良存货明细表,直接交给其他部门的经理进行分析,缺乏审核制度,容易出现错误,也容易出现本身存货没有毁损,但是管理员多报损毁,贪污存货的情况。 ③ 存货价值的调整需要经过复核和审批,没有经过复核可能存在错误,没有经过审批,容易出现舞弊	① 建议增加非盘点时发现存货毁损时,仓库管理员编制不良存货明细表,随时反映存货状况的内部控制。 ② 建议增加审核制度,对于仓库管理员编制的不良存货明细表,经过仓库经理审批后交给其他相关部门经理进行分析。 ③ 建议增加财务经理对存货价值调整的复核,并确定董事会审批的控制